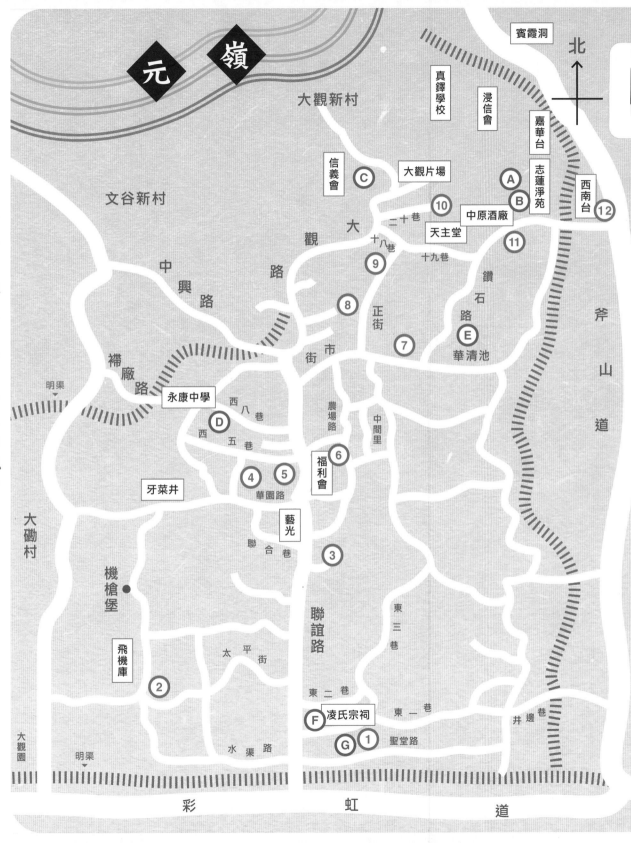

六十年代下元嶺聯誼路店舖記錄

由彩虹道入，左面各店舖排序：

　　張 永生棉胎
【水渠路】
　　伯爵鞋店
　　詠藜園（四川擔擔麵）
　　榮業冷氣雪櫃
　　小裁縫店（或許名「時代」）
　　力生棧
　　詠藜園（上海菜）
　　彩虹大茶樓
　　林記鐵價百貨
　　祥盛酒莊
【太平街】
　　金龍餐廳
　　小攤店：賣針線、衫紐及織補
　　嘉美冰室
【回春閣小巷】
　　回春閣
　　新華洗衣店
【聯合巷】
　　聯合士多
　　同慶茶樓
　　藝光機器
　　榮興隆山貨、雜貨
　　秀芳士多
　　合記士多
　　枕頭、被褥店
　　同和茶樓
【華園路】
　　明勝園水族店
　　陳甫記文具
【桃園別墅入口】
　　裕昌士多
　　新光理髮店
【小巷】
　　醉月酒舖
　　豪華燒臘
【西五巷】
　　合隆雜貨店
　　生果檔
【西七巷】（內有蔣輔趺打）
　　鑽石攝影
【西八巷】
　　康樂士多
　　廣華紙料紮作

再上為街市

由彩虹道入，右面各店舖排序：

【聖堂路】
　　垃圾崗
　　北京單車店
　　劉瓊天醫館
　　保樂鞋店
　　力生號
　　詠藜園（不營業的，本名「永利」）
　　萬和堂（士多）（曾賣生果、蔗汁、香煙、汽水）
【第一巷】（內有七記麵店）
　　錦江川菜館
　　同利涼茶（後改名張龍揚，賣生草藥）
　　良友商店
【第二巷】
　　瓊記鐘錶修理
　　漢江飯店（二樓是新華理髮店）
　　仲明鞋店
　　何記五金（後為布疋店，稱志記，最後賣水果）
　　小裁縫店
　　京華理髮公司
　　森記生果
【農場路】
　　小巷入口
　　權記（後改名漢記，賣生炒糯米飯）
　　人和堂
　　樓梯口（二樓為牙醫診所）
　　長安酒莊（後轉粥店）
　　龍城中西藥行
　　明豐米業
　　樓梯口
　　南香茶樓
　　祥興米業
【農場路另一入口】
　　元嶺（鑽石山）街坊福利會
　　陳甫記文具
　　重新補鞋
【小街入口】（內有明記粥舖）
　　永榮電器
　　陽光電器
　　小樓園（賣日用百貨）二樓是「林玉環留產所」
　　元利隆雜貨店
　　大鐵閘（內為花園別墅）

再上為街市

元嶺傳奇

鑽石山寮屋區起居注

郭漢揚 —— 著

香港中和出版有限公司
www.hkopenpage.com

1990年的鑽石山所見
寮屋群是上元嶺所在

寫在前面.

記一地之事而稱「傳奇」，因為所記述者有婉轉曲折之處、有結聚追懷之情，所以書名取以《元嶺傳奇》，在結構筆法上，內容抒意裡，是有其特別的用意。

這書的著述，是以「方志」、「自傳」、「報告文學」三種體制為創作方式，而且相互結合，各有發揮：

寫鑽石山的方位、名物、演變大較等，都以「方志」形式下筆，舉其客觀真實，鋪其確鑿事跡，且以較細微的寫實手法作說明及描述。

我在 1953 年（3 歲）來香港，隨即住在鑽石山；28 歲結婚遷出，但父母兄弟都在鑽石山，所以經常回來，直至此地完全清拆，我才正式離開鑽石山。婚後的我，長時間居住在牛池灣，窗外望處就是鑽石山。我是親眼看着街巷屋舍逐一逐一遭清拆，店舖販攤按時按日被遷移。而且，我自 1969 年以來，天天寫日記，至今未嘗稍怠，每天所記短則字數百，長則可數千，因此，這書內很多關於鑽石山的生活見聞，都取材於日記，是以這書具「自傳式」的闡述。這類闡述，既帶感情又真實，頗能反映在鑽石山生活的另一臉目。

此外，有些客觀而實在的事物，都是鑽石山特有的、可驚可愕的，這些事物端可視為具代表性的生活形態，如水旱風災、店舖經營等。這些特有的事物我都以「報告文學」的手法細作描繪，以保存其真實臉貌。

這本書既定名為「傳奇」，所以採用了傳統雜劇的結構形式為全書的分部組織：既分四折，又有楔子、餘韻等。第一、第二折所述，多屬客觀事物，涵蓋較廣，行文亦較廣闊；第三、第四折所陳，則作聚焦性描述，有具體的描寫對象，而且愈收愈精狹。及至「餘韻」所述，則全是我個人情意所在，幾乎全是抒情的文字了。

鑽石山年久事多，本書特以上世紀六十年代為描述主線，延展所及，則五十年代及七十年代亦統括包羅。六十年代為鑽石山「寮屋市鎮式」的典型時期，所以取之以為描述的主軸。書中所附的地圖和店舖排列等，均以六十年代為依據。

這本小書之能編成寫就，實賴大哥漢明、三弟漢其、四弟漢光、五弟漢保，賢侄亦升及凌氏家族後人凌慧瓊女士等人之多方協助，始告功成。其中自有疏漏或錯誤之處，於此先請各位鄉親、街坊見諒，或有賜教、指正，則無限感激，叩首以謝。再者，本書若生錯漏，皆在於處理者，即我本人是也，蓋與提供資料之兄弟親友們無涉也。

2020 年 8 月 8 日上午 9 時 35 分
於馬鞍山迎濤灣寓定稿

目錄

第四折
「藝光號」的奮鬥

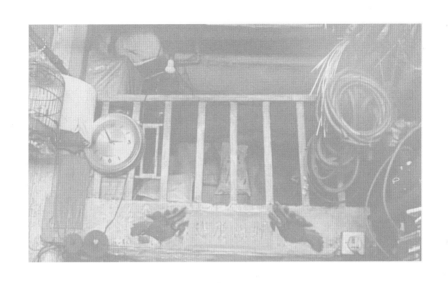

I❋I❋I❋I❋I❋I❋ 餘韻亂彈

第一輯：我的父親母親

第二輯：在鑽石山的生活點滴

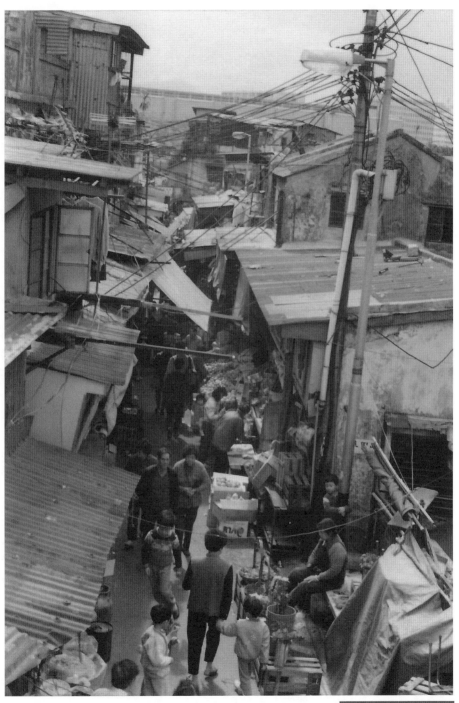

從天橋上俯瞰聯誼路

這是把上下元嶺切割成兩地的龍翔道，那架空天橋是唯一連貫兩地的通道。

上世紀八十年代下元嶺聯誼路北面的盡頭，
電線柱旁的小巷，就是華園路。

元嶺街坊福利會，鑽石山三字加上括號，
可見元嶺是本名，鑽石山是後出。

開場楔子.

　　鑽石山，現在是地鐵站的名稱，屬黃大仙行政區內的一個地域，有著名的志蓮淨苑、荷里活廣場等。但「鑽石山」這個地區名稱，原名是「元嶺」，不稱鑽石山[1]。

　　元嶺，是九龍早期十三鄉之一[2]，自清中葉以來，即有凌、廖二氏聚居於此。凌氏家族並在這裡建有祠堂，原址在下元嶺[3]第一巷，祠堂前有一大片空地，可供親眾活動。我在 1953 年自潮汕澄海來港，最初就住在第三巷，孩童時期常常經過凌氏家祠，印象中那是黑瓦青磚的舊築，屋檐又斜又短，檐脊的左右兩端以捲雲三道作圖案，有點氣勢，磚砌烏青，自是大清舊築的遺證。門前一對大對聯，上書「河間世澤，龍海家聲」，明示凌族淵源；門楣是「凌氏宗祠」

1　　編按：意大利神父 Simeone Volonteri 於 1866 年繪製的《新安縣全圖》，已有「圓嶺」（Un-ling）、大庵（Tai-om，即大磡）的地名標注。

2　　九龍十三鄉是九龍早期規模較大的鄉村，位置是由今日的九龍城沙埔道散列到鯉魚門的石礦場。十三鄉自西而東是：沙埔、衙前圍、竹園、大磡、元嶺、沙地園、坪頂、牛池灣、坪石、牛頭角、曬草灣、茶果嶺和鯉魚門。村鄉十三，全都在九龍半島的東部。

3　　編按：元嶺鄉位於大磡、鑽石山與斧山之間，普遍認為被龍翔道分為上元嶺、下元嶺。但據 1937 年由工務司簽署的「新九龍地界圖」，可以見到當年已有 Tai Hom（大磡）及 Ha Uen Ling（下元嶺）的地名，但未有上元嶺的地名標注。

四個大字，簡樸可愛。從外而望之，一盞長明燈掛在中央，掩映着數十方呎的昏沉，有點神秘，卻很神聖。據三弟漢其的同學凌慧琼女士提供的舊照，可見祠內堊白的正牆，居中有紅漆神櫃，絳丹掛帳，簪花成簇，點金奪目，上有「蘭桂騰芳」四字橫披，字寫顏真卿「顏家廟碑」體，很見筆力工夫；兩旁附聯作「河間世系登仁壽、龍海宗枝種福田」；「祀祖禮神祈福祿、維綱紹紀纘經綸」。「河間、龍海」一聯，所祝「登仁壽」、「種福田」，皆宗祠一般所用，含義吉祥；而「祀祖、維綱」一聯則精構深微，想是高人巧思，聯首綴「示」旁字寄祈祖福蔭之望，聯尾聚「糸」旁字表紹纘綱常之倫，字法不凡。再看，祠內桌案香燭細列，殷勤備事；瓷杯瓦盞，茶酒待斟。一派祥和，陣陣嚴肅。

上世紀五、六十年代，元嶺鄉的鄉長是凌九先生，人稱九叔，原名樹基，父親與他相識，但不是深交。凌先生的女兒惠貞、慧琼，都是我們兄弟的同學，再而凌先生的侄兒凌華基則是我讀小學三年級時的同學，另有一位凌帶娣也是凌氏家族的人，潔淨溫柔，嬌小可愛，她是大哥漢明和我的小學同學，大家相處融洽。

元嶺有鄉公所，不叫鑽石山鄉公所。五十年代初，數以百計的內地同胞移居到此，政府與民眾合力籌建福利會，那名稱也是「元嶺（鑽石山）街坊福利會」，不叫鑽石山福利會。可見此地本稱「元嶺」，「鑽石山」之名乃為屬附，而且後出。

元嶺，就是元嶺山下的一條鄉村。村以山名，這是命地名鄉很常見的慣法，例如：元朗有大旗嶺村，大埔有松嶺村，甚至有同名的元嶺村，都是以山命作村名；又如屏山、馬鞍山亦如是[4]。元嶺，是九龍半島北面自煙墩山[5]至飛鵝嶺一聯山嶺中的一個小丘。它是在獅子山和飛鵝山交接處，偏東的一個小山，高或兩百多米，由山下徒步登山約十五分鐘即可至頂（以當年 12 歲的步速而言），山頂有一略呈圓形的大磐石，風雨所侵，烏黑成體，石頂豎一水泥小柱，為一標高柱[6]。而這座小山本身就是一座圓頂山[7]，「元嶺」的「元」字，恐怕就是「圓」字的快寫，且「元」字亦通「圓」字：「圓」為天體，「元」亦具天義。而元嶺不稱圓（元）「山」而稱之為「嶺」，因為這山不是孤山一座，它的右肩東延，與另一座較矮的小山相接，二山儼若扶肩兄弟，於是不稱「山」而稱「嶺」。這東延的小山，像是圓頂山的附屬而向東傾斜，與豬仔山相望（豬仔山已遭剷平，現為富山村所在），其旁有山溪南瀉而來，溪外築

4　清朝時，新界西有「三山二鬱一洲」之名，所謂「三山」即屏山、山廈和橫台山；「二鬱」是蚺蛇鬱和掃管鬱（鬱，或作「笏」，如掃管鬱，今稱「掃管笏」，「鬱」字已不再用。）而「一洲」就是橫洲，這都是以自然環境、山川水貌取名命地的實例。

5　編按：現稱筆架山。

6　編按：標高柱正式名稱為三角網測站，為繪製地形圖的三角測量基準點。

7　圓頂山 (round-topped hill)，其山形直似元朗的圓頭山，而元朗圓頭山高於元嶺約兩倍。

有車路，那就是斧山道[8]。「元嶺」之名，實以村依山而立，座北向南，取其庇蔭嶺下的吉象。而元嶺之北為墳場，以地脈而言，其西面是獅子山，狀如虎踞，東面是飛鵝嶺，狀作龍蜒，元嶺恰好處於正中之位，風水佳勝。

又依《凌氏族譜》所載凌公運盛因家遭火毀而遷來元嶺，族譜中稱元嶺為「圍嶺」；其清末手抄的「籍貫書式」，亦有「歸邑龍崗沙灣石橋移住九龍圍嶺村第貳約」的記錄。然則元嶺在清末之時，亦名「圍嶺」。「圍」、「圓」，音同形近，容易相交互易而用。「圓嶺」之作「圍嶺」，可能是因其字音相同而隨意所寫，非合其原意耳。又「圓嶺」既稱「元嶺」亦自有其義，因「元嶺」的左側就是「大磡村」，這兩條村緊貼一起，都在同一山嶺之下，元嶺先立，繼而大磡。村名以「磡」，「磡」就是「山崖」，大磡村就是建村在山崖之下，這山是「元嶺」，「元」者，大也，所以元嶺左側山崖下的小村，就叫「大磡村」。

二次大戰後，香港發展迅速，房屋興建、修築道路都是急切之需，石材要求殷切。元嶺的山體，幾乎整座都是花崗岩，元嶺的餘

8　斧山道，就是鑽石山的東盡界限。道右，就是牛池灣村和坪頂村（或稱平頂村），斧山道英文作 Hammer Hill Road，Hammer 是錘子，不與斧義相符。原來清末英政府定新租界，元嶺之東有山，狀若手錘而未有名稱，於是便起名作「Hammer Hill」，即「錘山」。「Hammer Hill Road」即錘山路，但由英文譯中文時，卻錯譯為「斧山道」，多年來不曾改正，積非成是，現在已欲改無從了。「錘山」的名字不是原有的，我童年時期，每由斧山道左拐而上墳場的山溪一帶玩耍，不曾聽過居民、山友稱「錘仔山」之名，我們口中只有斧山道右側的豬仔山，左面是元嶺的山陰。有人認為「錘山」是指「坪頂山」，坪頂山在牛池灣村和坪頂村北面，別名「清風岩」，而山頂確是較平坦的，上有巨石相疊，堆作一個天然的石洞，兩頭通風，山風自洞口吹入，清涼無比，所以叫「清風岩」，岩旁有巨石像元寶，我們叫它做「黃金石」，這山現今仍在，只是山頂樹多了，而清風洞、黃金石就躲在樹叢裡，沒變。

坡一直伸延至現在的蒲崗村道，這一帶都是優良石材的蘊藏處[9]。於是自四十年代中葉起，這裡便成了重要的石礦場，而「鑽石山」之名，就是因鑽山取石而得，絕不是甚麼「鑽石」（金剛鑽）的生產地。鑽石山的英譯作 Diamond Hill，是錯將動詞為名詞，「鑽」是動詞，不是寶貴的「鑽石」。其實，鑽石山採石，是炸藥、風鑽（rock drill）並用，所以當年正午十二時，會有人打鑼示警，並高呼：「爆石啦，爆石啦！」隨而隆隆聲響，爆石的聲音便震耳而來。九龍半島不少馬路的石壆，大磡村內大觀園的石屋，當年我家木樓梯的基石，用的就是鑽石山的花崗岩[10]。

　　嚴格來說，鑽石山之名遲出於元嶺最少四十年，而「鑽石山」成為地區名稱而廣為通用，是始於上世紀四、五十年代[11]。

　　元嶺分「上元嶺」和「下元嶺」。所謂下元嶺是指南靠彩虹道，

9　東九龍地區的地質大部分為白堊紀火山岩及花崗岩石。獅子山一帶是花崗岩地質，石層當中夾雜着幼粒的石英及晶體，能抵受風化侵蝕。元嶺所出的花崗岩就是這類優質的花崗岩。根據《華僑日報》1949 年 2 月初版的《香港年鑑》所載：「鑽石山得名於鳳凰溪中的鵝卵石，這種石塊無慮幾萬，山泉沖刷，水聲淙淙，遊者在清澈的山泉中，少不得除下鞋襪，濯足一下。」查鳳凰溪水流所經，乃在竹園村和大磡村交界處，而非在元嶺地區之內。鵝卵石之生不出於山，只形於水，故取以為名，則為鑽石溪，不名鑽石山也。以鵝卵石為鑽石，只屬為地名而強加推測之說也；鑽石山所出之花崗岩，石面晶粒閃亮，或因此取「鑽石」之名，以誇其貴也，則此說更勝於以鵝卵石為鑽石之說耳。當年鄉人父老所說，亦未聞有取鵝卵石為鑽石之說然。
　　查上世紀五、六十年代於觀塘道（近牛頭角）舊聖約瑟書院旁有一小徑，稱「彩石里」，這小徑的命名是因為附近是舊平山石礦場，可以採石。因「採石」而取名作「採石里」，然「彩石」之名更美，於是索性改為「彩石里」，以誇其石之美，其起名之緣由，與鑽石山之為「鑽取岩石」改之曰「金剛鑽石」以誇其美同出一轍，二者皆可相互印證。

10　我們一般叫它做「大麻石」，或「地牛石」。前者，說它的表面特徵；後者，說它的堅硬和穩固性。

11　編按：《華僑日報》於 1948 年出版的《香港年鑑》，「九龍街道圖」已有標注「往鑽石山」的路徑。

北到聯誼路街市盡頭，東至斧山道，西及大磡村這個區域；上元嶺是指聯誼路街市以北，直至元嶺山麓這一帶地區，東西兩界仍是斧山道和大磡村。如今橫貫鑽石山的龍翔道，大約就是上、下元嶺的分界線，換言之，現在的荷里活廣場和志蓮淨苑都位處上元嶺了。

「聯誼路」是鑽石山最主要的道路，它居中而貫通上、下元嶺，其盡頭是街市而作右拐，再上則是大觀路，這街市就在整個鑽石山的中間位置，方便上、下元嶺坊眾到來買菜糴米，購用日常。而下元嶺的聯誼路長可五百米，兩旁里巷橫出，分別以東、西冠巷而稱之，大抵在聯誼路以東的稱東一巷、東二巷（又稱第一巷、第二巷）；以西的稱西一巷、西二巷。而巷里之間，又有小路相通，左彎右拐，雖然有點複雜，但慣居其中，則覺得路路氣通無礙，巷巷脈接枝連。我自外回家，由彩虹道而上，最少就有三條可走的路，真個方便。如下雨而未備雨具，則自彩虹道車站下車，迅步跑入水渠路，穿入小巷，彎彎曲曲，走避簷下，旋即到家，雨難沾身，不亦快哉！生活在此，有點生命的機靈和情趣，街巷相透，或許就是一大設景。

這書記述所關，大抵是以上世紀的五十年代到七十年代，並以六十年代為主要敘述時段，因為當時鑽石山的寮屋形態最為成熟。及至七十年代初，此地便遭局部遷拆[12]，聯誼路首當其衝，那龍翔道剖胸而過，甚若刑受腰斬，上、下元嶺僅得一條馬路天橋通作血脈，街坊熙熙攘攘過橋覓路，已覺大不如前，此則鑽石山或已石脈

12　鑽石山的拆遷計劃，始於 1972 年。拆遷的第一天，是在 1972 年 8 月 15 日，所拆是元嶺的中間部分，即今日龍翔道的位置。

將盡，鑽取無從，當向歷史報到了。

　　小小的鑽石山氣數將殘，命理該終，其後旋遭清拆，蕩然無存，猶幸餘光閃爍，情意未散，本書所述，即聚其餘光，播其餘韻，昔年的人物衣冠，街情巷理，點點滴滴，編繫成體，冀留昔日的樂苦，感懷既往之物情。此地自清拆之後，故友鄰居，飯聚茶餘，每多追述前事，口宣耳聽，或得片刻思憶之存，故宜記之於書冊，望求鴻爪可留而已。

　　元嶺社散，石山鑽罷，造化如斯，我欲無言。如今年紀已大，記憶或有錯漏，筆下自有參差，唯望不致張冠李戴，馮馬不分。元嶺早已無山，凌氏亦已居離，有夢在枕，無礙追思，展書燈下，或可解思念之苦，追憶之難。

2020 年 7 月 1 日
下年 2 時 12 分完稿

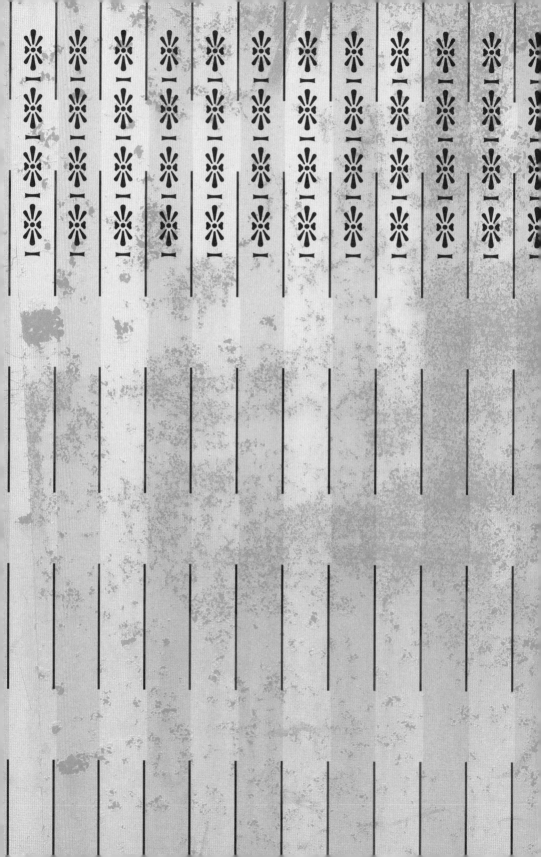

第一折 •

此處可安居

上世紀四十年代，中國內地戰亂頻仍，數以萬計的移民來港，不少難民湧入鑽石山，搭建寮屋；到了六十年代，新蒲崗發展為工廠區，需要大量工人，於是又有大批勞動階層遷入鑽石山的寮屋區，為工廠提供生產力和勞動力。在這二十多年之間，鑽石山吸收了大量居民，在民生問題、生活質素上出現激變和挑戰，幸而居民尚能積極奮發，相互協調，種種矛盾能慢慢消解，生活條件雖說艱苦，然而尚能慢慢發展而漸趨穩定。到了上世紀六、七十年代，鑽石山已是一個成熟的鄉鎮式結集，具備了充足的生活條件。扼要地說，住在這裡，可以不假外求。

「衣、食、住、行」

「衣、食、住、行」為生活最重要的基本條件，我們就先從生活在鑽石山的「衣」說起吧。

「衣」

從廣義來說，「衣」，包括衣着、鞋襪和所有家居需用的紡織製品等。住在下元嶺的舊街坊，或許還記得在聯誼路兩邊的商店，有小型百貨店，有床上用品店，有鞋舖，有裁縫舖，有專賣棉胎的，有專門洗衣服的。說到百貨店，最典型的，當數「林記鐵價百貨」（在良友商店對面），招牌上「鐵價」二字帶權威性，又很有招徠力，有貨真價實的宣傳意味。店內出售衣服及紡織的日用品，幾乎應有盡有，而且店內光線充足，地面清潔，列櫃整齊。我的日記記載着，1969 年 12 月 28 日，「買褲兩條，襯衣一，共七十一元。」在 12 月買的，當然是冬衣了。以當時的價錢來說，或許售價稍貴，所以記了下來。

聯誼路上，在「醉月酒莊」和「豪華燒臘」對面，曾有過名叫「小樸園」的小型百貨商店。「小樸園」稱「小」，它的規模真比「林記」小，但也很清潔、整齊，我們兄弟多在這店買手帕、白鞋之類，購買衣着則甚少。

鞋店方面，聯誼路的鞋店較著名的，有路口的「爵士鞋店」，力生號旁的「保樂鞋店」和「漢江飯店」左側的「仲明鞋店」。這三間

這是下元嶺聯誼路一景，仲明鞋店約是街坊式的鞋店。

鞋店中，「仲明鞋店」的格局是普羅大眾式，取價廉宜，而且老闆是街坊福利會的幹事，為人和藹，衣着斯文。說話帶着順德口音，常帶笑容，真是個百分百的「順得人」。「爵士」和「保樂」兩所鞋店，不單是賣鞋，而且還能製鞋，尤其是「爵士鞋店」，舖面大，櫥窗那一大塊玻璃，光潔可人，很有氣勢，「爵士」兩個美術字也寫得很典雅。櫥窗內有地燈映照（不好說是射燈，因光線不甚強），所擺放的鞋子樣本款式新穎，油亮生光，幾可鑑人，全不是普通貨色。「爵士鞋店」是高檔的鞋店，聽說有男明星在這裡訂造皮鞋，誰？不清楚，只知道那明星在斧山道永華片場拍片後，與人到「詠藜園」吃飯，「爵士鞋店」就在旁邊，於是就入內光顧了。那麼，「爵士鞋」的售價若何？對不起，像我這樣微賤之人，不曾入內，更不敢問價，所以無從知悉。於我而言，總之就是「貴」。那時，我在一般鞋店買一雙國產的黑皮鞋，十元。這個價錢，自我唸中一至中五，幾乎不曾改變過。1970 年 6 月 28 日，我在黃大仙買涼鞋一雙，價十三元，有點貴了。

要買毛巾、手帕之類，在龍城藥行前有一個大地攤，由李先生夫婦主持（我們叫他們「毛巾李」、「毛巾婆」）。他們夫婦在聯誼路上擺檔，賣毛巾、手巾、內衣褲、各類襪子、手套等，簡直是一個地攤式的小百貨店。貨物取價都是「街坊式」，不貴。由於生意很好，攤子愈擺愈大，當貨車過路時，要收起那些僭據路面的貨物。那時，聯誼路上擺檔，沒有甚麼「阻街」這回事。

棉胎店就在聯誼路口，叫「張永生棉胎」，舖內很大，因為舖的前半是售賣處，舖內的大半是工場，「打棉胎」就在那裡。我們兄弟倆頗愛看人打棉胎，老闆張永生也不阻止我們這些小孩在舖外欣賞。打棉胎的人，多是張先生本人，還有一個夥計，他們身上有兩把「弓」，一把荷在肩上，那弓像一個小篆的「月」字，弓頂有一條

粗弦，垂下至腰際，緊緊着另一把大弓，那弓向外橫伸，像個放平了的大「D」字，那半拱形的，是一個木框，框的兩端繫上一條牛筋（或類似韌物）的弦，韌韌的，右手持一個大木槌。所謂「打棉胎」，就是要把棉花彈鬆，只見張先生把大「D」形的弓弦放入棉花裡，用木槌敲擊那條牛筋弦，那些棉花就會給彈起來，像雲絮一樣飄起，這樣，棉花就不會結聚在一起，鬆了。槌子敲擊筋弦的聲音，就像查理．布朗（Charlie Brown）彈橡筋，「登騰騰」地響着，很有趣，我愛聽；張先生彈棉花久了，棉花幼縷若絲若塵，他的頭髮、臉龐、上半身，難免鋪個白茫茫的，像個雪人，張先生樣子很有趣，我愛看。

啊，是了。記得有一次棉胎鋪屋頂突然起火，張先生即時脫去上衣，挽一桶水放在牆腳，迅速攀上屋頂，再俯身抽水救火，動作快捷爽利，看得我目定口呆，只聽得「嘶、嘶」連聲，屋頂的火，瞬息間給撲滅了，張先生，行！

聯誼路的洗衣店，有很近我家舖子（「藝光號」）的「新華洗衣公司」，老闆個子高高的，頗健碩，樣子有點像年輕時的蔡瀾。他與坊眾關係良好，與父親相熟，時有到舖來吃工夫茶。洗衣機兩大部，灰色外殼，有圓玻璃門，衣服就在裡面滾動，發發有聲。

說到衣着，還可以說說裁縫。

在聯誼路的裁縫店至少有兩間。在「仲明鞋店」的右側本是「何記五金」，稍後變作「志記疋頭」。硬繃繃的五金不賣了，轉賣軟綿綿的疋頭，店內有一位仁兄，就是裁縫，那裁縫的存在，似乎有點「掛單」的味道。「志記疋頭」後來也倒閉了，疋頭店改作生果舖。那招牌甚麼字號都沒有，只有「何記」兩個小字蹲在左下側，生果舖的隔壁就是一間小小的裁縫店，這店由一對福建籍夫婦經營，聽說工夫了得，我時常經過那裡，總見他夫婦倆終日忙着，不是裁衣

穿線，就是熨衫鈒骨，裁床的一邊，堆放着已縫製的衣裳，至少有十多套，生意很不錯。在這裡，我還要說的是一些走動的裁縫。這些裁縫沒有店子，只在家裡工作，靠口碑、憑手藝，賺錢餬口。我家住華園路，在華園路 11 號，就有一位這樣的裁縫。他患小兒麻痺，左腿很細小，走路一拐一拐的。六十年代的他，大約三十多歲，姓甚麼不大記得，大約是姓許的吧。他的裁剪工夫很精細，我考上大學後，母親請他為我縫製兩條長褲，這是我一輩子第一次由專人來替我縫製衣服。還記得衣料是在「志記」買的，他親到我家來度身。數天後，他便送褲而來，一張薄雞皮紙裹着，翻開，褲摺得很整齊，熨得很光滑、妥貼。那褲貼身舒服，我直說滿意，他就點頭、微笑。他告辭，我和母親送至門口，他說：「以後多多幫襯，多多幫襯！」多老實、多可愛的裁縫！生活在鑽石山，這種很特殊又普通，既親切又殷勤的人際關係，委實難得、可貴！

話得說回來，西裝、婚紗、裙褂之類，鑽石山沒有。西裝（我們戲稱為「老西」），那是尊貴的華服，此地沒有專營西裝的店舖，最近要到黃大仙或九龍城才可買到；婚紗請到太子道；裙褂嘛，請到上海街。說到婚紗，或有一小事頗堪一提：1954 年初秋，我們住在東三巷，隔壁有一對新婚的。還記得他倆結婚當日，新娘穿的是一套光鮮的短衫褲，深藍色，有黑間條，髮端簪一朵大紅花，新娘笑時，嘴巴很大，牙齒也很大。新郎哥穿一套黑色的唐裝衫褲，黑皮鞋，襟頭結上「新郎」兩字的紅布條。新郎笑時，嘴裡有金牙。（新郎是賣魚的，我們兄弟倆叫他做「紅衫魚」，他欣然接受。）他倆結婚禮服的樣式，現今在 YouTube 上傳世紀前的粵語長片中尚可見到。父親說，他倆身上的「唐裝禮服」，用的材料是英國的薄絨，很有體面啊！

在聯誼路上，穿長衫、旗袍的女士，多是教師或商行職員；男

穿西裝、結領帶的，或許是高級主管，甚或是經理、會計；在中藥店工作的、茶樓賣點心的，幾乎全都穿唐裝衫褲；男的，穿紅紅綠綠襯衣、牛仔褲的，我們叫「阿飛」；女的，長髮紮成「馬尾」，穿及膝褲的，我們叫「飛女」。

我的祖父生於清光緒二十年（1894 年），在 1978 年初辭世，他一輩子不曾穿過西服，只愛穿寬闊的唐裝，說道唐裝舒服；父親生於 1924 年，便頗知時代更替，唐裝、西服兩俱宜，衣着亦按所需而改變；母親（1929 年生）多穿中式衫褲，很少穿裙。我在 18 歲前，不曾穿過「T 袖」，我之視「T 袖」一如內衣，出門穿「T 袖」，認為不雅。我在 60 歲前，幾乎全是袖衫西褲的時代；在 50 歲後，才偶穿「T 袖」。牛仔褲，我不愛穿，嫌其又硬又重，不舒服。

我稚年來港，孩童期的家常衣着，多為母親一針一線細意縫製，那綿密的針步，是慈母串串的愛意，嚴謹得很，衣面穿破了，針線不曾斷失。鑽石山多貧戶，孩子身上之衣，大都是母親的密密細縫，我總覺得能穿着母親細縫的衣服是很幸福的。進小學時，要穿白袖衫，藍斜褲，那就要光顧聯誼路上的小百貨店。到唸中學，便要到新蒲崗的國貨公司購買大地牌的袖衫、黃斜褲、棕色校褸了。唸小學時，也曾有同學穿着修補過的衣服回校，那縫補工夫甚見精細，針法細密得可稱為「無痕修補」。學生時期，我也穿着過修補過的衣服回校，心裡卻沒有半絲羞愧的感覺，有時自己的校服（多是褲子）破了，也會自行一針一線的縫綴，但手工粗糙，難與母親相比。聯誼路有擅織補的小攤子開在「金龍餐廳」和「嘉美冰室」之間，織補是幼細工夫，針線過後，務須不見破口，原貌無虧，對這種細密的工夫，我深表敬意，佩服萬分。

「食」

說到「食」，那就是一大籮的話題，說幾天也說不完。

我們就從最基本的說起吧。

「米」是最基本的，也是最必須的。聯誼路有米舖多間，而且多由潮籍人士經營，其中「明豐」、「祥興」二店較有名，顧客也較多。「祥興」的舖面寬闊、開張，但欠深度；「明豐」的舖面狹窄，但具深藏度。我家多向「祥興」糴米，因為它就在華園路口對面，最近家居。其後，也有幫襯「明豐」。兩間米舖都很老實，「明豐」的老闆很斯文，唐裝衣着，載一副金絲眼鏡，光滑臉皮，英俊，有幾分尊龍的氣象，十足「民國風情」，那氣質真個是了不得。間中，還會幫襯「合隆」、「元利隆」。父親說，這些米舖都是潮州人開的，有同鄉之誼，為了和睦鄉里，我們應都幫襯、幫襯，大家相好、互助，有起事來，都有照應。

上世紀五十年代，我們買米，五斤、十斤地買進來。米用新聞紙裹着，沒捆以鹹水草，兩手捧着回家，像捧着一個大粽子。家中的米缸，本來是裝水的陶缸，裂了，漏水，就此棄掉怪可惜，於是就轉作為米缸了。我們掏米時用碗，後來用鷹嘜煉奶的鐵罌。經濟較好時，我們糴米，不必自己捧米回家，而是八十斤、一百斤的，由一肥碩壯漢送進家來。那米包裝在麻包袋裡，屬原裝米，袋面有藍色的字註明種類和來源地。

最初糴米，間中有沙，吃飯時咬着，牙齒仿若「中地雷」，「確」的一聲，一陣酸、一陣麻，不好受。有時，我們探手入米缸，翻了幾下，就有些黑色的小甲蟲爬出來，我們叫它做「穀牛」，吃飯時，煮熟了的「穀牛」會出現在飯裡，我們伸出兩個指頭，把它檢走，飯，照吃如儀。

米，我們一般吃「絲苗」，江西出的；最窮困時，吃過「米碎」[13]，就是斷厥的米。其後，也吃過泰國米，當時叫「暹邏米」，很軟滑，最宜煲粥。元朗的「絲苗」，有「貢米」的高譽，貴啊，吃不起。

除了米，街市也很重要。

鑽石山的街市有商舖、擺檔和臨時擺街三種。擺檔是指那些有固定檔位的小販；擺街的，就是沒有固定位置的小販，哪裡有空位就佔領該處擺賣一陣子，他們多是外來的，有來自牛池灣村、坪頂村的，甚至來自西貢的；有些是新遷來的，檔主面口陌生。過時過節，攤檔擠逼，市聲鼎沸，人行寸步，汽車難走。

我們到街市買菜時，買豬肉、牛肉之類，多往「良棧肉食公司」，「良棧」斤兩足，價錢合理，最重要的，是清潔、衛生；間或會走遠些，看看「鑽石肉食公司」的價錢和比較貨色。買瓜菜，則沒有固定店舖，很多時會幫襯「彩姐」，彩姐曾為我家挑水，彼此有交情，而且她有自己的菜地，瓜菜的質素可靠。買魚，當然惠顧「紅衫魚」先生。鑽石山附近一帶沒有魚塘，所有魚類供應都是外來的。我們多買鹹水魚，少買淡水魚。買油豆腐、豬紅，我們幫襯「亞席」，他是同鄉。芽菜，離家不遠有芽菜井，芽菜發得很好，老闆的女公子曹開瓊，是我們的同學。買芽菜豈有他選。至於其他瑣碎東西，如鹽、油、醬、醋、魚露、豆醬等，多赴「合成隆」、「合隆」。這兩個「隆」字店舖，店主都是潮州人，雖然店名相近，但完全沒有關係，價錢則以「合隆」較老實。鑽石山的副食物供應充足，不愁短缺，整個街市，就是「加大碼」的巨型超級市場。那時，居民喜歡一早、一晏的往街市買菜去，較少一次買備午、晚兩頓的餸菜。六十

13　編按：當白米儲存過久失去水份油份，米身會因太乾燥而斷裂成碎米，為之「米碎」。

年代初，鑽石山供電不全面，「雪櫃」算是奢侈品，大家買菜都很檢點，以免浪費。（那時，中小學教育不是免費的，家窮的可申請學費全免或減半等，政府調查員或教師作家訪，只要見到家有雪櫃，則減免學費定必告吹。可見雪櫃是「奢侈品」，有雪櫃者必富，何需申請。）所以，每天買菜寧願走兩次，買菜的份量可較準確地拿捏。

又，街市內的商舖都有商業牌照，是合法經營，而擺檔、擺街則屬於非法擺賣，每隔一個時段，就有警察前來拘捕，所以有「走鬼」的驚人場面：一有「狗王車」（可以裝載人、貨的大型警車）來，有人高叫「走鬼呀！」整個街市一下子地動山搖，群販亂飛。檔子小的、輕的，連人帶檔，轉眼不知去向；多檔且大的，難以兼顧，有棄檔而竄的，有挾貴貨而逃的，皆紛紛作鳥獸散。警察來到，可捉便捉，可拉便拉，也有間施以警棍，破口大罵的。日子久了，販群覺得這樣「走鬼」，擔驚受怕，貨物充公，上庭罰款，財貨俱失，實在慘不堪言，所以他們就團結起來：提出擺賣也講「義氣」的大道理，「輪更被拉」的制度因而確立。聯誼路是單程路，狗王車到來之前，只要派三數「醒目」小童把風，就容易探得先機。只要警車駛入聯誼路口，不消數秒中，街市販群，便會作好準備，他們也深知，警察來「訪」，怎能空手而回，因此早已準備了「犧牲」的一群，聽候「被拉」。那些輪到被拉的，就俯首入網，樂意被擒，雖然人貨皆失，但個個就義從容，因為這是最小的損失。拉得多了，警察與小販彼此「熟口熟面」，警方又能向上級交足數，小販又能避免血本無歸，大家互諒互讓，天下從此太平。

「食」在鑽石山，可稱多姿多彩：這裡有茶樓、冰室、酒舖、士多、燒臘檔、水果店、粥舖麵店、滬菜川菜等，應有就必有，而且有一、兩間馳譽港九，名振一時。

就下元嶺聯誼路來說，茶樓就有「彩虹」、「漢江」、「同慶」、「同

後期元嶺街市內一景（這是上世紀八十年代初的街市）

和」、「南香」；冰室之類，就有「金龍」、「嘉美」；酒舖就有「祥盛」、「長安」、「醉月」；士多甚多，例如「萬和堂」、「良友」、「聯合」、「秀芳」、「裕昌」等，川菜滬菜，早期有「四時春」，不久倒閉，還有「詠藜園」和「錦江」；白粥腸粉有「明記」，麵舖有「七記」、「合記」。燒臘檔有「豪華」，水果店有「森記」，涼茶舖有「同利號」（後改名作「張龍揚」）。

就茶樓來說，規模最大，應數「彩虹大茶樓」，它近在聯誼路口，茶樓內有兩個大廳，座位多，有利宴會擺酒。「漢江」是飯店式的茶樓，格局小，競爭力較弱。「同慶」、「同和」是同一老闆經營的。「同慶」就在我家舖子的隔壁，「同和」則在我家住處的華園路口。「同慶」、「同和」在空間距離來說，與我們最密切。這兩所茶樓的老闆是潘南先生，綽號「矮仔南」，他個子矮小，髮短、作陸軍裝，小眼、小鼻、大口，身形瘦削，有點猴子形相。以「相格」而言，這是「入形入格」的猴子相。大家都說，他以這樣的形格在鑽石山這「山區」做生意，相格合乎地利，定有所成。潘先生是先開創「同和」，賺了錢，又開「同慶」，都賺錢。其後，他在官塘開了「同樂」和「同心茶樓」，就那不甚生財，且枝節多多，鑽石山街坊都說：「他在『山』就有利，賺大錢；出了山，入『塘』去，『馬騮』（猴）忌水，怎有好世界！」這兩間茶樓所出美食，以「同慶」的蒸排骨香滑動人，堪稱一絕。守在家舖時，口饞肚餓，來一碗同慶排骨飯，嗑一口濃烈觀音茶，那真是高級享受！

「南香茶樓」是潮州人開辦的，就在華園路口對面，我們也樂於幫襯。「南香」的糯米雞很有水平，我們唸小學作秋季旅行時，兄弟倆就一人一隻糯米雞充作午餐，甚麼三文治、酥皮包都不能相比。祖父多次的壽宴，都選在「南香茶樓」宴客，那「沙茶牛肉芥蘭」，香軟幼滑，滋味無窮，佐以啤酒、工夫茶，又是另一種頂級享受。

聯誼路上的彩虹大茶廳

位於鑽石路的中原酒醋廠

鑽石山的茶樓銷費若何？以六十年代後期計算，點心四、五毫一盅。一碟山竹牛肉，團團然兩大顆，五毫。炒飯、炒河，八毫、一元左右。沒有「加一」，不收「貼士」，你說貴嗎？

　　冰室，是我們「飲西茶」的地方。聯誼路有「金龍冰室」（曾一度改名「金龍餐廳」）和「嘉美冰室」。冰室的格局比茶樓少，「金龍」是家庭式經營，店主夫婦連同孩子（阿康）一概到場；「嘉美」則屬「兄弟班」形式，連沖茶煮餐，不過人手四、五。「金龍」檔次較高，經營亦較靈活，除麵包、西餅，奶茶、咖啡外，亦曾經兼營麵食，其雲吞麵不俗，只是「味精」稍多，吃後口渴。以食物質素論，「金龍」勝於「嘉美」，麵包、西餅、通粉、奄列、三文治、烘吐司，連紅豆冰、菠蘿冰等等，都是「金龍」較精巧；但「嘉美」的沖茶，則甚得要法之妙。奶茶、啡啡，都比「金龍」香滑，「金龍」的咖啡每帶酸味，「嘉美」卻少有此弊，就算連沖水蛋，似乎「嘉美」亦勝過「金龍」，難怪這兩間冰室隔壁相連，暗裡角力，多少年來都各有顧客，平分春色，彼此都不能取代。以上所說，只屬個人口味所得，所以優劣之評，或與人殊；西茶我吃得少，只是中五時要熬夜讀書，就有吃「咖啡」之事，我吃的就是「嘉美」的咖啡。

　　說到酒舖，有意思。小小的鑽石山居然有釀酒廠。

　　在鑽石路近「志蓮淨苑」處，有「中原釀酒廠」，它在鑽石路19、20號。那時我們五兄弟都在志蓮義學讀過書，天天都經過這裡，那陣酒糟味、酸醋味，至今仍不能忘懷。這酒廠分兩部份，即釀酒廠和售酒店。釀酒廠的大門，半拱形的牌坊寫着「中原釀造廠」五字，英文則稱「Distillery」，那就是釀酒廠的意思。酒廠的正門設一個大鐵閘，閘門經常關上，遇有貨車進廠，才會打開。閘的右側，設一小門，供人出入。水荒時，這裡有水供應，熱的。我家離酒廠較遠，又跟酒廠的人沒有甚麼關係，所以不曾入內挑水。酒廠的左

張龍揚的店面

張龍揚先生的廣告

面是酒廠的銷售店，招牌寫着「中原酒醋廠」，店旁兩柱，右寫「自釀正式米酒」，左書「妙製添丁甜醋」。店內有各類原裝白酒，招紙貼着「中原酒醋廠」的字樣；這廠的添丁甜醋頗著名，銷情應該很好，因為酒、醋都是自釀自賣，價錢合理地便宜。

在聯誼路上的酒舖，以「長安」和「醉月」較有特色。「長安酒莊」舖面開闊，全店建構雅淨，幾乎全鋪以石米，青底白點，撫之清涼潔亮，甚是可愛。酒，或瓶裝，或壺載，排列在牆架上，井然有序。店左有連牆的大石櫃，上開圓孔五個，各實之以紅布木塞，那就是酒罌所在。牆邊掛着一套銀亮的杓子，容量大約由一兩至一斤。街坊可自備容器，入得店來，說：「買燒酒。『孖蒸』四兩。」莊內夥計就取下容四兩的杓子，打開木塞，輕輕挑出四兩酒，注入容器，點滴不漏，姿態真美。「長安酒莊」兼營醬料。酸梅、麵豉、蜆蚧、柱侯，都以圓形大玻璃瓶裝着，金屬瓶蓋，排列整齊，也很有陣容。最欣賞那「甜五纓」（俗稱五柳），紅、黃、綠三色瓜絲，爽脆可口，莊主厚量，我們這些孩童，花一毫子也可買得一小包，大快朵頤。

「醉月」酒舖，最為街坊稱奇的是蛇酒。「醉月」賣蛇酒出了名，原因是老闆會在初秋時在店外「劏蛇」，而且「劏」的不限「三蛇」，即飯鏟頭[14]、金腳帶[15]和過樹榕[16]，有時連溫純的百花蛇，兇猛的過山烏[17]也會剚於刀下。「劏蛇」之日，「醉月」店前，聯誼路上，觀者百計，來車響號不散，唯有苦候劏蛇完畢，眾人散去，才能開車。

14　編按：即中華眼鏡蛇。

15　編按：即金環蛇。

16　編按：即細紋南蛇。

17　編按：即眼鏡王蛇。

劏蛇師傅兩或三人，皆背心短褲，自頸至膝間繫膠布圍裙。劏蛇時，師傅手探布袋，抽出一蛇，如果是飯鏟頭（眼鏡蛇），有些觀眾便叫道：「飯鏟頭！」表示自己「懂蛇」。如果抽出來的蛇又粗又大，扭動猛烈，觀眾又會「嘩」的一聲，說：「勁嘢！勁嘢！」（即狠勁之物）。剖蛇前，師傅會先以左手緊握蛇頭，右手摸捏蛇的上半身，到某處，停下來，手指頭往下使勁一按，右手以指甲陷入蛇皮，然後擠出一粒橢圓形東西，大小若一瓣蒜子，顏色青黑，這就是蛇膽。師傅開口呼問：「有冇人要？三十。」（即問有沒有人想要蛇膽，三十元一顆。）不久，自然有人高聲回應：「我要！」「醉月」夥計馬上送來一小杯白酒，那師傅將蛇膽放入杯中，交予來客，只見那人閉目張口，舉杯吞下蛇膽，這時，觀眾或有鼓掌的。「三十元」這個蛇膽價錢在劏了七、八條蛇後，開始「滯銷」，師傅高聲割價：「廿五！」其後至「廿皮」（即二十元）便不再推銷，所有蛇膽，以玻璃瓶子盛好，交「醉月」老闆收好。

蛇是怎樣劏的？

酒舖門外，先放置一個極大的玻璃瓶，大約有 15 公升的容量，裡面全裝了白酒。去了膽的蛇，口中還不斷「吐信」，蛇舌不停吞吐，顯然不肯就範。劏蛇師傅左手緊捏蛇頸，用腳踩住蛇尾，蛇身幾乎給拉直了，那蛇眼還不停地轉動，似乎在找最後的脫身時機，或在痛苦掙扎。師傅右手的小刀，狠而快的在蛇頭下劃一個圈，然後再沿蛇身往下一拖。蛇血濺出，圍裙馬上血點斑斑。這時，只見師傅後三指壓刀，以拇指，食指拈着一小片已綻開的蛇皮，然後使勁一拉，整條蛇皮就給撕了下來，割然有聲，觀眾或目瞪口呆，或大嘆觀止。師傅從容割下蛇頭，在這條沒皮的蛇還在扭動時，就將它放進那一大瓶的酒中，讓它作最後掙扎。過了一、兩小時後，那無頭的蛇終於完全醉死在酒中，不動了。

有一年，師傅劏蛇不慎，走漏了一條過樹榕。那蛇逃入渠溝，無影無蹤。大約十天之後的一個下午，家中四弟、五弟突然同聲高呼：「蛇！」大哥和我都看見了。那蛇擺動腰肢，蜿然逃出了門口，鑽進門前的一個小洞。我連忙用晾衣服的丫叉柄按住了蛇尾。蛇不動了，大哥、三弟取來錘、鑿，把小洞鑿開，準備以鉗把它拖出來。洞鑿闊了，可以用鉗把它拖出來了。這時候，大家無比緊張，打算拖出大半就將它處以極刑時，以免傷害孩童。誰料，大哥把蛇一拖，咦！只拖出了三、四吋的蛇尾，那蛇竟自斷尾巴走了。鑽石山街巷的地下，溝洞相連，四通八達，那過樹榕就再看不見蹤影了。

說「士多」。

士多，是英語「Store」的音譯，即「Tuck shop」之類，出售汽水、餅乾、香煙、罐頭之類的小商店；「士多」開在旺角，或叫「辦館」，那就是大商店，在亞皆老街有一間叫「時新辦館」的，規模可大。在鑽石山，只有「士多」。對我來說，士多是袖珍食物百貨店。孩童時期，家貧，上不了茶樓，進不了飯館。零食嘛，固然有點奢侈，但實在不可或缺。唸小學時，與大哥背着書包到志蓮義學上課去，大清早出門時，媽媽每人給予一毛錢作早餐費，這「一毫子」很寶貴，冬天時握在手裡握得濕漉漉的，整個毫子都是手汗。這兩個毫子能買甚麼呢？兄弟倆在鑽石路上的麵包店，以「毫半子」（一角五仙）買兩個剛出爐的「酥皮包」（即菠蘿包），熱的，很香；花五仙買一孖「油炸鬼」（炸麵），剛離油鍋，熱的，更香。將炸麵撕開分半，兄弟一人一條，然後夾在麵包裡，即成高檔鹹甜點、特級漢堡包，我倆急不及待，就一面走路一面吃，滋味無窮。「一毫子」，在我的眼中，是一種資源、一種食欲。

童年時握着這一毫子，就到「秀芳」、「聯合」、「良友」、「康樂」這些士多去。買甚麼？南乳肉、威化餅，都是首選。在「聯合」

買南乳肉花生，一毫子買一小包。先付過款，老闆娘就用一個紅色的小杯，舀滿了花生，倒在新聞紙的小包裡，自己就高高興興地接過花生。回家後，一粒一粒的擘開，再半粒、半粒的慢慢享受，拼命的把享用時間拖長。後來，發覺吃花生的時間短了，花生的份量似乎也少了，於是到「聯合」再買花生時，細意看老闆娘怎樣舀，奇怪，她還是以紅杯裝個滿，不覺異樣。後來，我踮起腳尖一看，啊！原來那小紅杯內塞了一些紙，容量少了。這個老闆娘不老實，於是幫襯「秀芳」去。「秀芳」同樣以小杯舀花生，但那花生的分量多了，一毫子的價值，得以充分發揮。「威化餅」是兩片鬆脆的餅乾中央夾着甜奶油，一毫子可買五塊，回到家來，覺得五塊餅食很矜貴，於是將五塊餅擘開，變成十塊，又先以舌頭舐舔奶油，然後再吃脆餅，饞嘴相表露無遺。糖果方面，我愛吃嘉頓的果汁糖，那時店內一大瓶的果汁糖可以散買，我專挑檸檬味和橙汁味，最討厭提子味，因為吃來不像提子。老闆娘見了，很不滿。喝着：「唔准揀！你隻手邋遢。」（不准挑，你的手骯髒）。我是小顧客，無力還擊，悻悻然接受愈來愈多的提子味。最後，不甘心，轉買別的。買甚麼？買橡皮糖。橡皮糖的果汁味雖然稍遜，但耐吃，心理上覺得「抵食」。又，有一種白色、圓孔形的薄荷糖，可以吹響若口哨的，新奇，於是又買來吃。其他，如雪條、雪糕（我們叫「蓮花杯」），雪藏木瓜、大菜糕，再如話梅、紅薑、杧果核，唉，總之，多不勝數，如今追憶起來也口涎暗湧，回味不已。

父親抽煙，我替父親買煙，必到士多。最初，我買的是「喼士頓」[18]，也買「紅錫包」，然後是買「三炮台」、「555」；有一段長時間

18　編按：Capstan

是買「黑貓」，最後，父親鍾情於「登希路」[19]，我就買「登希路」。直至父親戒了煙，我才不到士多買煙。那時買煙會搭（送）一盒火柴，但如果你不主動要火柴，老闆娘就不給，所以我買煙，必說五個字：「登希路，火柴」。火柴對我們來說很重要，因為點燃汽燈或火水爐，必先點燃器內「火酒杯」裡的火酒，我家當時經營汽燈、火水爐的生意，用火柴的機會特別多，所以火柴不可稍缺。

至於罐頭，我們買的主要是煉奶、沙甸魚；稍後是五香肉丁、午餐肉。有些士多如「聯合」、「良友」、「秀芳」，還售賣文具，如鉛筆、擦膠、拍紙簿（pad paper）、圖畫紙、聖誕卡、信封信紙等。「聯合士多」還掛着足球，皮的、膠的都有。

六十年代有收集「明星卡」換獎品的玩意。那是「白雪公主牌」的粉紅色吹波糖（我們叫它「吹波膠」），以小紙盒包裝，內附送一張「明星卡」（如尊榮、金露華之類），每張明星卡都有編號。如果能順號碼集齊「1」至「100」號，那就有巨獎（甚麼巨獎？忘記了。總之很有吸引力。）其中由「1」至「20」號，或「1」至「40 號」也有獎品。然而，明星卡中有數張是很稀有的，如「21」號、「37」號，都很難找到。我和眾玩伴有一段時期頗沉迷於吃「吹波膠」、集明星卡這玩意中。說實話，那吹波膠不甚好吃，太甜；能吹波的次數又不多，吹了幾次，那吹波膠「老」了，又實又韌，怎吹也不行了。後來，我們買吹波糖，只是想取得明星卡，那糖都送給別人吃。這玩意到了狂熱階段，那些稀有的明星卡居然有人炒賣，而賣高價卡之處，就是士多。我記得有一次在「萬和堂士多」，居然買得「37」號，高興得跳起來。有了這張「37」號，我已集齊了「1」至「40」號的明星卡，於是乘巴士到旺角的辦館，換了一個排球回來，算是大

19　編按：Dunhill

有所獲。

說到燒臘檔，鑽石山專賣燒獵的，很少，而茶樓一般都設有兼賣燒臘的零售點，方便街坊吃飯時「斬料」、「加料」（即添菜）。可是，鑽石山的燒臘檔不能不說「豪華」。「豪華燒臘」只由一人經營，姓趙的。他的公子叫趙明勝，是三弟漢其很要好的同學，我也跟他相熟。六十年代的趙先生約四十歲，頭半禿，瘦臉龐，五官都很細小，矮身材，不算健碩，但動作卻很敏捷、靈活。因身材矮細，故有人戲稱他為「華仔」。趙先生好酒貪杯，半醉時會引吭高歌，唱一兩段走腔粵曲，瀟灑得很。

「豪華」天天營業，少見休息，趙先生工作時，繫一條深藍色圍裙，油膩生光，似乎終年不換；利刀一張，更是長年運使，他說：「這刀，鋒利無比，切割斬削都行，好用，無須更換，亦不可能更換！」「豪華」的燒臘，比所有茶樓的都好吃，叉燒肥瘦適中，掛起來時膏油淌滴，蜜味先聞；他的白切雞，肉軟骨脆，不須甚麼沙薑蔥油，也雞味濃郁。「豪華」最厲害的，是「燒鵝瀨粉」，好吃得不得了。一海碗的瀨粉，配上五、六塊燒鵝，大大塊的，蓋着碗面，出手闊綽。他說：「街坊生意，要抵食兼大件。好嘢，自然有人讚；好食，自然翻（返）尋味！」那燒鵝的味道，刁鑽細膩，鵝肉肌理細密，齒間肉甜結聚，舌頭諸味留香。更難得的是，來客以燒鵝瀨粉作宵夜，吃得興起時，主客燒酒花生，據桌大飲大吹一頓，快樂無邊，「豪華」有時竟像中式酒吧，厲害啊！趙先生的「燒鵝瀨粉」賣得出了名，「豪華」由燒臘檔發展成燒臘店，舖子就開在「同和茶樓」對面，「同和」的燒臘，有了最強對手，相比之下，顯然失色了。

聯誼路上賣水果的很多，擺檔的更多，貼近「同和」那四、五十呎的路面，就是一大檔賣水果的。說到水果店，最有規模，最有耐力的，是「森記」。「森記」自五十年代初開店，一直經營至鑽

聯誼路上的水果攤檔

石山清拆時才告終結。此間多少果店果攤倒閉、轉業，它就是屹立不倒。「森記」的老闆叫彭森，高高瘦瘦，頸項很長，臉也長，頭髮又硬又短，終年不用梳理，很少說話；彭太太圓口圓臉，肥胖而矮，嗓門大，不停說話。彭公彭太，陰陽相配，肥瘦兩宜，噪靜互補，直是佳偶。「森記」水果，以售價高低排成等級，最高價的，品位至高，以圓扁紙筒，上書「一元」兩個紅字，那「一」字畫成圓點，「一」、「二」、「三」都如是，很好看。那時一元一個蘋果，很貴，不曾享受過。那些蘋果，產自美國，稱「地厘蛇果」，我們縮簡之曰：「蛇果」。蘋果與蛇固然有宗教上的關係，但「地厘蛇」是甚麼蛇，真是「丈八金剛，摸不着頭腦」。唸書至小六，要參加升中試，英文生字學多了，才知道「地厘蛇」其實是英語「delicious」的音譯，「delicious」者，可口也、美味也。這種蘋果，高不可攀，伸手難及。但蘋果也有一毫兩個的，那就是壓在最低處，俯拾即是。而「一元」至「一毫」之間，那就是一列由高至低的圓扁紙筒價錢排序，紅圓點不斷出現，陣次可觀。那時，我們夏嘗蘋果，秋啖雪梨，夏至荔枝，大暑桂元，秋末甘蔗，冬來椪柑，「食序」成規，年年不改。到了今天，冬天仍有龍眼，夏末竟有蘆柑，在當時簡直難以想像。

「森記」與我家「藝光號」斜對面，近得很。彭森先生的公子們，都是我們兄弟的玩伴。大公子彭啟光，我們叫他「光仔」，很活潑，臉圓似母親，身瘦若爹傳。四肢較長，扮起猴子來，有七、八分相似，他帆布床棍一揮，單腳而立，提掌作遠視貌，啊，孫悟空來了，大家都叫好。他的弟弟叫彭啟明，一身瘦身材，沒有長兄那麼活潑，友情就略遜了。

粥舖的經營，必是炸麵、腸粉兼備。賣一個上午，中午後就成休止狀態，只有賣剩的炸麵擺在油鍋網上，等候稀客，或作翻炸。聯誼路上最大白粥腸粉檔，躲在「醉月酒舖」對面的小巷中，叫「明

記」。檔面排開先是油鍋，油炸鬼、牛脷酥、鹹煎餅都在這裡油泡，隔油鍋不遠是煮粥的陣地，那裡滾着一大桶白粥。而拉腸粉就在油鍋的後面。我曾站在那裡看他們炸東西，覺得很有趣。那炸麵本是一孖軟麵條，幼幼的。放入鍋裡，先是沉了下去，不久便浮起來，體積變大了，顏色也由白色而漸轉金黃，用筷子翻一陣子就可放在鍋上的網格，等待食客了。炸麵的銷量最多，因此搓切炸麵的速度很快，佔用油鍋的時間最多，牛脷酥次之。白粥佐以炸麵，這是最合味道的配搭。若以牛脷酥配粥，嫌甜；鹹煎餅更是又鹹又甜的東西，宜獨嘗滋味，勝於佐粥。腸粉初時只製蔥花齋腸，不久就加入牛肉腸，由於味道鮮美，很受歡迎。蒸腸粉的，是一個高身鐵盒，內裡是兩層抽屜式的鐵格，一格抽出，把米漿注在格裡的薄布上，撥好，灑點蔥花蝦米，就可放進盒內蒸。較早前放進去蒸的，此時正好已熟，於是抽出格來，以一方薄鐵將腸粉從薄布上掠出來，捲成腸狀、切段，加上醬油，即成美食。蒸腸粉就是這樣的兩格輪流操作，循環不息。

六十年代末，「長安酒莊」不賣酒，改作粥店，運作一如「明記」，顧客也多，因為人流旺。

我愛吃牛肉腸數十年，至今未變，只是如今茶樓的腸粉，米漿不純，牛肉欠鮮，口味已大不如前，可嘆！

聯誼路的麵店，在第一巷有「合記麵店」（或稱「七記麵店」），店主是「七叔」，矮個子，胖身材；短頭髮，圓臉龐，鼻孔大得出奇。他的麵很普通，我們不太欣賞。華清路有一「南記麵店」，潮籍人士主理，麵質較佳，雲吞麵和牛腩麵都不俗。小學時期，我們都愛到「南記」來，三毫子就有一碗雲吞麵。「金龍餐廳」也辦過麵食，尚可。說到麵食之冠，應推聯誼路街市後，「天祥藥店」旁邊的「南發」。此店的招牌，就寫「南發」兩個字，舖小，坐七、八個客人就

滿了，勉強再擠，也只可多一至兩個小童。

　　老闆也是潮州人，夫妻檔，很合拍。男的，矯壯，英偉，五官輪廓鮮明，不屬美男子，卻是健碩漢。終年穿短袖笠衫，繫白圍裙，動作敏捷。女的，矮肥，屬勤奮形的人，專責清潔、洗碗的工作。

　　「南發」的店前是鍋煮處，那裡放了兩個桶形大梯鍋，其一，內注滾水，煮麵用的；另一，較小，裝上湯。旁邊有一小鍋，裝牛腩。大梯鍋前面有一大盤清水，供「過冷河」之用，還有幾個瓦缽，較大的裝着醬油，小的裝韭黃、蔥花之類。靠牆，就有放麵的盤子，盤內有生麵、河粉，生麵的左側，放雲吞。這些裝備全在兩手可到之處，方便操作。蠔油，稍遠，放在食桌上端的牆架上。舖內列長木桌，配以圓摺凳，舖的後端放雜物。舖雖小，但整齊清潔，予人好感。

　　「南發」老闆精煮麵，不論粗麵、幼麵都煮得軟韌適中，有口感、耐嚼（我們叫有「嚼」頭）。雲吞和牛腩都很有水平，上湯味道濃郁，沒有味精。煮好的麵，加三、四滴麻油，那就是美味的「點睛」處，他的麻油香得要命，能增加食欲，魅力非凡。

　　「南發」在午後才開舖，直至深夜才休息。每天早上就是準備時段，曾見他以豬骨、牛骨等熬湯，用料講究。老闆最厲害的是記憶力，顧客入店，只要叫出要吃甚麼，他就記住，誰先誰後，誰吃甚麼，誰人後加另食，他都一一記得清楚，從不混亂、出錯。還有，顧客有先付錢然後吃的，也有吃後才付款的，這些他也能記住，絕不會張冠李戴，誤判無辜。曾問他何以能如此，他笑道：「練嘛，多練，就變作習慣唄。」「你煮的麵很好吃！」他也笑道：「也是練的，多練，就變作習慣，成了習慣水準便能保持，能保持便有口碑。練的，多練便見成績！」

　　說到滬菜川菜，鑽石山的「詠藜園」，可謂名聞遐邇了。

鑽石山的川滬菜館，最早是「四時春飯店」，飯店的老闆娘很愛逗童稚時的我，說我「白淨」（皮膚美）。在五十年代末期，「四時春」就沒有再經營，改作「祥盛酒莊」了。

「詠藜園」的舊舖在「力生號」旁邊，本來叫「永利」，舖名頗俗。後來更名「詠藜園」，雅多了。《史記．太史公自序》說到墨家生活食用時，有「藜藿之羹」一句。《說文解字》稱：「藜，藜草也。」「詠藜」，頗有謙抑而樸實之意，甚好！

「詠藜園」本來聲名不響，1955 年永華片場開設在斧山道，而整條斧山道沒有一所食肆，「吃飯」，竟成了導演、明星們急於解決的切身問題。後來，發現鑽石山聯誼路口，有一間「川菜館」，大家就去試試，結果眾人都說：「行！有四川風味」。「詠藜園」這樣一經品題，馬上身價十倍，令名高躍了。

查 1953 年，新加坡富商陸運濤先生創辦的「國泰機構」登陸香港，成立「國際影片發行公司」，其後改組成為「國際電影懋業有限公司」（Motion Picture & General Investment Co. Ltd）。陸先生既在斧山道建設永華片場，又在大磡村口闢地，以鑽石山花崗岩建高尚住宅二十二所，稱「大觀園」，其中李翰祥、喬宏，王萊等就居住在那裡。就是這個機緣，這一批來自北方的明星、導演，在片場附近難以找到川滬菜館，現在居然在下元嶺找到一間水平不俗的川菜館，大家便喜出望外，工餘或來「詠藜園」吃一頓，自此「詠藜園」每隔一段時間，就有導演、明星蒞臨助勢，好不熱鬧！

我唸中一那年某日，在「藝光號」舖裡畫畫，以水墨在圖畫簿上用心地畫山水，「詠藜園」的老闆楊殿湖先生突然光臨，與父親談火水爐的事。楊先生看見我在畫山水，特意走近來看看，說：「小弟，畫得不錯。你可會在牆上畫這些山水嗎？」

我說：「沒有試過畫在牆上。」

「如果要你在我菜館的牆上畫山水畫，你行嗎？」

「不行，不行！我沒這種能力，我畫得不好！」

「哈！哈！哈。你知道嗎，小弟，有一次，有個長鬍子的到菜館來，我不為意他是誰，沒有招呼，及結帳時，李翰祥導演遞給我一張字條，上面寫着：他是張大千。大畫家也來過我的菜館呢！我想，菜館的牆應該畫上山水畫。哈！哈！」

果然，約在半年之後，「詠藜園」的牆上畫了山水畫，顏色偏作黃灰，不是水墨畫，而是以漆油直接畫在牆上，構圖簡單，山、樹都畫在兩側，中間一大片是水。

「詠藜園」有兩間，一間是「川菜」，在「爵士鞋店」旁邊，由一條小石階路引入，兩旁佈置着陶缸種些鐵樹、米仔蘭之類的植物。推開玻璃門，門的右邊是結帳處，當年坐鎮的，多是楊先生的大公子，我們叫他做「大寶」，二十多歲吧，英俊，長方形臉孔，眉毛稍粗，與頗厚的頭髮相應，梳典型的花旗裝，眼睛較小，直鼻梁，鼻翼勻稱，嘴巴略作笑狀，紅光滿臉，俊肖而氣魄稍嫌柔弱，很斯文，從不大聲說話。餐廳成長方形，廚房出口幾與大門相望而稍偏左，入內右拐，才正式進入廚房，那油漆山水畫，就在結帳處對面的牆上。

另一間，是「滬菜」，在「力生棧」（棧，是存貨的地方）和「彩虹大茶樓」之間的小巷中。我們叫它作「巷仔底」（潮州語）。這間「詠藜園」分大小兩個食堂，大的在右邊，小的在左邊，那小的是後闢的。推門而進，結帳處同樣在門旁。結帳處的右邊是一個玻璃趟門的大冷櫃，甚麼燻魚、鳳尾魚、凍蝦、田螺、芹菜、毛豆都放在這裡。在結帳處坐鎮的，是一位女士（或者叫姑娘），青白臉皮，鼻梁高直，很有北方人的相格。廚房在餐廳左側，以木牆隔開，牆上開一個方洞，以便遞單、傳菜。

四川詠藜園的正門

我覺得「巷仔底‧詠藜園」的上海湯麵，簡直是天下一絕。那醬油的特殊味道，現在已很難享受到了。在鑽石山清拆後，這麼多年以來，我只能在淘大花園的「老正興」吃過一次類似的上海湯麵。自此，我嘗試過全港數十所滬菜館，也吃不到這原來的滋味。到今天，我已不再存有可嘗到原來湯麵味道的奢望了。最幸運、也最幸福的，是在家裡老婆大人得心煮的上海湯麵，竟有七、八成接近的水平，使我異常感幸與滿足。

「詠藜園」和「藝光號」有一種特殊關係，那就是兩間菜館廚房內的火水汽爐，都是由我們獨家專責處理的。說到我們「藝光號」的汽燈、火水爐工夫，那在鑽石山可說是首屈一指，甚至是獨到的生意了。

當年，只要「詠藜園」火水爐出了問題，我們第一時間就拿「架生」（工具）入廚查看，可以當場修理的，就當場修理；要更換零件的，就拆去舊件，然後到「藝光號」取新零件換上。我們不會浪費一分一秒，因為菜館廚房沒有了火，不能烹煮，後果是很嚴重的！

就是這個原故，我們跟廚房的廚師們都得熟落。他們都會叫我們兄弟做「太子」，或「師父仔」，其中一位叫周文的，與我們的關係特別好，看年紀他大約 20 歲，也屬於廚房裡的「師父仔」，他煮的上海湯麵真的好吃。有時，我們會抽一個銻煲到「巷仔底」買麵。付了款（當時一碗上海湯麵是一元二角），我們就直接拿銻煲入廚房，不須夥計代勞。對周文說：「湯麵。」不久，整煲滿滿的湯麵就煮好，拿回家來，足夠整家人享用。

至於川菜館，我們不甚愛吃「擔擔麵」，因為麵質不如上海湯麵。周文也曾輕描淡寫地說過，煮擔擔麵必須有幾樣東西：花生粒、榨菜粒、山西陳醋、芝麻醬、蝦皮。擔擔麵能煮得香，都靠這些東西，其他蒜頭、薑、豆瓣醬，都屬其次。當時我們只是漫不經

心的聽着，其他細節都沒有注意。其實，我們曾經多次見到廚師煮擔擔麵，不見得有甚麼特別工夫，只覺得全靠花生、麻醬、榨菜等在起調味作用。有一次，花生粒用光了，廚師就用「花生醬」，他笑着對我們說：「用花生醬，一樣、一樣！」到「詠藜園」，我們不甚愛吃擔擔麵，反而愛吃「素條麵」，它的價錢比擔擔麵還便宜，但煮出的蒜頭香味，真個是「無以上之」。可惜，「素條麵」在鑽石山清拆後，再不能在香港享受到了。2014 年 5 月 9 日，我與得心及眾友遊揚州，在大東門街的「東門飯店」，花三元五角買一大碗「乾拌麵」，那就是類似素條麵的味道，真是好吃極了。

還記得，祖父七十歲大壽之日，即 1964 年農曆二月初二，父親在「巷仔底‧詠藜園」大宴親朋，那時每席港幣八十大元，吃得我們人仰馬翻，所餘還裝滿兩、三大煲取走，在家裡又吃了兩、三天。

我們與「詠藜園」有一條信約，那就是每年農曆菜館收爐後，我們就來給所有汽爐洗刷、更新，且必須在除夕年夜飯前裝好，好讓菜館在年假後開業時爐火順利，有一個好開始。

1970 年 2 月 5 日（農曆己酉年的除夕），我的日記記錄着：「每年的除夕，『詠藜園』早就收了爐。我們一早便到『詠藜園』和『四川擔擔麵』二店全面修理汽爐。先到店中廚房把爐壺、爐頭等器物全部分件拆散，然後推回『藝光號』來（按：從前徒手搬運，要走好幾趟，其後以手推車運回舖來，便捷。）回來後，旋即清除穢物油漬，再細為檢查，舊的儘量翻新，壞的修理，爛的更換，爐壺添漆，零件更新，整理妥當，又運回廚房，按原來爐位，一一安裝妥當，試試效能，認定可以操作，才敢收工。」

這樣的工作，由父親、兄弟共四人專責，我與大哥都是主力。工作時間由上午九時左右，至下午四時始能大功告成，年年如是。每年除夕，楊殿湖先生都會到市區的「浴池」沐浴，傍晚才回來，那

時，我和大哥早就手拿收費單據，列明修理項目，向楊老闆收錢。有時，楊老闆心情不好，會施以白眼，說一、兩句難聽的話，讓我兄弟倆難受；然而楊老闆是明道理的人，收錢時，從不推三推四，因為「年晚錢」是「要命的錢」，這點他很明白。

楊老闆是胖子，但胖得結實，皮膚黝黑。頭髮粗硬，有個小小的「美人尖」，額頭寬廣；彎眉毛，細眼睛，雙眼皮，戴眼鏡；鼻梁較短，鼻翼橫張，顴肉厚不見骨；人中較淺，上唇薄而下唇厚，雙下巴，頸短；背厚腰熊，身高約 1.7 米（5 呎 6 吋左右）。大家不妨憑上面的描述，估量一下楊先生的模樣。楊先生說話帶上海口音，應該不是四川人。至於他何以能憑四川擔擔麵享譽食壇，對不起，不知道。楊先生的大寶公子，如今仍在，年紀不該超過八十，有機會大可訪查之。

鑽石山的川滬菜館，既談「詠藜園」，則「錦江川菜館」不能不稍述。

店名「錦江」，當然緊扣四川而來。錦江，名水一道，流經四川成都，江邊有望江樓，近樓有薛濤井，是一條很有詩意的江水。但「錦江」是川、滬菜式兼營，亦不以甚麼名菜稱譽。它的裝潢、格局都不及「詠藜園」，門旁亦是收銀處，只是在店左開了一大窗，窗邊放了一個大圓鐵鍋，平底的，不停煎着鍋貼，豬肉包、牛肉包、蔥油餅等，「錦江」的煎牛肉包，帶腥羶氣，但好吃，就是一絕。掌廚的，我們也很熟悉，他不是四川人，也不是上海人，他是廣東人，而且是潮籍人士。我們很不禮貌地叫他做「駝背佬」，因他的脊椎微曲又不見頸項，且個子矮小，像是駝背。他煮的「上海湯麵」或「上海粗炒」，都比不上周文，但他的酸辣湯，卻出奇地美味。我們跟他相熟，也因「火水爐」。每遇廚房的火水爐出問題，他會親自到「藝光號」來，高聲說出哪裡有毛病，然後催促我們馬上前往「救援」，

像投訴，也像請求。「錦江」的廚房跟「詠藜園」的簡直有天淵之別。髒、濕、亂、暗，四弊俱全，那抽氣機更是髒得觸目驚心。我們入廚工作，每將壞的部分拆走，帶回「藝光號」修理，不願在那裡逗留多一分鐘。

「食」在鑽石山，真個是多姿多彩，回味無窮，今天有時到茶樓餐館品嘗同名並類的食物，雖有其獨特處，但有不少過往的美味，確實是一去無蹤了。

「住」

「住」是鑽石山的一大問題，也是大難題。

然而，早在上世紀三十、四十年代，當鑽石山還稱為元嶺鄉時，這裡是郊區，除了基本的農家居所之外，就是平房、別墅點綴的地方，幽雅得很。

農家居所，不外就是青磚黑瓦，蓋金頂字的中國傳統建築，樸實古拙。村屋建以青磚，當然希望能長住久居，期以百年；而所謂平房，多是石屋、磚舍，鋼窗粉牆，寬廣的廳，雅淨的房，宜居小康之家。至於別墅，樓不高於四層，多為兩、三疊的建築，空間廣闊，陽光充足。或花園，或水池，鐵門鋼閘，繞以圍牆，牆內有松有竹，有台灣相思探出頭來。元嶺的「大觀路」上別墅較多，如「半山別墅」，圍以高牆，門楣掛匾，松、榕有序，不聞犬吠，只可按鈴，很有氣派；另有高級住宅，如斧山道一帶的「西南台」、「嘉華台」，都是富有人家的豪宅。

這類石建、磚砌、厚牆大窗的華居，或稱為「廬」，或稱為「築」，或稱為「園」，都有一個雅緻的名字。它們平平靜靜地躺在綠蔭裡，處於其中，可聽鳥、可移花；元嶺山下，一大片祥和，偶而

一個垂辮素服的女僕啟門趁市，連開門也不聞聲響。朝有初陽，午盡斜暉，那樹影難遮住鋼琴玉手，琴音自窗櫺淌下，送與愛麗斯，送與這無爭無欲的避秦世界。農耕的勞動，似與這裡無甚關係，大家分佔着元嶺的小天下，幾乎不相聞問，這兩種迥異的天地，既各不相礙，也毫不相干；但合起來卻有另一種和諧，別一番美態。

「亞四，換了大廳的花！」翌晨，那坪頂村的蘭、流香園的菊會插在玉壺春的青瓷裡。於是「別墅」、「農村」有了接觸。

世事無常，禍福相倚，踏入五十年代，鑽石山變了。

國共內戰，繼而民國遷台。在 1949 年最後的一個黃昏，人潮挾家當而來，如風鼠遍鑽石山所有的角落。富人的家當，可在荃灣設紗廠，在紅磡建船塢。窮人的家當，只一身衣服，拍手無塵。鑽石山的內地同胞，窮的多，富的少。於是，寮屋紛紛出現。

甚麼是寮屋？簡而言之，寮屋就是非法僭地搭建的簡陋房屋。

由於政局與國運的激烈轉變，萬計的難民卒然來港。既稱難民，香港政府是不能不收容的。但一下子收容萬計難民，戰後的香港政府實在無法以正常策略應付，唯有容許這些貧窮的民眾在鑽石山（或柴灣、鯉魚門、茶果嶺等處）隨意搭建簡陋的住所，這按日俱增的簡陋房舍，政府無法管理，也無從管理。這些僭建的民房，完全沒有法律的依憑，全是非法的建築，漠視土地屬主，沒有屋契，胡亂規劃，隔間簡單，開路開渠，因利乘便，沒正常的去水設備，不理會環境衛生。搭建的材料，一般是以木方作樑作柱，以木板作間隔，窗框沒玻璃，瓦形鋅鐵頂，或瀝青紙作蓋。沒用磚石的穩固建材，沒有深厚的地基處理，居住者只求暫時安身，似乎不打算長期留住；無奈一旦住了下來，卻再無遷居之力。因此，寮屋是一大堆臨時居所擠在一起。鑽石山這堆寮屋，夾在黃大仙徙置區和彩虹村的公屋之間，顯得特別擠逼、複雜，像失掉常格的蜜蜂竇，

平削下來的一大片菠蘿皮。

在五十年代末，我曾到過「大觀新村」探望同學（姑諱其名，見諒見諒），所謂新村，就是新外來者的聚居處。「大觀新村」就在「大觀片場」對開約四百米外的山麓。整個新村都建在斜坡上，舉頭所見就是元嶺那圓頭山，足下黃沙地，走來頗費氣力。我同學居住的所謂「房屋」是木板鋅鐵結構，木門側間一木格，上放一個棉芯火水爐，板牆上掛些鍋、鑊之類的炊具，這就是廚房；木門一開，昏暗不見天日，同學馬上推開木板窗，撐以木條。右窗開了，開左窗。光來了，風也來了。一張木床，兩張摺椅。衣服、被鋪就在床的右上方，尚算整齊。吃飯在床邊，功課在床邊，床下一個搪瓷痰桶，用時拉出來，所謂「廁所」即也放在床邊。沒電、沒水，有火水燈，掛在窗下。一個鋅鐵水桶蓋以三夾板，一個小紗櫃掛在門旁，內有碗筷食具，一個細號的駱駝牌暖水壺放在紗櫃上。一個有蓋紅塑膠桶，放在櫃下，想是裝米的。房的後牆，一片赤黃色，就是一塊大岩石，石面尚稱平滑，他說，摸得多，滑了。

「落雨點算？」（下起雨來，這麼辦？）

「流出去，地下斜嘅。」（地面向外斜，雨水自會流走，不會停瀦在屋內。）

「落雨驚屋頂漏，唔驚石漏。」

「屎、尿點搞？」（痰桶內的大、小便，怎處理？）

「倒响外面個條山坑。」（倒在屋外的旱溝）一手指向五十米外，一列榛莽後的小山溝，旱的。

同學的父母都在外間工作，他獨居斗室，僅及百呎的天地很小，但一走出門外，那天地就很大、很大。

他帶我到圓頭山的山腳，就在山的右側，有一個小山洞，洞內地面已打平，上鋪草席，同學指着草席說：這裡有人住。

五十年代，那些較有錢的外來人，入鑽石山可以買石屋，開山寨式的染紗廠。較貧窮的，或租住，或自建，那都是寮屋。更有些人霸了空地，在上面建寮屋然後出售，某小學姓鄺的校長，就是典型的例子。他賣出寮屋，撈了一大筆，後逃之夭夭，連小學也結束了。我們兄弟倆，就曾經為這一列寮屋裝水喉，還給他壓了價。

　　這列寮屋在凌氏宗祠那空地外，屬連排式建築，以牆隔開成八戶，沙磚牆、石棉瓦頂，白色的牆，前後開窗，每戶約百五十方呎，我們在這裡鋪設水喉，先裝一段長而貼地的水喉，然後在每戶的外牆開口處駁喉入內，再裝一青銅水喉開關掣。每間寮屋內不設間隔，但已算是較好的住所了。

　　五十年代這裡有不少石屋，這些石屋空間較大，當原主人遷出，新屋主以當時外來民眾多，便在屋內設隔間、作別所，一屋三、四伙，每伙各開一門，便成了獨自的住家。其後，人來的更多，那就連屋外的小路，走廊之類都蓋成住宅，於是寮屋愈建愈密，連陽光、通道都少了、狹了。

　　在 1973 年，我家的成員有祖父、母、雙親、兄弟等共九人（姑姐嫁出，否則就是十人），家居擠逼，五弟漢保，曾以飯桌為睡床，於是我們也來一個非法擴建。

　　父親的好朋友蔡伯、陳伯、俊卿叔（因姓郭而認稱作叔），都是建寮屋的高手，他們來看了看，就說：可以建「二樓」，那就是在原有的屋頂上加建一層。不多久，動工了。擴建前先換走屋頂的瀝青紙，以十數條 6 吋木方，列作橫樑，再鋪上厚 6 分夾板，以保障有足夠的承托力，那就是「二樓」的地板。然後再以木方、夾板、鋅鐵，搭建「二樓」。「二樓」是兩個小房間，一個小廳。較大房間，是大哥、大嫂的；我住較小的一間。兩間均有窗，大的向東，小的

向西。我的房間放一張寬 2 呎半、長 6 呎的鐵床，一張 4 呎乘 2 呎的書桌，一個高 6 呎，長 3 呎，寬 1 呎的角鐵書架，一張木椅。滿了。兩房的主要間隔都用 4 分厚的夾板。外牆以 4 分板加一層鋅鐵，上藍色漆油，防銹、添彩。室內，鬆蘋果綠色乳膠漆，地面鋪藍底白碎花的膠地板。屋頂蓋瓦坑式鋅鐵。又開一條六級的直木梯，木梯底座為兩大級基石，以地牛石砌建，很穩固。幾年後，我們又把伸出屋頂的石栗樹砍掉，另建一間大房，三弟也遷上二樓。這就是我們的「寮屋」居所，僭建的。

　　在我們孩童時期，我們的家居空間算是較大的。家鄉的親友走來香港，有些就寄住我家。還記得有一個瘦骨嶙峋的松光伯，他有哮喘，年老乏人照顧，就住在我家中間房的碌架床，他睡下格，我和大哥睡上格，相處極和好。又有一個二十多歲的同鄉，名陳大英，他偷渡來港，無處安身，就暫時住我家，且成了我們兄弟的好朋友，其後找到工作遷出，不時還回來探望父親。還有一個叫趙金提的年輕人，他不是鄉里，只是與父親相熟，也來住在「藝光號」的閣仔，好幾年後才遷往九龍城。他遷走後，同鄉的柄松叔也來住在閣仔。舅父蔡景維先生於 1957 年來港，也住在閣仔，直至結婚才遷出。

　　五十年代，我家買了華園路的磚木居所，一直住至拆遷才離開。整條華園路的街坊大家彼此相熟，都能守望相助，很有人情味。

　　寮屋屬擠逼的木屋區，人口多，屋宅緊貼，這種環境，最怕失火，寮屋火警是一大問題；寮屋區的排水系統很差，在六十年代，每巷都有小溝渠，全都匯流入回春閣旁小巷下的大暗渠裡，排出口當是現在的九龍灣，但人多了，溝渠易有淤塞，所以寮屋的水患也是一個大問題。水、火兩害，都是能否安居於此的重要因素，故設專章細道。

說到「住」，請不要小看元嶺，這裡住過一些極有分量的人。

第一位要說的是鼎鼎大名的學者、史學家、教育家，錢穆先生[20]。

錢先生曾於五十年代居住在鑽石山，1958 年秋，某日下午，見一六十多歲的仁厚長者，穿淺灰色的長衫，黑皮鞋，額角生輝。攝影家詹克彬世叔指着對我說：「你知道他是甚麼人嗎？」童稚的我怎會知道。克彬叔說：「他是錢穆。」然後豎起大拇指，搖了幾下。「有大學問的人。他住在西南台那邊，平時走華清路，不走這聯誼路。」克彬叔就住在華清路。這是我第一次見到錢先生。1970 年，我僥幸考入新亞書院，那時錢先生已離港赴台，新亞書院的院長亦由沈亦珍教授轉為梅貽寶教授。我無緣親沐錢先生的教澤，但從唐師君毅、唐師端正他們口中，每有談及錢先生刻苦經營新亞書院及日夜講學之辛勞，對錢先生的學問、胸襟、風骨、壯志，實在佩服得五體投地。

1990 年，錢先生於台北棄世，1992 年，師母胡美琦女士奉錢先生的靈骨，歸葬於故里蘇州太湖之濱。今日，我尚存有錢先生《湖上閒思錄》一書，那是 1960 年 5 月「人生出版社」初版的舊書，錢先生閒思湖上之所在，就是「太湖」。翻閱之餘，亦自有一番惻然之憾啊！

20　錢穆先生原名恩鑅，字賓四，江蘇無錫人。眾所周知，他在史學界的成就卓犖，與陳寅恪、呂思勉，陳垣三位，並稱為「現代四大史學家」。自民國二十年（即 1931 年），錢先生先後執教於北京大學、清華大學、燕京大學、北平師範大學等著名學府。1949 年 10 月，錢先生隨廣州私立華僑大學南下香港，出任「亞洲文商學院」（新亞書院前身）院長。1950 年，亞洲文商學院更名「新亞書院」，錢先生是校長，唐師君毅、張丕介先生等為骨幹。1963 年，新亞書院成為香港中文大學成員學院，錢先生仍為校長。1965 年，先生正式卸任新亞書院校長之職。1967 年 10 月，錢先生離港赴台，翌年遷入素書樓。

第二位要說的，是王道先生[21]。王先生曾於 1949 年 8 月赴菲律賓，翌年 8 月回到香港，本擬暫時居留，適錢穆先生等到港籌辦新亞書院，王先生乃追隨之，並創「人生社」，出版《人生雜誌》。自 1963 年起，先生即任教席於新亞書院，其時中文系老師有潘重規、曾克耑、程兆熊等學者。1958 年，鑽石山聖堂路道真堂旁邊的一座高兩層黃色粉牆的建築，二樓牆上以紅字書「人生」兩個大字，那就是「人生社」所在。我於 1970 年秋入新亞書院，不久，即聞王先生病重消息。當時錢穆先生甚憂心，時致函問疾。然王先生終於辭世，我不能親聆其教誨，亦憾事也。1971 年 7 月，我曾到馬頭圍道王道先生住所，拜訪師母沈醒園女士，並盡購王先生遺作，以表心意。

　　1972 年春，鑽石山「人生社」結束，有書棄出路口，視之，乃錢穆先生的《湖上閒思錄》及《人生十論》，於是與三弟悉數檢拾。翌晨帶回農圃道新亞書院，置於課室桌上，送予同學取閱。

　　第三位要說的是歷史學家左舜生先生[22]。左先生是近代史專家，

21　王先生字貫之，本名雲，又名振德。1908 年生於福建永春縣。自幼勤苦向學，童年讀書於私塾「古德院」，後進候龍小學，受業於陳清如先生，復後轉育賢小學，接而省立第十二中學，這十數年皆刻苦讀書。十九歲中學畢業，曾到南京，因投稿報刊而得聲名，乃任政治部中校的秘書。年輕時，曾自力圈讀《漢書》和《三國志》。後在福州辦「新潮日報」，再轉赴上海任軍部的隨從秘書。因投稿於《人間世》，而認識林語堂先生。七七蘆溝橋事變，王先生自謂：「死國無他志」，因此在上海做了不少宣傳和救護的工作，直到上海淪陷，方敢撤離。1941 年，認識梁寒操先生。後從軍。

22　左先生原名學訓，1893 年 10 月 13 日出生於湖南長沙。他畢業於上海震旦大學法文系，曾參加「少年中國學會」、「中國青年黨」及「民主同盟」等先進組織，並任《少年中國》月刊主編，是傑出的政治活動家。抗日戰爭初期，左先生回長沙，參加湖南文化界抗敵後援會，當選為理事。1937 年，以青年黨代表身份，任國民參政會參政員。1945 年 7 月，曾訪問延安。1946 年，在上海創辦《中華時報》、《青年生活》等。1949 年來香港，先後在新亞書院、香港清華書院任教。1969 年遷赴台灣，同年 10 月病逝。

他的《中國近代史四講》，曾是我精讀過的書，其中論述「甲午戰爭」一章，使我惻然感動，憤慨填膺。左先生 1949 年來港，曾住在鑽石山的正街。正街在聯誼路後段，是一微微上斜的小街，右邊是一條水渠，兩旁是住宅，間有零星的小商店。住宅多是兩層高的石屋，有人在露台種花，居住環境算是不俗。在鑽石山我不曾遇見過左先生，算是碰見了，也不認識，因我年輕。

提到左舜生先生，不能不提易君左先生 [23]。1949 年冬，易先生自台灣來香港。他與左舜生既同為湖南人，雖然長沙和漢壽之間，隔了一個洞庭湖，來到香港，就可算是同鄉了；而且彼此在年輕時是「少年中國學會」的要員，有感情。於是左先生就將家中的尾房讓予易先生夫婦居住。據說，他倆還在聯誼路開了一家小「士多」，名為「榮康商店」，賣香煙、罐頭食品、雜貨等。後來，易先生自營一屋，取名「隻溪書屋」，並親撰春聯「一角溪山容小住，百年家國費長吟」，可見屋旁必有小溪無疑，但這書屋位置在哪裡，現已無從稽考了，如以鑽石山的水系觀之，這「隻溪書屋」不在嘉華台附近，即為華清路比鄰。然而，易先生在這書屋只住了一年就搬走了。易先生留港十八年，住在鑽石山的時間不會很長。

上面所說的，是大學者、文化人。接着說的，是一對歌唱家夫婦：田鳴恩先生與陳毓申女士。

說到田鳴恩先生，他是著名的男高音，抗戰時期，在武漢成立

23　易先生原名家鉞，字君左，號敬齋，1899 年 10 月 11 日生於湖南漢壽。父親易順鼎是著名學者、詩人。易先生從小就有「龍陽才子」的美稱（北宋大觀年間，改漢壽縣為龍陽縣），1916 年曾留學早稻田大學；1918 年秋，回國入北京大學法本科政治門二年級，並加入「少年中國學會」，結識了左舜生先生。1921 年，加入「文學研究會」，同年夏，又東渡日本繼續早稻田未竟之學業。1923 年，獲早稻田大學政治經濟學碩士。1926 年參加北伐，其後歷任國民革命軍總政治部編撰、湖南省政府顧問、參事、四川省政府編譯室主任等職。

了「武漢合唱團」，以歌聲宣傳抗戰。1938 年冬，田先生更率團到新加坡和馬來西亞作巡迴演出，籌募抗日救國經費，據說當年在大馬，「武漢合唱團」每到之處，皆掀起獻金高潮，場面感人。

抗戰勝利後，田先生到香港來，1951 年 11 月，在香港首次上演西洋歌劇《茶花女》。後來，陸運濤先生的國泰機構接管永華影業於斧山道設立的「永華片場」，並聘請田先生為聲樂指導，著名影星如李麗華、葉楓、林黛、嚴俊等，都跟過田先生學唱歌。田先生曾灌錄唱片，《美麗的姑娘》和《馬車夫之戀》等成為電台經常播放的流行曲。

1948 年，田先生是廣西音樂學院音樂系的系主任，他在廣西舉辦獨唱會，聽眾之一，就是陳毓申女士，當時田先生 30 歲，陳女士 15 歲。陳女士聽到田先生的歌聲，就愛上了音樂。她千方百計要進入廣西音樂學院去，由於陳女士的父親陳錫湖先生是廣西高等法院的大法官，終於以特殊途徑入讀音樂學院，並接受田先生長達三年的歌唱訓練。

其後他們都到香港來，感情發展得很快。1955 年，田先生向陳女士求婚，但不為陳老先生接受，因為他倆年紀相差頗遠，而且師生之戀實屬不倫，所以反對。但他倆情意堅貞，稍後田先生受邀到新加坡中正中學執教，1956 年陳女士也跑到新加坡去，與田先生結了婚。

五十年代末，他倆就回到香港來，與陳老先生家一起住鑽石山大觀路十九巷，靠近正街之處。

陳毓申女士的幼弟陳中和，是我的同班同學，感情很好。我也曾到過陳家，那是 1964 年初夏的事了。印象中的陳家較昏暗，窗簾都沒有拉開，有西式的梳化椅，有很大的床。當時床上的衣物放成一堆，有些雜亂。我逗留的時間很短，留意不到家中是否有鋼琴。陳中和很少談他姐夫的事，如果他不主動說，我實在不知道他的姐夫就是田鳴恩先生。我在「藝光號」守舖時，間中也看見陳女士從

聯誼路回家，穿很貼身的深藍色旗袍，高跟鞋，有點像粵語片明星于素秋。六十年初，田先生夫婦就離開鑽石山，到意大利、法國、英國等地深造。1964 年就回到香港來，三年後田先生決定回新加坡發展，1967 年，他們倆就離開了鑽石山。翌年，田先生中風，長時間由陳女士照顧，1994 年去世。而陳毓申女士，在新加坡時已是傑出的抒情女高音歌唱家，也是著名聲樂教育家。她主演過多部歌劇，包括《蝴蝶夫人》、《費加羅的婚禮》、《魔笛》、《波西米亞人》等。1985 年成立「毓聲音樂協會」以推廣聲樂藝術。

1964 年 7 月，我與陳中和小學畢業，我派到孔教大成中學，陳中和考上德仁書院的中一學位，大家見面就少了。

六十年代初，每天黃昏日落時，總見一雙銀髮夫婦自聯誼路步出路口，在路口左面的空地上耍太極，那就是陳錫湖老先生夫婦。

除了歌唱家，鑽石山還住過不少演藝界的名人，與我家最近的，是紅線女。我家在華園路 4 號 C，五十年代中，家的左方，是一個大花園，花園外是一所別墅式的大屋，那屋叫「桃園別墅」，紅線女就住在裡面。

我們搬來華園路不久，紅線女就搬走了，那年是 1956 年的初秋。報紙上刊登的消息是：1955 年周恩來總理邀請紅線女回國。1956 年秋，紅線女就回國，參加國慶活動，並得周總理接見。（那報紙應該是《真欄日報》。）是年冬天，紅線女 [24] 參與了「廣東省粵

24　紅線女，原名鄺健廉，廣東開平人，1924 年生於廣州西關，能說一口動聽的廣府話。當時她離港返回內地，有過一件轟動演藝界的事，那就是「黃河自殺」事件。黃河是誰？他是當時著名的電影男演員，本名黃世傑，1919 年生於廣東，後遷居天津，入讀華商小學、南開中學、上海醫學院。黃河雖是男演員，但不愛跳舞，無不良嗜好，在電影界予人的印象是文質彬彬，恭儉溫良。1955 年，紅線女跟馬師曾離婚，並開始與黃河熱戀。1956 年，紅線女突然與馬師曾回國，當時黃河正在台灣拍攝電影《日月潭之戀》，聽得紅線女離港消息，竟中途

劇團」的演出，在 1957 年起留住廣州，並正式加入了「廣東粵劇團」。

我不曾在鑽石山見過紅線女，也不曾聽說馬師曾住過鑽石山，1956 年紅線女離開鑽石山時，聽街坊追述，確是有點神秘。

聽大哥說，張瑛也曾住在鑽石山，但住在哪裡，則不得而知。張瑛，原名張溢生，是五、六十年代的名小生，主演過四百多部影片，親執導筒的影片也有十多部。

住得較接近華園路的大老倌是石燕子夫婦 [25]。

輟演，離台返港，更挾巨款直赴廣州找紅線女去。11 月，黃河終於見到紅線女，他們談了些甚麼，外間只有傳言，未見詳實報道。大家只知道，黃河見了紅線女後，心灰意冷，隻身回港，並於 12 月 20 日服藥自殺，並寫下〈絕命書〉，憤然道出自尋短見與紅線女欺騙感情及財務糾紛有關。可幸的是，黃河雖服藥而搶救及時，得保性命。出院後，黃河曾召開記者會，力數紅線女騙款忘情的不是。（據說那筆款項是港幣五十萬元，在當時來說，五十萬是一筆大數目。）

黃河康復後，曾自組電影公司，刻意把這段往事拍成電影，取名《痴情》。此片在 1962 年上演，當時頗為轟動，觀眾看時流下同情之淚者，大不乏人。此後，黃河即息影從商，聽說營商亦不太順利。黃、紅之戀破碎告終，此事誰是誰非，實難論斷。很多年後，紅線女回應此事時，否認拿過黃河的五十萬，更不想提及當年的事。而當年，黃河卻曾公開展示紅線女給他的情信，說了很多批評紅線女的話，鬧得港、台輿論沸沸揚揚。

25　石燕子先生，原名麥志勝，廣東順德人，1920 年出生。他是上世紀四十至六十年代香港著名的粵劇文武生、丑生，戲行中人早年稱他為「石鬼仔」，後又尊稱為「石神」，讚許他在舞台上的「翻」、「打」、「騰躍」工夫了得，尤其是他的「北派」，打得實在精彩，虎虎生威；「新派武狀元」，是他另一個美譽，一個「武」字，顯其獨到的藝術工夫。此外，他也是著名粵語片明星，他拍過多部武俠電影，其中以《方世玉》最為稱著，於此，不妨總結一下他主演《方世玉》的電影：早在 1948 年，他已拍了《方世玉與苗翠花》。在 1949 年，有《方世玉胡惠乾三探武當山》、《方世玉九戰蛾眉山》、《方世玉萬里報師仇》、《方世玉火燒紅雲寺》等四齣電影。在 1950 年，有《真假方世玉》、《方世玉父子報血仇》、《方世玉擂台招親》（上、下集）、《方世玉血戰陰陽洞》、《方世玉大破白蓮教》等五套方世玉電影。

到了 1951 年，又有《方世玉正傳》、《關東飛俠大戰方世玉》、《方世玉遠征巨靈峰》、《方世玉千里送艷娘》等四齣。1952 年，有《方世玉肉搏洪熙官》；1955 年，有《方世玉與胡惠乾》；1956 年，有《方世玉義救洪熙官》；到了 1958 年，又有《方世玉怒打乾隆皇》及《方世玉三打乾隆皇》。1959 年，就只有《方世玉血戰乾坤罩》。他合共拍攝了二十一齣方世玉電影，贏得了《翻生方世玉》的美譽。

他所拍攝的電影超過一百二十齣，而且賣座率亦高，在當時的粵語片界，可謂紅透半邊天。

他們住在西四巷的「燕廬」，是一所小型別墅，外牆是粉綠色的，內裡有何洞天，恕難奉告，因為不曾入內。我曾見過石燕子自「燕廬」出來，個子矮小，臉貌普通，顴骨嶙峋，半臉斑麻，說不得英俊，然而步履輕鬆，一套潔白的唐裝衫褲，髮光可鑑的花旗裝，口中香煙縷縷，一如粵語片中翩翩俗世佳公子的造型，可是內裡卻別具風骨。他的夫人是任冰兒女士，曾見過她的背影，現已印象模糊。我在小六、中一時，愛唱粵曲，好新馬腔。好幾次在電視中看見石燕子的唱戲片段，覺得他的唱腔很得新馬的神髓，原來他的曲藝，也很了得。七十年代他與任冰兒女士創辦的「燕新聲劇團」，演出《多情燕子歸》、《花蝴蝶》等名劇，也是名噪一時的。他曾與夫人任冰兒女士錄有《霧中花之雪夜訪檀郎》的唱片，由林兆鎏先生領銜作音樂設計，那可說是他夫妻倆最高峰時期的曲藝演唱，其中尤以石燕子所唱的那段南音，運氣調暢，高平跌蕩，遊刃有餘，稍具新馬風姿，而復以細膩緊密見勝，真屬高絕之作，若有興趣於粵曲藝術者，大可找來聽聽。

1986 年 7 月 24 日，石燕子患突發性腦中風，左邊身癱瘓，處於半昏迷狀態，隨後病情惡化，於 9 月 9 日上午 9 時 45 分病逝，終年六十六歲。

除石燕子外，較近我家的，還有薛家燕女士，她住在農場路。我的朋友陳繼業兄弟，就是她的鄰居，登上他家的二樓，就可看見薛家的花園，當年也曾見過導演龍圖來教薛家燕姊妹跳舞，叫她做「細麗」。薛家燕的妹妹是我三嫂的同學，名叫薛家堃，也很漂亮。薛家燕的爸爸薛沛球先生是政府公務員，任京士柏區長，我們濫稱之為「Foreman 薛生」，他為人極和藹，農曆新年我們這班孩童會對他說「恭喜發財」，他會給我們紅包，內有港幣五毫。其後，薛先生舉家遷出，曾在鑽石山清拆前回來走走，那時也是在過年不久，大

哥見薛先生說，謝謝他多年前的五毫子利是，薛先生一笑，竟又再贈大哥利是一封。薛先生走後，拆開利是，裡面是港幣五十大元。

除了薛家燕小姐外，還有許冠文兄弟也曾住在鑽石山，他們住得較遠，聽說在西南台附近。許冠文先生曾在志蓮義學讀書，我在六十年代初入學，許先生早已離校了。當年許氏兄弟一家，都住在鑽石山，隨後便遷往蘇屋邨彩雀樓。他們的成就，大家都很清楚，在此就不多說了。

劉德華也曾住在鑽石山一年，那年他 11 歲，他的住處是鑽石路中原釀酒廠對面，他的父親是消防員，曾在鑽石山開士多店。1972 年，他的居所被火燒了，他們舉家就遷往藍田邨第十五座。劉德華住在鑽石山的時間不長，也不是他的奮鬥起步處。

最後一位要說的演藝界前輩是導演莫康時先生 [26]。

他的侄兒莫以耀是我的同學，也是玩伴。大家都嗜愛「公仔紙」，曾彼此拍公仔紙時，拍個你死我活。他對我說：「莫康時好

26　莫康時先生於 1908 年 12 月 25 日出生廣西省藤縣，少年時期到了上海，在滬江大學法律系畢業。早在 1935 年，他得同學李應源的舉薦，為「大長城影業公司」寫劇本《黑影》，當時李應源為「大長城影業公司」的導演。1939 年，他們來到香港，也聯手於電影事業，莫先生也開始了他的導演工作。1940 年，他導演首部處女作《大地回春》。香港重光後，他開始了他的二十多年的導演生涯，參與了一百八十多部電影的導演工作。
莫先生修讀的專業雖是法律，但有幽默風趣的一面，而且在電影裡有極雋永的發揮。他最善於執導喜劇，而且能貼近現實生活。香港電影資料館曾以「允文允笑」四字，概括莫先生的作品。例如 1950 年的《經紀拉》、1961 年的《太太緝私團》、1963 年的《工廠皇后》、1965 年的《巴士銀巧破豪門計》等，都是喜劇而生活氣息活然的電影；而《日月潭之戀》、《學生王子》，則是細膩的文藝片。所以稱其作品為「允文允笑」，確實是得其大端，展其格局的斷語。然而，莫先生也導演過四集的《女殺手》，同樣哄動影壇，因此莫先生也可以是「允文允武」的。1967 年 1 月 1 日，《華僑日報》曾有香港影壇「十大導」的排名報道，莫先生排行第二位，這是他導演事業的高峰期。兩年後，即 1969 年的 4 月 15 日，莫先生因充血性心臟衰竭和慢性支氣管炎兼肺氣腫而群醫束手，乃病逝於聖德肋撒醫院（俗稱法國醫院），得年六十三歲。

爽！」「好爽」二字，出自一個十歲的兒童，含義是很豐富的。

說到導演，1972年一位身體肥圓、穿淺藍色襯衣的壯漢來到我舖「藝光號」側的報攤買報紙，又向守報攤的「跛九」（報童的諢名，原名嚴潤鈞）說了幾句話，然後遞給他一張海報，「跛九」把海報貼在同慶茶樓右側魚缸的玻璃面上。那就是電影《蕩寇灘》的海報，彩色海報上的陳星、陳觀泰、劉大川三人黑衣怒目，都很兇惡、勇猛。那壯漢是誰，吳思遠導演是也。

至於李翰祥和喬宏二位則家在大磡村的大觀園（李大導住大觀園五號屋、喬宏四號屋），只屬鑽石山的近鄰，不屬於住在鑽石山的人。

在「藝光號」對面「森記水果店」側，是「上海京華理髮公司」，「京華理髮」的二樓，是有陽台的住宅，那陽台與我們「藝光號」雖遠而相望。有一天，有一人拿着一個瓷碟和已破損的金屬座來「藝光號」，說：「瓷碟的金屬座崩了，可否修理；如果不能修理，就按瓷碟的大小，另做一個金屬架。」我們一看，嘩，那瓷碟上的影像是賽馬冠軍的騎師和馬主的合照，那騎師就是郭子猷。原來冠軍騎師郭子猷就住在我舖斜對面的樓上。

在香港賽馬的歷史上，只有兩位騎師連獲十三屆冠軍的殊榮，那就是韋達和郭子猷。郭子猷是中日混血兒，在神戶出世，曾兼任馬會的日語翻譯。他十三歲就開始賽馬，精騎功，擅走位。他在上世紀四十年代末期，就參加馬會賽事，二十年來稱霸馬場。1966至67年度，是他最後一次榮膺冠軍騎師。到七十年代，鄭棣池已嶄露頭角，而郭子猷已年過四十，唯有在1972年卸下鞍韉，充作悠閑的業餘騎師。

郭子猷曾有一個綽號叫「大賊」，這個稱號，或因他策騎狠辣，如豪霸逞強；又或因他多次策大熱門而落敗，像賊一樣「搶錢」。

我想當以後者的解釋較接近事實，馬迷以他的盛名而賭馬，結果輸錢連場，故以惡名委之。

還有，鑽石山曾住政治人物。

黃毓民，網上稱他是資深傳媒人及時事評論員，《癲狗日報》創辦人，前立法會議員，前珠海書院新聞及傳播學系專科教授兼系主任；亦曾在亞洲電視和商業電台擔任時事評論節目主持。

我與他不相識，但孩童時期經聯誼路入鑽石路上課，必經過他的住處。那時大家都是小童，彼此住得較遠，因而互不相識。

既說黃毓民，不能不說向前。黃毓民與向前同是汕尾陸豐人。黃家早年來港，同住在鑽石山，很得向前的照顧。向前曾是國民政府中統少將，又是三合會組織新義安的龍頭大哥。黃毓民留學台灣時，就住在向前家裡。

向前曾於香港從事抗日活動，戰後在香港成為義安工商總會的領導人，並以太平山體育會、義安公司、新安公司等合法團體作掩護下而另有作為，被視為三合會組織新義安的龍頭大哥及創始人。1953年，向前被指涉嫌參加三合會及非法政治組織，被遞解出境，遷居台灣。1975年2月25日向前病逝台灣。他有九個兒子，即向華榮、向華強、向華波、向華勝等。

此外，還有陳藻文先生，他是抗戰後陸豐縣的縣長。來港後，就住在華園路，生活低調。他梳平頭裝，帶粗黑框眼鏡。粗眼眉而眼睛小，直鼻梁，鼻頭齊如截筒，法令甚深，說話常帶笑容，很和藹，很斯文，但說話不多。穿西裝、革履。見他下班時，手裡總有一公事包，個子不高，約五呎四吋左右。他的太太見我肥壯，叫我長大去當兵或做幫辦，陳先生也點頭稱是。

說人物說到這裡理應筆鋒一轉，名人說得多了，不若說些幾乎沒有人說的吧。

甚麼人？乞丐是也。

聯誼路上的乞丐，有三位給我的印象至深。一個是拉椰胡的，另兩個是啞的。

其中一個啞的，年約四十，黑色上衣，內有破背心，頭髮很長，幾及於肩，小眼睛，高顴骨，白臉皮而鬚三縷，很有型，來到「藝光號」舖前，沒啥動作，只作個要吃東西的手勢，爸爸見他來，便會施予一毫子，他就微笑而去，從不阻礙生意；我們不施錢，就做個沒錢的手勢，他也微笑而去，不會膩着不走，這是乞丐中最有修養的。

另一個也是啞的，戴着一頂黑色破帽子，來到舖前要錢，不給，他就膩着不走，而且突然一下子撲跪在地，同時把頭大力一叩，那黑帽便甩飛在地，卜然有聲，有路人曾見此動作而大吃一驚，當他是發神經的，我們也會看生意好壞而儘量施捨，很少讓他空手而去。不過有時真的手無銅碎，要施捨也不行。見他叩頭甩帽，我們這些孩子也學着叩頭的動作，爸爸見此，就會瞪眼以為警戒。

那拉椰胡的，渾身黑布衣裳，胡琴壓在左腰，一到舖前，便拉幾下「合尺」，然後弦響聲隨，唱着一些完全聽不懂的曲子，聽來都是潮州曲，可是聽了數年還不知他唱的是甚麼。他約三十多歲，青白臉龐，兩眼無神，嘴唇薄，中等身形，只覺其頹唐，不覺其瘦病。蹙眉發弦，開口唱曲，看來有點辛酸，但拉琴唱曲也很馬虎。爸爸見他總對我們說：「鴉片丁」，意思說他是吸毒的，對於這位最年輕的乞丐，我們的施惠最少。除了這三位男乞丐，還有一個女的，是肥胖的婦人，不會說廣東話，開口只說幾個音，但不知其所云。上述這三位男乞丐，都是潮籍人士，他們知道我們也是潮州人，所以特意來舖前乞討，而我們亦因他們同是潮州籍，也多慷慨相助。當時一毫子可買一個菠蘿包，再加「斗零」（五仙），就可買到兩個。

買炸麵亦相同，毫半子就買到兩根。每天乞有三、四毫子，當日就不至捱饑抵餓了，吃鴉片的例外。

「行」

鑽石山地勢屬於小型的「丘陵地帶」，微斜的地方很多，走單車也不是很方便。區內送貨，也有用單車的，但主要都在聯誼路等較闊的道路，小巷橫街，路窄多曲，輒遇行人，騎單車的，只能推行，絕不能騎車急走。其實，鑽石山整個寮屋區面積不甚廣闊，一般徒步而行，半小時內一定能去到目的地，單車或許可完全不用。區內小巷，絕非平坦好走，大多側有溝渠，路面凹凸，間或崎嶇，頭頂有懸空電線，或有淌水衣物，遇有階石高低，光線不足，就得小心腳步。路上或有雞雞狗狗，也得小心。

區內最闊的馬路是斧山道，可走來回兩線的車，但斧山道在鑽石山的東盡處，不入區內。區內最闊的道路是聯誼路、大觀路和鑽石路，這三條道路只能單線行車，即只許或出車，或入車，不能出入並行。因此遇有兩車迎頭相遇，則只有一方退後至可回轉處才能解決。車輛回轉約有兩處，一是聯誼路路口與彩虹道交接處，一是聯誼路街市轉上大觀路處。大觀路的盡頭，是「大觀片場」，片場前是一塊空地，附近又有一分叉路，足夠車輛回轉；而鑽石路盡頭就是斧山道，車輛至此走動自如。當兩車相遇時，一般是較接近回轉處的褪車相讓，這是一個規矩；另一規矩是小車讓大車。有時，這兩條規矩都不遵守，因為司機兇惡，或車主是區內人士，面對的是外來的車。也曾見過兩車相逆而互不相讓，以至口角連聲，經路人調停，終於有人退讓，困局方解。

對外交通，在六十年代，仍然有限，聯誼路口有白牌車，由「聯

合士多」的老闆充任司機，車費以路程遠近而定。又路口有「北京單車舖」，那舖子是出租及修理單車兼營，舖設在聯誼路口，明顯供外走之用。

沒有地鐵前，鑽石山居民外出多乘坐公共汽車或小巴。五、六十年代的巴士一般都很擠逼。乘巴士出彌敦道，可乘 9 號、13 號巴士；到上海街，乘 14 號；到紅磡、漆咸道，乘 5 號；往深水埗、長沙灣，乘 2A；入觀塘，乘 11B；遠及西貢，乘 21 號。東、南、西三面都有巴士到達，北面是元嶺，只能走路、爬山，不走汽車。如果要去沙田，那就乘車到尖沙嘴火車總站，或在旺角火車站（當時叫「油蔴地站」），轉火車去。另一條路線是乘 13、14 號巴士到佐敦道碼頭，那裡有巴士往新界各處，最遠可到元朗，那是 26 號和 16 號巴士。獅子山隧道在 1967 年 11 月 14 日通車，鑽石山來往新界方便多了，乘巴士入沙田，可乘 89 號車。

1964、65 年，彩虹道也有「小巴」，那時是非法經營，這種小巴是「貨 van」改裝，內有 9 個座位，多屬 Toyota、Isuzu 車種。我們直稱之為「九座位」。1967 年因九巴人員曾罷工，癱瘓了市區交通，政府便正式批准小巴為合法公共交通工具，座位也增加至 14 個。鑽石山居民出旺角、青山道；入牛頭角、官塘，亦可乘坐小巴。

1973 年，龍翔道橫貫鑽石山，紓緩了彩虹道的交通。地鐵的觀塘至石硤尾段，途經鑽石山，在 1979 年 10 月 1 日正式通車，這裡的交通陸續改善。而區內第一個正規巴士總站，即鑽石山站巴士總站，也在 1979 年 12 月 16 日在龍蟠苑龍環閣啟用，鑽石山站是巴士與地鐵相交接處，成為了往來九龍東、西大動脈的主要中轉站。1997 年 11 月 2 日，新的鑽石山總站在荷里活廣場地下啟用，成為黃大仙區最具規模的巴士總站，也是重要的公共運輸交匯處。

說到「行」，當然不單是「走兩足」、「運四輪」的事。耳聞口述，

消息互通，雖不是「腳踏實地」而「行」，而是騰走於空中，流通於線路，這也是另一種「行」，而且也很重要，因此「通訊之行」也應說說。

在上世紀六、七十年代，鑽石山要外通消息不外三種途徑，即電話、投郵、電報。

五十年代初，在鑽石山只有大機構、大茶室、有體面的家庭才設有電話，去函申請接線安裝，等個一年半載是尋常的事。因此，家中若有一部電話，那就是很了不起的了。

由於電話稀少，若有急須通電，沒有電話的只得向人借用電話。「借用電話」成了生活一個重要的小節。五、六十年代，鑽石山的茶樓，多有電話，人家來借電話，一般都不會拒絕，但借用者都得守點規矩，就是用電話不要超過「三分鐘」。有些茶樓、商店索性豎起告示，上書：「借用電話，請勿超過三分鐘」。有些較勢利的，會收取費用，而且用者超過三分鐘，便得加付通話錢。因此，在五、六十年代家中若有一部電話，可能就成了四近親鄰的「通訊中心」。鄰近親友每有借用電話的，有助以通訊的，總之，「隔籬阿叔聽電話」的呼喚，「樓上某先生、小姐『聽話』」的大嚷，幾乎日日可聞。

公眾電話亭是有的，不過要跑到鑽石路和斧山道的交界處，甚不方便；而且使用時必須投入硬幣，若硬幣不足，便有中途話斷失聽之弊，所以打一次較長時間的電話，就要叮叮噹噹地投幣，手上要有一小袋輔幣以備臨時「長氣」之所需，這是不求於人所付出的代價。有時，公眾電話失靈，吞了錢財不供服務，就會氣上心頭。投訴？那是曠日彌久始有回應的事，不如自吞霉氣，「退亭」而去，做個超級「忍者」。

六十年代初，聯誼路那狹窄的行人路面給挖開，有電話公司人員來鋪設地下電話線了 —— 安裝電話，就是要這地下線路的鋪設。六十年代末，電話公司在黃大仙興建「機樓」，東九龍的電話服務也

就大大提升了。當年申請電話，要去信電話公司，信中須說明那電話是商用還是家用，申請安裝「商用電話」一般較「家用電話」快，而「商用電話」的收費亦較家用的高。還有，寄發電話申請書，若以英文表陳，則較為有效用；若以中文投函申請，往往等候的時間會較長，這是我們真實的經驗。我們裝電話，首先裝在舖頭「藝光號」內，那申請信，就是中文寫的，等了不少時日才有回音，而且只提供了「姊妹線電話」。稍後家中又申請電話，申請信書之以橫行英文，安裝速度就快多了。

當年電話線路不多，所以有「姊妹線」之設。初時我家舖頭的電話就是姊妹線電話，所謂「姊妹」者，就一條電話線供兩家使用。當「同線用家」先用電話時，友線就不能同時打電話。還有，當友線拿起聽筒時，如對方正在通話，那麼就可聽到他們在說些甚麼。有時，我們拿起電話正想打出，只聽得「友線」正滔滔而談，只得說句「對不起」，放下聽筒，等着。「同線用家」都會彼此相互尊重，不會「竊聽」，這是大家自覺且嚴守的規矩，那時「私隱」這個概念，還不曾出現。而且，我們和「友線」用電話，一般都不會很長，大家都會互相體諒着。當然，「姊妹線」的電話費較便宜，只收獨立線路電話的一半費用，這是唯一的好處。

初期的電話號碼，只有四個數字，到五十年代，就有五個，如那時香港駱克道的啟明印刷公司，那電話號碼，就是「74704」五個數字；到了六十年代，電話號碼就增加了一個字，例如「人生出版社」的電話號碼就是「620 481」六個數字。那時我們「藝光號」的電話號碼，就是六個字。到了六十年代末，開始在電話號碼加上地區字頭，電話號碼就便成了七個字：港島區的號碼，加「5」字作開頭、九龍區則是「3」字，而新界區最初以「12」為字頭，後來又改為「0」字。例如在港島雲咸街的南島出版社，電話號碼就是「5 243 315」，

九龍的大華永記印刷所，它的電話號碼就是「3 854 962」。我們今天的電話，全都是八個數字，那是在 1995 年元旦開始的。

　　至於電話機，我所見最古老的電話機，是志蓮學校校長室內的那一部。那是一硬膠塑製的電話機，純黑色，金屬電鍍撥盤，撥盤下「1」至「0」的數字，有阿拉伯數字，也有中文數字，聽筒較重，看來整部電話機不會很輕。聽筒和機身相連的電線很粗，就像現今電熨斗的電線。我家最初的電話，黑色，較流線型，已較輕便，但鈴聲很響，深夜鈴襲，頗為刺耳而驚心。

　　及後，我們有了獨立的電話線，而「煲電話粥」的情況也就開始了。年輕人愛「傾電話」，聽筒一執，口耳頻繁，短者一、兩小時，長者四、五個鐘，恍若廣東電話相聲，不時吃吃大笑，偶而戚眉弄眼，聲情並茂，旁若無人。一旦言終收線，耳朵泛赤，燦若艷桃。

　　我家親友甚少放洋或移徙外地的，因此，在六、七十年代絕少長途電話。在這十數年中我只聽過一次中學物理老師自渥太華打來的長途電話，聽筒傳來林振常老師微弱的聲音，雜音很多，常有沙沙的聲響，又好像在大風裡聽人家說話；期間有人為通話計時，我們的談話約兩、三分鐘，聽說收費可就不少。林老師對我說了些勉勵的話，因我考上了中文大學。

　　若要發電報，我們就要跑到大東電報局去。大東電報局在哪裡？在尖沙嘴的中間道。

　　電報是將文字以數字編碼拍發，這個編碼設計叫「摩斯電碼」。電報局收到電碼後，由職員親送予收件人。收件人需將數字編碼譯成文字，才知道電文內容。那時，我家就有一本電碼譯文的冊子。然而，送電報的職員，一般都通曉電碼譯字，會馬上替收件人譯出電文內容。發電報的收費是以每字計算的，所以收費不菲，若非急切，一般人家都不發電報；因電文字字需財，故文字都很精簡，甚

至不加標點。我首次發電報，在 1989 年 11 月 5 日，事由因外母大人病重，而地點就是中間道的大東電報局。

說到郵寄，鑽石山沒有郵政局，寄信可到聯誼路口的郵筒投寄信件，尚稱方便。要寄郵包或掛號郵件，就要到彩虹村或新蒲崗的郵政局了。至於郵票，除了到郵局購備外，還可以到米舖或個別的士多「借讓」，所謂借讓就是以郵票等值的價錢換取郵票，這是米舖、士多為街坊提供的服務。

上世紀六十年代，內地物資缺乏，「寄大陸郵包」，成了我們生活的一環。那個時候，媽媽會將兩塊毛巾相疊車縫成一個布袋，大毛巾車成大布袋，小毛巾縫作小布袋。袋面再縫上一張白布。在白布上，我們會寫上收件人地址、姓名，寄發者地址、姓名，更要清楚書明袋內裝的是甚麼東西，例如：「內有故衣多少件」、「藥油多少樽」、甚麼日用品、小器物，都按大小和重量裝在袋內，在袋外寫個清楚，而袋口則以繩帶打結，不能縫死，以便檢查。但不管大布袋、小布袋，重量不要超過兩磅。

這些郵包，我們會親到新蒲崗的郵政局寄發，郵局內有專責部門處理這類郵包，我們要排隊，又要領一張綠色的紙條，按紙條各項填寫資料。在六十年代，郵局處理這類自製的布袋包裹，規定每個不可超過兩磅，而郵費則為一元六角。而且據內地郵政規定，內地的親人每人每月只可收包裹一次，所以，在郵包上我們會填寫不同的收件人姓名，上至耄耋，下至垂髫，總之有名可「叫」者，就可用之。我們為了減少檢查，也會填寫不同的寄件人，我們兄弟的五個名字，通通都配袋而用上。

那時內地糧食、藥物都很短缺，港人會以糧油食物、藥油藥物等寄付回鄉，因此，「代寄郵包」的服務，紛紛出現。六、七十年代的鑽石山，米舖、雜貨舖、食品店、藥房等，都有代寄郵包的服務。

以糧油食物為例，港人購買大陸的糧油食品寄回內地，而這些雜貨舖、食品店正好售賣大陸食物，因利乘便，即以「代寄郵包」與「銷售食物」作統一運作，大做生意。在內地來說，這是名副其實「出口轉內銷」，真是雙重得益。鑽石山的「祥興」和「合隆」等米舖、雜貨店，就有這類服務。我們較少寄糧油食物回鄉，多寄故衣和日用品，有時索性匯款解急，因這樣比寄郵包快得多。

「衣、食、住、行」的結語

自上世紀五十年代起，不少內地人湧入鑽石山，搭建寮屋，改變了元嶺鄉基本的生活格局：優雅的別墅與簡樸的農家成了少數的存在實體，鑽石山變成了一個典型的寮屋區。隨而富貴人家不斷遷出，農地不斷減少，居住環境界越來越複雜，生活質素也隨即下降；然而到了六十年代，因附近工廠區提供不少就業機會，這個不斷下降的現象漸漸放緩，居民生活質素也逐漸穩定下來，住在此地的街坊既來之，則安之，大家都安身立命地積極奮鬥，而奮鬥的目標初為衣食無憂、三餐溫飽，再則出人頭地、邁向小康，整體來說，大家的奮鬥目標不外就是「脫貧轉富」四字。

鑽石山絕不是富家之區，但到了上世紀的六、七十年代，此地已是一個成熟的鄉鎮式結集，具備了充足的生活條件。衣、食、住、行四大基本條件在這二十年間不斷改善（住，則空間狹窄，人多複雜，此點難稱改善，但屋內的家具、器用，卻有改善，這也是事實），而能使生活改善的背後動力，就是一些重要的生活原則和方向。此地的居民們大都以「勤」、「儉」為持家之本。營商的、任職的，大都努力工作，爭取業績，把握機會，賣力無私，這是「勤」的表現；一般家庭都很節儉，家中的器皿家具、衣服鞋襪，可保留、

可修補的，都儘量存以日用，細意珍惜。一家的碗碟筷子，用之數十年而不損不破的，絕非少數。又，我曾見過不少家庭，每天只吃兩頓飯，簞食瓢飲，盤無兼味，可是舉家大小，安之若素，蟄居寮屋而不皺眉，敝衣舊袍而未言悲，元嶺山下，那陣積極向上的無形力量，見之於大清早便動身上班上學的人的笑臉上、步伐裡。生活在鑽石山，我們是半絲半縷勤珍惜，此身安處不願離。如今，鑽石山雖已清拆無餘，但我仍背着我的鑽石山，像背着我的爹娘，以爽朗的步伐，笑着，一步一腳印地往前走去！

其他生活要項

　　生活在鑽石山的「衣、食、住、行」四大基本條件在上面都已說過了。然而住在這裡，還有教育、醫療、娛樂、宗教等重要的生活條件作支撐，滿足精神需要，有助身心成長，於此亦得交代、說明。

教育施設

　　先說說鑽石山的教育施設。

　　嚴格來說，這區的教育設施是較落後的，在五、六十年代，全個鑽石山區，只有兩所政府資助或津貼的學校，一是志蓮義學，另一是真鐸啟喑學校。其他所有學校都是私立的。我三歲自澄海來港，為了要儘快學會廣東話，沒多久母親便帶我上學去，第一間「學校」是「私塾」。上學那天的早上，母親給我換上整潔的衣服，帶我到離家不遠的一座大屋的二樓，那屋是東三巷的廖家大宅。我們在廖家大門左側的木梯登樓，私塾就在樓上。那裡沒有課室，只有兩套木枱椅，室內很昏暗，我連老師的樣子也看不清楚，印象中他是一位中年的男士，很瘦，頭髮蓬鬆，說話聲音細小，他和母親說了幾句，我們就回家來，翌日，我就正式上學了，數天後我就「罷學」而回，因為老師說甚麼，我完全不懂；我說甚麼，老師也不懂。不久，母親帶我到西八巷去，那裡是一個較複雜的住所：一個院子，三面都有不同的人家，有婦女在院子裡潑水，院子左側靠牆有一棵

矮樹，翠綠婆娑，像是石榴樹。我們就在那矮樹旁的屋門入內。
這房子較闊大，光線也不俗，我的老師端坐在桌前，很嚴肅。這位
老師姓吳，以嚴厲著名，他的樣子很像粵語片裡的高魯泉，不過較
矮，額側兩邊和兩頰都凹了，顴骨很高，兩顆眼睛很大，像要凸出
來似的。母親與老師說了些話，我就留了下來。室裡有一張長枱，
枱前坐了四、五個學生，我就坐在他們的旁邊。沒有課本，老師唸
一句，我就隨口唸一句，完全不知道自己在唸些甚麼，只見鄰坐的
兩位「師兄」跟老師唸，我就學着隨唸。一段時間後，母親來接我
回家吃飯，這樣又過了一小段日子。這段時間，我見過老師以竹尺
打學生，打得「啪啪」有聲，很兇；同學哭，也哭得很兇。我很害怕，
可幸當時年紀小，沒有給吳老師打過，算是萬幸！

後來，母親打聽過，讀這些「私塾」沒用，於是我進入了聖堂
路的「道真堂小學」內的幼稚園讀書，讀的時間也很短，後來就與
大哥一起進入了「文林學舍」，這學舍也在西八巷，因為姑姐來港後
也在這裡讀書。

這學舍是一間大村屋，右邊開了個大窗，窗外是「校園」，其
實是一塊小菜地，種了木瓜和蔬菜。其餘三面牆壁，在前門左側的
牆上，掛了一塊大黑板。室內有六、七行長枱，枱旁有長椅，可坐
四至八人。一、二年級坐在較前位置，五、六年級坐在較後，班長
二人，男班長叫黃志光，女班長是我的姑姐郭楚儂。男班長個子高
大，孔武有力，好供老師使喚。五、六年級行列的背後，就是後門。
後門外有一條小溝渠，溝渠外有雞、鴨在活動。校長兼老師，就是
一個人。這位先生叫「麥保羅」，頭髮稀疏，金絲眼鏡，白襯衣，弔
帶西褲，很時髦，嗓音有點沙啞，很斯文，不說髒話。麥先生有時
經過我家舖子，會進來坐坐，說說新聞，閒話家常。校長親臨「家
訪」，對我們兄弟來說是「家常便飯」。「文林學舍」是私辦的，沒

有向教育司署註冊，所以是非法的；那個時候，政府沒有理會「私塾」，這類「一人學校」雖是私人辦學，沒有註冊，但學生太少，又沒有「招牌」，與小班補習無異，政府就視若無睹。但「學舍」就是「學校」的化名，稱「學舍」，就是走「法律罅」。辦學不向教育司署註冊，那就是違法辦學，可拘捕辦學者，即校長。「文林學舍」，聚結學生數十人，有課本、有黑板，是學校規模而沒有註冊，於是教育司署就會派人前來查察，甚至檢控。麥先生知道有這麼一回事，於是就有專責把風的，當教署人員踏入西八巷，我們就會「走鬼」，大家迅速收書入篋，奪後門四散而逃。下元嶺街巷縱橫，家家相熟，我們散入街巷，鑽入民居，就沒有了「文林學生」的身份；而麥先生更是聞風先遁，逃之夭夭。政府人員因擒不到「辦學東主」，又找不到學生為人證，且路有惡犬，常空手而回。我們很喜歡「走鬼」，因為不用上課，而且很刺激，那時我們以為教署也會拘捕學生入「狗王車」，多以速逃為榮；何況我們善捉迷藏，所以「走鬼」，很好玩！不過，「走鬼」次數不多，走了數次，我們也就轉校去了。過了幾年，「文林學舍」也就結束，麥先生也不知所終。

我在「文林學舍」讀一年級，課本是「國語」，內裡是「媽媽」、「媽媽來」、「媽媽快來」的課文。二年級是「客人來」、「請他坐」、「敬杯茶」之類。當我們升讀二年級時，那剛入學一年級的，唸的不是「媽媽」、「媽媽來」的課文，反而是「牛」、「手」、「足」、「刀」、「尺」、「布」的單字課文，程度反而淺了。大約讀至二年級，我就轉讀「信義小學」。

「信義小學」在大觀路，很近大觀新村。大觀路的盡頭，有一分叉路往元嶺的圓頭山走去，「信義小學」就建築在這條分叉路旁邊，其實那就是圓頭山的山麓。

信義小學雅靜、修美。它是中西合璧的建築，整座校舍連教堂

都建在山坡上，校內的斜坡上種了清一色的台灣相思，纖葉黃花，叢叢可愛。入學校可進正面的斜坡徒步而上，亦可循前面稍遠的石階拾級而上，這路直達課室。有一次，因上課的鐘聲已敲過，我急步走那石階回校，階盡足軟，滿天星斗，幾乎暈倒。「信義小學」有一座亭閣式的鐘樓，頂層檐翼八角，檐內中央掛一大鐘，下層作樓殿式，蓋懸山式檐頂，與上層相映成趣。下層或作「L」字形，另有長長的一段中國式建築，而課室就在那裡面，我在那裡讀二年級。我在「信義小學」讀書的時間不長，在學校裡我種了「牛痘」，那刀劃左臂的恐懼，至今難忘；在學期間，我認識了一位野孩子同學叫胡國洪，他住在墳場附近，名符其實是「與鬼為鄰」；他的家附近有玻璃廠，他收集了很多錯體的玻璃器物，珊珊可愛。到他的家玩耍，很有趣也很害怕，因為他家旁邊就有不甚完整的骷髏骨露出地面，他竟以殘骨敲打，唱着不知甚麼的歌，這是一般孩子難以想像的玩意。

二年級下學期，我進入了「恩召小學」。「恩召小學」是基督教學校，校長酈次傑先生，曾當過兵，上過前線抗日，後因受槍傷而退役。他個子魁梧，嗓門雄肆，很能驚懾學生。當年的學生大多瘦弱，他的手臂就比學生的大腿粗，一隻手掌就可盡掩學生的臉門有餘。每遇學生口角、打架，他只要喝一聲，紛爭馬上消弭，學校不設校規，也沒有甚麼記大過、記缺點、體罰這些事。

「恩召小學」是私立學校，但它是有向教育司署註冊的，我們叫它做「政府立案」的學校，「恩召學校」的學生不須「走鬼」。那個時期，師資很缺乏，只要中學畢業就可申請為乙級教師。在 1958 年有一個不明文規定，就是「讀到那一級，就可教那一級」，換言之，一個中五畢業生，只要他夠膽量，就可以執教中五。因此，恩召的老師都不知從何處來，也不知道他們有甚麼學歷。校內老師常常轉

換，像走馬燈。我在「恩召」讀書期間，有姓趙的老師會說故事，就像李我先生在電台廣播「天空小說」，他的《說岳全傳》簡直可與電台的專業「講古佬」相比。又有另一位也是姓趙的老師，能唱不少王洛賓的民歌。《康定情歌》《沙里洪巴》，就是他教曉我們唱的。當時恩召沒有鋼琴，音樂課是全校學生一起上的，趙先生就站在學生面前，一句一句以清唱方式教我們，黑板旁掛了一大張白雞皮紙，上面寫着歌詞，連簡譜也沒有，我們就是這樣學會唱歌。數年後，我的姑姐中學還沒畢業，校長就提早請她在「恩召」執教，月薪數十元，簡直是廉價勞工；若是中學畢業，那就不能是這個薪水了。

「恩召小學」初期辦得不錯，不到數個月，就「擴張營業」，除了「凌氏宗祠」旁的兩大間民居被改建為校舍外，連「七記麵店」旁一座民居的二樓，也闢作校舍。當時，學生的學費為每月港幣十元，很貴啊！

學校只有一位校工，那就是酈太太，即校長夫人。她很壯碩，全校的清潔工作，全由她一人負責，當時我們下午 3 時 10 分就放學，酈太太戴了口罩，就忙於打掃，那時的學生不甚注重衛生，放學後的校舍，一如戲院散場後的情景，髒得很。酈太太打掃時，煙塵蔽天，彷彿在打仗。酈太太每天都勤奮工作，間中又要賣校簿、文具予學生，簡直像「超人」一樣的勞動着；放學後的酈校長呢，這時或許又來到我家的舖子，訴說他的抗戰英雄史。

酈校長在吃祖父的工夫茶時，說話就多，他會說他的同袍戰友，在平時操演時，英姿勃發，勇毅並全。但上到戰場，那就是另一回事。他說：「我們躲在戰壕裡，完全看不見『蘿蔔頭』（日軍）在哪裡，但他們的子彈就在我們的頭頂飛來。我們要看到敵人才開槍，但看見敵人時，不少同袍已經死了。我們的火力，槍枝的射程，根本無法跟人家相比。我有幾個平時很勇敢的戰友，上到戰場就手

震震，連說話也不會。叫他向前衝鋒時，他們竟然嚇到瀨尿（失禁）了。」又說：「有一場仗在廣州附近地區打，那裡有一段舊城牆，總有二、三樓那麼高。當時兵兇戰危，連長說跳下去，然後向前衝殺。我們把槍托在肩後，右手一按牆磚，就這樣跳了下去。落地時，不甚痛楚，因為踩着的，都是屍體！……」鄺校長手足並用，口沫橫飛，比趙老師說的《岳傳》更生動，更好聽。

　　三年級的下學期，我轉入「佛教志蓮義學」。「恩召學校」的英文程度稍高於「志蓮」，我考入學試時，就憑英文成績較佳而取錄了。因為我是插班生，考入學試時，只得我一人，英文生字，我全曉得。小三班主任老師林綺紋對我說，我的中文成績合格，只靠英文「映高」了，否則難以入學。「志蓮義學」是當時最有名的小學，校監兼校長釋寬慧法師，是「志蓮淨苑」的當家師父，即住持。主任是張志誠先生，是一位帶髮修行的女居士，都是淨苑裡的人。校內所有的任課老師，都是由政府派來的，如羅琦瑛老師、余愛全老師等，羅老師後來更升作校長，寬慧法師則退居幕後，稱為校監。其他老師，如梁潔貞、何敏莊、林綺紋、熊惠珍、趙立平、梁麗嫻、黃麗貞、文柱錦、石尚儀等，都有師範的學歷，是甲級老師。「志蓮義學」，學風謹嚴，事事有序，中、英、數三科都有很扎實的課程，老師授課都很投入。小五就讀《古文評註》，由羅校長親自教授，余愛全老師精唐詩，是崇基中文系的畢業生，教我們認識了朱自清、冰心、巴金、老舍這些新文學作家。我在「志蓮」讀至小六畢業，打好了我的中文基礎。

　　我在「志蓮」的成績起初不好，曾給老師懲罰，如打手板、罰留堂、罰抄書，遭惡言羞辱、遭扭耳朵，我都嘗過了。三年級下學期的初春，天氣寒冷，我在課堂上不安於座，那右腳不停在搖，林老師執着課本，一面讀着一面走近，沒留意我的腳正在搖，她走到

1992 年的志蓮學校

我的身旁，我也收不了腳，結果踢了她一下。嘩！我當下犯了「滔天大罪」，學生踢老師，在當時真是個大過犯！林老師怒不可遏，當下就扭我的右耳，把我從座位裡拉了起來，那時我身矮，林老師身高，她扭着耳朵，一面咬牙切齒地罵着（「你做乜嘢坐唔定，撞鬼呀！……」），一面把扭耳的手向上提，我即時整個人歪身站立，踮起了右腳，遷就那扭耳朵的力量，可是林老師就是不放手。一段時候過了，她才鬆開了手，我就掩着那耳朵「唪！唪！」叫痛。小息時，跑到廁所鏡前一照，那耳根給扯裂了，天氣冷，流了點血也就止住，乾了。放學後回家，塗了紅汞水，對母親說：「爆拆」（皮膚皸裂），瞞了過去。這點小傷，對我來說，算是小事一宗，但當時痛得要命也不敢大叫，因為腳踢老師，確是大罪，老師扭耳也得受而不怨，真是有苦自己知。

話得說回來，我是貪玩、頑皮，但甚少欠功課。成績可以很低落，但也能急起直追。我在小學，認識了劉萬然、劉慧萍兄妹，大家在學業上時有砥礪，我們交情深厚。中學畢業後，大家各奔前程，劉萬然入讀港大，劉慧萍入職法院任翻譯，我則就讀中大，各有所忙，才至日漸疏離。鑽石山拆遷後，劉萬然結了婚，移民加國；劉慧萍則在某年志蓮淨苑改建前於母校見過一臉，從此就沒有聯絡了。到現在，我還想念他們。

1964 年 5 月，志蓮義學派出了十二名學生參加升中試，有六人考獲中學學位。他們是：劉萬然派入「英皇書院」、劉慧萍與何麗琴派入「伊利沙伯中學」、嚴建雄獲派「拔萃男書院」、李偉傑獲派「英華書院」，最後一個，也是成績最差的一個，就是郭漢揚，僥幸派得「孔教學院大成中學」。其他同學若要升學，就得自行報讀津貼或私立中學，如陳中和就考上了「德仁書院」，大哥就入讀政府夜中學。

鑽石山的正規小學，除了「志蓮義學」之外，還有與「志蓮」比鄰的「恩光小學」。「恩光小學」本來也是私立小學，有教會背景，後得政府准許，可派學生參加升中會考，成績稍遜於「志蓮」。

　　在斧山道的山澗旁，有一座巍峨的石建築，那是全以花崗岩砌建的學校，灰色的石牆，紅色的窗框，顯出堅穩而美的風貌。它是全港第一所為聾童而創立的學校：「真鐸啟喑學校」。「真鐸學校」的創立，比「志蓮淨苑」還要早。它是一所為聽障兒童而設的教會學校，創建於 1935 年，創校者是英國聖公會傳教士寶興懌女士、龍福英女士及香港基督教女青年會首任總幹事黎理悅女士 (Miss Nell E. Elliott)。「啟喑」，就啟迪聽障者，使他們能說話的意思。上世紀九十年代初，我遷入牛池灣「威豪花園」，有一位弱聽的兒童就是真鐸學校的學生，我頗能與他溝通，他說話很響亮，雖然發音不準確，但加上手勢，我便知曉他要表達的意思；他也會教我一些手語，我學習手語時，他會很高興。

　　到了今天，「真鐸學校」已成為一所既有小學，又有中學的「特殊學校」，但聽障的學生少了，學校的課程與常規學校相若，小學升中派位，成績驕人，成為鑽石山區一時無兩的名校。多年前，曾在斧山道遇見我的學生連俊龍，他是「真鐸」的老師，未知如今還在「真鐸」執教否？

　　鑽石山也有幼稚園，如「培才」、「道真堂」、「提多」、「大觀」等。這些幼稚園我都不甚了了，我的五弟，曾就讀於「培才學校」的幼稚園，「培才學校」在東三巷往前走。據五弟說，他是讀「預備班」，由於時間相隔太久，對「培才幼稚園」已無甚印象，他只記得課室的空間很細小，課室旁邊有木樓梯，在樓下上課，他只能記得這些。五弟正式入讀幼稚園，是在華清池的「提多幼稚園」，他還記得「提多」較「培才」有規模，上音樂堂時，有打「三角鈴」。校門外

有一士多，有豆漿和酸梅湯，這些飲品都是士多自製的，以別的汽水樽裝着，賣給學生。

說到中學，鑽石山只有「永康中學」。它在西八巷的盡頭，那個地方叫「永康園」。校旁有一條大水溝，水流清澈而淙淙有聲，絕不是污濁的溝渠。水溝上有橋，過橋就是襯廠路，彎彎曲曲地可走到大磡村的村尾。

「永康中學」有三個部分。入內是操場，那是一個不標準的籃球場，整個球場有點斜，左下方尤見側傾。旁邊種有鳳凰木，因為貼近球場，頗成阻礙。這個球場的右上方，有鐵門一，在校門這邊也有一個入口，我們可隨時進入球場，或直穿球場往右上方，過鐵門而直上大觀路。鑽石山街坊很尊重「永康中學」的學生，遇有學生在球場活動，他們都不會打擾，算是要經過球場，也會走在球場的邊緣，十分合作。球場的左面，有一座樓房，高可三層，地面是校務處和部分課室，其餘都是課室。樓房的右方是一座一層高的建築物，地下有食物部，其他空間當是別的設施或宿舍所在。「永康中學」的校長是徐惠儀女士，她也是元嶺街坊福利會的會長，她是國民黨人，個子矮小，面貌有點像粵語片中的陳皮梅[27]。劉偉恆是「永康中學」六十年代的學生，很出名。梳花旗裝，眉粗眼小，頗英俊，有幾分似羅劍郎。他因何出名，不大清楚，只是當時有人說起「永康中學」，幾乎都會說到他，我也在聯誼路上遇見他數次，只是我屬孩童，未敢上前跟他打招呼。

鑽石山沒有津貼中學，最近的津貼中學在彩虹村、黃大仙。於彩虹村的，有「彩虹村天主教中學」、「聖本德中學」，遠一點的是

27　編按：粵劇坤班文武生，有「女薛覺先」之稱。曾與黃曼梨、黎灼灼、李月清、容玉意等人義結金蘭組成「十二金釵」。

「聖約瑟英文中學」。在黃大仙的，有「孔教學院大成中學」、「嗇色園可立中學」、「基協中學」，較遠的有「天主教伍華書院」和「文理書院」。鑽石山居民不少子弟，都就於這些中學，因為較近，而且學術水平亦不差，優秀的學生都能考上大學。

鑽石山沒有公共圖書館，我的課外閱讀，就是報章。我家舖子門前有「明記報攤」。「明記」的老闆不是鑽石山居民，他是從官塘那邊到這裡辦報攤的。他很有生意眼光，在鑽石山搞報攤搞得很成功，幾乎所有茶樓前都有他的報攤，也可以說他是壟斷了整個元嶺的報紙市場。他有一批為他守檔攤賣報紙的人，而且很多是童工，我家舖子隔壁就是「同慶茶樓」，於是門前右側就是報攤。我和守攤的報童們都相識，有些還很投契。報童中以鍾籍和最為長進、出色，他與我同年紀，說話不粗鄙，有點書卷氣，其後他考上了浸會大學中文系，又精研中醫，尤擅針灸，又好舊體詩，每與詩友唱酬賦詠，風雅十足。另外，有一名叫嚴潤鈞的，他是從廣州西樵來香港，由於患有小兒麻痺，盤骨下墜，兩腿都彎曲瘦弱，有如一個駝子，我們叫他做「跛九」。他有一個女朋友在廣州，為了說愛談情，他常要我替他寫信，有時真寫個寒毛直豎，哀怨動人。有一位叫忠保的，他來自官塘，是運報人，他以單車運報而來，熟悉官塘、牛頭角、黃大仙、九龍城的街道，他說話粗鄙之極，能說出最污穢、最下賤的粵語「粗口」，我們聽到他的「超級粗口」，才領悟到，呀！原來「粗口」可以這樣說，真佩服他對創造「粗口」的天才；然而，他的硬筆字寫得很好，竟有點趙孟頫的體勢，他也會「畫公仔」，是報童中比較特別的。此外，還有叫「大鼻」的，他的樣貌直像年輕的余子明（大眼雞），為人老實而怯懦，也是我們的好朋友。「明記報攤」設派報紙服務，送報紙的分兩類，較遠的以單車（如上元嶺大觀路、斧山道嘉華台等處），附近的（如下元嶺各處），則為徒步

逐家派送。派報的，分作兩班，有派早報的，有派晚報。有些派報人很勤力，早、晚報都派。那派晚報的，有一位 40 歲的男士，很斯文，常穿裇衫西褲，花旗裝頭髮，身形、樣貌有點像導演吳回 [28]，但他說話時嘴巴沒有歪，樣子較吳回英俊，但有點憂鬱的模樣。他以派報紙為副業，我們叫他做「區先生」，對他有幾分尊重，他是一個有文化的人，或許背後有一個動人的故事。

「明記報攤」有一項特別措施叫「換報服務」，那就是在「明記」買了報紙，閱罷可以拿來換另一份報紙，不另收費，次數也不限。換報時，只要沒有破損，就可以另換一報。如有缺頁、破爛，則不能換了。曾有人拿報紙來換，報童看了看，說：「不能換！」那人問是因何故。報童回話：「這份報紙不是在『明記』買的，不能換。我們的報紙有『記認』（暗藏的特徵）。」那人聽罷，一笑，取原報掉頭而去。

我因與報童相熟，他們在黃昏收檔時，我會幫他們搬木枱、收報刊、雜誌等。我的報酬是可免費讀報，我專選兩份報紙來看，一是《明報》，追《天龍八部》；一是《中國學生周報》，因有填字遊戲，中獎的可有天梭表，我的中學同學羅紹光，就曾經是得獎人。我後來愛讀金庸的武俠小說，就在這個時候開始。

鑽石山沒有書局，最近的書店在彩虹村，名叫「基達書局」。1973 年，我居然在這書局買得曹禺的《日出》，是星加坡世界書局出版的。我們買書，稍遠的要到九龍城，然而，買書當以旺角為首選。1970 年 5 月 26 日我的日記：「下午六時，我到集成圖書公司買了兩本書，一部是《文心雕龍註訂》、一部是《史記精華》，兩冊共 8 元 2

28　編按：已故導演，作品包括《敗家仔》《豪門夜宴》等。六十年代影壇「十大導」之一。

角而已，因為適逢該書店大減價。」

　　鑽石山有文具舖。這些賣文具的店舖約分兩種，一種是兼賣的，如聯合士多、秀芳士多、良友商店，這些士多都兼賣文具，我兒童時期買文具，多在聯合士多。除了士多，紙料舖也有兼售文具的，例如聯誼路街市頭，就有「廣華」這紙料舖，它本身是賣香燭、衣紙的，但亦有圖畫紙、皺紙、鉛筆、擦膠、毛筆、墨盒之類。專營文具的，只有「陳甫記」一家。起初，「陳甫記」在明勝園水族館旁的半邊舖位營業，老闆生而佝僂，駝了背，但性情和藹，賣的文具亦較便宜，生意就好了。稍後，老闆就在「元嶺街坊會」的大門左面，開了新舖，貨品多了，生意就更好了。守舖的，每每會是「阿彬」，老闆的兒子，他樣子清靈潔白，很討人歡喜。阿彬與我相熟，那時我愛集郵，「陳甫記」有各地的蓋銷郵票出售，我就常往觀看，購買則很少。小五、小六，我和大哥愛吹口琴，星期日常聽電台梁日昭先生的口琴節目，梁先生亦間中到「永康中學」教口琴。他從聯誼路直上，在「鑽石照相」左面的西八巷拐彎，再往「永康園」去。梁先生是胖身材，黑臉龐，小眼睛，臉頰有些痘印，穿西裝，不結領帶，走路時兩手擺動很大。我的第一個口琴是「國光牌」的 C 調口琴，就是在「陳甫記」買的，1962 年的售價是三元。大哥初時也奏「國光口琴」，但他吹奏得很有水平，曾代表學校的舞蹈組以口琴伴奏到大會堂表演，由於表現出色，他曾央求爸爸給他買一個梁日昭先生監製的「樂風牌口琴」，那時一個「樂風口琴」，在「陳甫記」標價是港幣十大元，爸爸和舅父都說貴，不買。可是大哥仍鍥而不捨，作馬拉松式的央求。在大哥四處訪查下，竟發現旺角「世界書局」有售「樂風口琴」，標價只八元，簡直有「精誠所致，金石為開」的喜悅，不久，大哥終於得償所願，「樂風口琴」欣然到手。在華園路的口琴友伴中而有「樂風」口琴，實在很有地位啊！

運動、娛樂

我們孩童的玩意，當然不只是口琴；我們的「體育活動」，也不單是學校的體育課。在「志蓮」的體育課，是跑步、跳高、擲豆袋、玩籐圈、跳土風舞等，間中打乒乓球，那就是一大幸事。我們的體育活動之一，就是在家中以床板作球枱打乒乓球。我們能自製球板，但沒有膠貼；所用的乒乓球是「盾牌」，哪有用「紅雙喜」那麼高級；若在「陳甫記」買球拍，拍面能貼上一塊海棉、膠粒，已屬高檔，了不起，對於甚麼「蝴蝶牌」、「紅雙喜」的名牌，我們通通不懂；甚麼「反膠貼」、「雙面膠」的專業知識，更是茫無所知。其後，上了中學，大家的球技都進步了。大哥的乒乓球打得很好，他曾與港隊球手何永年較量，打個不分勝負，何永年於六十年代曾戰敗日本名將河野滿。

打乒乓球要有球枱，搬床板，頗麻煩；打「地波」，則不是味兒，因此我會到「沙地」打羽毛球，「沙地」是家居附近的一塊空地。在地上劃一條中線，沙地即成羽毛球場。有球拍，有羽毛球，就可大戰三百回合，打得多了，我們也打得很刁鑽。

然而，玩意中最屬害的，不是陸上運動，而是水裡暢游。鑽石山本來有一個華清池，但早在上世紀五十年代就關了門，最近的泳池，是摩士公園泳池，那就要在 1970 年 12 月 3 日才啟用。我們孩童期的泳池是鑽石山北，七號墳場 [29] 旁的一條山溪，這條山溪源自飛鵝山的南山尾，向南奔流，拐過元嶺那兩座小丘，沿斧山道左向

29　編按：原稱「新九龍七號墳場」。1955 年遷葬骨骸，無人認領的骨骸則由當局火化，遷葬至沙嶺金塔墳場。遷葬後的七號墳場於六十年代成為徙置區，後於七十年代開發興建順利邨。

下湍瀉，我們就在這條山溪裡的水潭游泳。這些水潭有大有小，有深有淺，但水清如氣，掬之可飲。這些水潭，大抵都有名字，口口相傳，如在斧山道前段的拐彎處，這裡有兩個大潭，其一因近「江利牛房」，所以稱為「牛屎池」，名字不雅，但水仍清澈；另一有個背帶小瀑布的水潭，它叫「大水金魚池」，這兩池都離墳場較遠，但較接近上元嶺的民居，泳童較多。然而，這不是我們所鍾愛的泳潭，我們喜直奔斧山道盡頭，那裡有一座公墓，再從公墓左側的山路蜿蜒舉步。這裡路左就是山溪，路右就是山墳，既聞水響，亦聽林濤。此處水潭清澈見底，潭底魚影黃沙，石情水韻，皆在耳目中。潭潤急水之處，吐銀濺玉；水靜之處，可見游魚。這些清潭，有名「紋龍潭」、「大肚池」的，雅俗參差；有名「孖池」的，見名而得義；有名「大青龍」、「中青龍」、「小青龍」的，形狀大小可辨。從其潭的不同名字，亦可知這條山溪水潭之多。這些水潭深不足二米，大多在一至兩米之間，潭的長度可有十多米，小則四、五米，我們在這裡學游水、潛水、捉魚，成為潭水裡的特種動物。說到捉魚，這裡有兩種魚：一是老虎魚，一種灰色帶黑斑的大頭小魚，老虎魚游潛迅速，轉眼間就能躲入石縫，很難捕捉。縱使捕獲，以玻璃瓶養之，不一日，牠就會翻肚身亡，我們都說牠是會自殺的魚。另一種是七星魚，這種魚苗條而小，好結聚而游，所以較易捕捉。魚公（雄性）較小，身上有紫點、紅點、黃點如星，所以取名七星魚；魚母較圓大，身上沒有星點，我們戲之曰「大肚婆」，這種魚可以養，也可觀賞。我們自小都在這些潭水裡玩樂，不會到游泳池去，也不曾到海灘去，因為這裡的「水玩」，已足樂心暢意了。

十五、六歲時，好打籃球，我會到彩虹村或新蒲崗的啟德場打球去，我的球技平平，沒有加入甚麼球隊，而且球場人多複雜，我是帶着戒心去的。入大學之後，好書本多於籃球，運動也就少了。

既涉玩樂，怎可不談談在鑽石山的娛樂呢。

以前鑽石山沒有戲院，家裡也沒有電視，聽收音機可說是一大樂事。

我家先是裝有「麗的呼聲」，專聽潮州戲曲。

1960 年「廣東潮劇團」蒞臨九龍普慶戲院演出，轟動一時，因為觀賞者不單是潮籍人士，就連本地的粵劇老倌也到來觀摩。當年，「廣東潮劇團」的主要演員，如姚璇秋、洪妙、翁鑾金、吳麗君、郭石梅、蔡錦坤等都有到港演出，我的祖父、父親看過了姚璇秋、翁鑾金的「掃窗會」；范澤華、黃清城的「蘆林會」都叫好不絕，於是我們以每月 9 元的收聽費用安裝了「麗的呼聲」，因為這裝置可收聽到潮州曲和潮語節目。我只記得當時有個叫薛陽的男播音員，會演潮語話劇、能報新聞，是潮州話的紅播音員。可是，我們兄弟都不甚愛聽潮語節目，因為我們沒有甚麼鄉愁。我們愛聽的，是深夜廣播的《夜半奇談》，那時年紀尚幼，電台節目亦沒有甚麼「兒童不宜」的規限，一到晚上 11 時許，我們就收聽《夜半奇談》，尋找深夜聽鬼的刺激。不過，收聽了四、五場後，發覺那只是些人裝鬼、惡作劇之類的鬼故事，聽來聽去都不覺得有甚麼恐怖之處，我們曾流連墳場，聽過一些真實的鬼故事，《夜半奇談》的假神偽鬼，算不得特別「奇恐怪異」，興趣就大減了。稍後，我家買了一部樂聲牌收音機，安裝在舖頭，我們兄弟就喜歡躲在舖中的小閣仔聽「播音故事」。黃昏，或許是晚上 7 時左右，節目來了，鍾偉明先生開始「講故」，還記得聽到的第一個故事是《東嶽雌雄劍》，故事內容已經完全記不得了，因為我們是中途收聽，對故事初段全不知情，所以聽了只覺得有趣吧了。但隨之而來的，是《洪熙官三建少林寺》，甚麼方世玉、洪熙官、鍾米六、胡惠乾、白眉道人、至善禪師等，開始誘佔了我們聽覺上的空間，在我們的幻想裡演武；鍾先生所說的，

是按照「我佛山人」的版本來演繹，極盡生動曲折之能事。洪熙官的故事講完，他的兒子洪文定就出場了。當時少林派的對敵是峨眉派的白眉道人，白眉有鐵布衫工夫，刀槍不入，只有兩眼是「死穴」，甚麼洪熙官、陸亞采，都奈何他不得。最後，當聽到洪文定這個小孩子，突然能飛身騎上白眉的肩頭，說時遲那時快，「颼」的一聲，施展出「飛鶴手」，兩隻手指直取白眉道人的眼睛，瞬即將兩隻眼珠剜在手裡，只聽得白眉一聲慘叫，金鐘罩鐵布衫的功夫一下子盡失。聽到這裡，我們兄弟兩都高聲歡呼，連聲叫好，這是洪熙官眾故事中，最動人心魄的一節。

稍後，在家中「麗的呼聲」也在晚飯時間播出胡章釗先生精采的武俠故事。初時收聽到的，是《江湖三女俠》、《蟠龍劍客傳》，甚麼獨臂神尼，木桑道人等，都是厲害人物，鐵柄蟠龍劍是厲害的武器，故事題材頗為吸引；然而胡先生所說最精彩的故事，還數《真人真事真英雄》，第一個出場的「真英雄」就是霍元甲，胡章釗以「鬼馬生動」的語調，緊扣故事情節，把霍元甲怎樣打敗俄國力士奧比音，說個精彩絕倫。我也開始認識有個叫「精武門」的武術教館，當時名震上海。不過，一個人演繹故事，始終不及群星播演的名著小說。當年，很迷《西遊記》的播音小說。唐三藏師徒四人，分別由龔敬飾演唐三藏，鍾樸飾演孫悟空，李平富飾演豬八戒，令正飾演沙僧。唐三藏的口頭禪是「阿彌陀佛，善哉、善哉。」孫悟空變身前必說幾句「馬騮變、馬騮變」，而豬八戒要變，就嚷「搖、搖、搖、搖」。沙僧不會變，沒甚口頭禪，只是時時叫着大師兄、二師兄。《西遊記》是喜劇的播演，聽着發笑，笑後也能記得故事的大概，日後再看《西遊記》的原本，就發覺刪節很多而且笑料每有杜撰之嫌。

第二次在家安裝「麗的呼聲」，是在 1970 年 5 月 28 日，當日上

午 9 時 15 分，家中犬吠不絕，原來是「麗的呼聲」派人來裝搭線裝機了。那時收聽故事，已改在上午 10 時或 11 時，武俠傳奇沒有了，胡章釗先生早已聲曳別家，聽到的是《鬼才倫文敘》（講古人應是李大傻先生），很有榕樹下搖扇款談的味道，風格雖變，但生鬼風趣，依然觸耳動容。

「麗的呼聲」是有線廣播，間中就有「斷線」之弊，即在收聽之時，突生阻障而中途斷播，這是大煞風景的憾事。尤其是當聽到心頭火灼、意氣高昂之際，突然啞魔殺到，萬籟無聲，這下子一如雷打電擊，人也頓時血氣上湧，不禁怨詈大起，惡罵連聲。兩三天後，有特派技工來修理，簡直是福星降臨，感幸無已。

商業電台的播音小說十分精彩，初時有馮展萍的《雷克探案》，直與香港電台的《偉倫探案》分庭抗禮。六十年代商台推出的西洋文藝小說，對我影響甚大，最使我心醉的，是查理士‧狄更斯的《雙城記》，此劇由播音皇后尹芳玲飾演梅露西，陳曙光飾演安佛蒙，馮展萍飾演鄺少連，金貴飾演梅醫生（梅露西的爸爸），這劇愛情與友情的相互交纏而張力澎湃，結局是鄺少連代安佛蒙上斷頭台，成全了安、梅二人的愛情，聽罷此劇，使我覺得鄺少連的偉大。至今，我仍有點敢於「自我犧牲」的意識，那就是受《雙城記》的影響。其後再有《基度山恩仇記》的播演，那劇力就比不上《雙城記》了。

1969 年 10 月 12 日（星期日），是日，電台轉播渡海泳比賽盛況，當年的冠軍乃衛冕成功的「海天」名將王敏超，時間為 18 分 47 秒 8，亞軍陳耀邦，和冠軍只差 9 秒，季軍乃當奴。女子組冠軍是 M 蒙勒，且打破祁秀霞保持了八年的全港紀錄，這是我日記所記載的。

男孩子愛動，聽足球轉播，當然也是一大樂事。小學時期，聽到的是李惠堂的「講波」，李惠堂先生是香港足球界響噹噹的人物，

踢中鋒位置，射球勁而準，有「百步穿楊」的美譽。但說到「講波」，他不是播音的專業，所以聲調沉悶，沒有甚麼精彩的用語或現場氣氛的轉述。繼後接棒「講波」的，是葉觀楫和盧振暄，這兩位是「講波界」的雙絕，他們講波，有如「講古」，術語多多，球員的諢號也加入演述中，豐富了球賽的語言，如著名右翼黃志強，花名是「牛屎」，左翼莫振華，則叫「莫牛」，這是「南華足球隊」的雙牛陣；右輔何祥友，諢號是「肥油」，香港之寶姚卓然喚「姚小黑」，香港佐治貝斯鄧鴻昌稱「馬毛」，神級守門員雷煥璇是「雷神」；陳錫祥是「敗家祥」、李磊光曰「小鐵劑」、郭錦洪稱「蝦仔」、劉添呼「長人添」；張子岱叫「亞香」、張子慧叫「亞平」；陳鴻平謔稱「摩羅平」、梁偉雄美譽為「MG」；高保強大號「Captain 高」、羅北則笑謂「大口北」，連球證李鏡枝，間中亦以「雞王」稱之。當時香港最強的聯隊是「華聯」，其最佳的人選陣容是龍門劉建中、翁培佐；後衛是吳偉文、羅北、郭錦洪；中衛是陳輝洪、黃文偉、劉儀、劉添、林尚義、梁金耀；前鋒是郭有、黃志強、羅國泰、周少雄、楊偉韜、張子岱、姚卓然、莫振華等，他們每一位都是我心目中的球員偶像。葉觀楫先生講波雖不是緊貼賽情，常說「個波輾轉又落在某人腳下」，所謂「輾轉間」，即皮球已經過兩三人的盤控，他「跟唔切波」，所以來一句「輾轉」，但他不會漏掉重要的鏡頭，其補述也十分生動精彩。盧振暄先生是懂足球的，他講波較葉觀楫專業。其後葉觀楫退了下來，代替他的，是何鑑江先生；當盧振暄也退下來時，接講的是何鑑江的弟弟何靜江，於是兩兄弟合作，在球壇講波講了一段很長的時間。而商台也有講波高手，那就是林尚義和蔡文堅兩位，但我們慣聽港台，商台反而少聽了。對於林尚義先生講波的獨到處，不是得之於電台，而是賞之於電視。林先生講波，熟球例、曉陣法、知技術、洞陰招，對所說的球隊，上至領隊、教練，下至球員，候補

等，皆瞭如指掌，演述場上的比賽過程，連球員用「腳外檔」還是「腳內側」，是「腳趾尾拉西」還是「鞋頭直篤」，射球是「全窩利」還是「半窩利」（窩利，乃 volley 音譯，即拋物線），都作準確說明，數十年來講波，未有及得林尚義先生的。五、六十年代，林尚義是華聯國腳，腳頭重，有「重炮手」的稱號，他固然精足球，以足球為其終身事業；另方面，林先生極愛他的夫人劉蕙芳，2005 年其夫人先逝，此後只見林先生日益憔悴，不過數月，連臉貌也改變了，眉毛變短而墜落成八字，是「天衰」之象。2009 年 4 月，林先生亦撒手塵寰，跟太太去了，得壽七十四。唉！可敬可愛的林尚義先生。

娛樂之事，離不開電影，鑽石山有「片場」，卻沒有電影院。五十年代，最近鑽石山的戲院是在九龍城的「龍城戲院」。那時「睇戲」，在我們看來是「大件事」。晚飯得提早，衣着要整齊。那時看電影沒有訂座這回事，大家都是臨場購票入座，所以就得提早到戲院去。

1957 年，我們一家五口看白楊的《祝福》去。這是我記憶中第一齣在電影院裡看的戲，而且是彩色的。三弟剛 3 歲，卻抱在媽媽的懷裡，不需買票；我和哥哥個子不大，兩個孩子共坐一起，買一張票。票價是七毫還是一元，那就記不得了。

《祝福》的顏色很濃，也很暗，我 6 歲半，不懂劇情，只知白楊那個嬸嬸很苦，有一場見她把額頭「轟」的一聲撞向香案，鮮血淋漓，嚇得我叫了一聲。劇終時，看見祥林嫂顫巍巍地倒在白雪紛飛的夜巷裡，我就哭了。

第二齣看的，應該是張瑛、羅艷卿的《十兄弟》，雖是黑白片，但影像清晰，說話玲瓏，故事有趣，我們看得很高興。我就笑了。

那時戲院門外，入秋必有「鴨嘴梨」，賣梨的小販一張長刃果刀，手削梨皮如電動「摩打」；冬天例有「良鄉栗」，炒栗的小販翻

動糖砂，烏光香氣四溢，十分誘人。至於各類花生、種種涼果，那是長期供應，永不稍缺。

我唸小學的時候，大嶼村飛機庫前的空地會放映露天電影，那是鋅鐵竹木戲棚，銀幕就是一張大白布，大風颳來時，那布會稍微晃動，布上的影像會變形。票價是三毫和五毫，似乎有劃位（或劃座，請分前、後座），但進場後喜歡在那就坐那兒，甚少有人管理，因「滿座」的機會很少，空位頗多。戲棚內排列着粗糙的木長椅，我們幾個玩伴就坐在一起，看着《如來神掌》、《白骨陰陽劍》、《仙鶴神針》、《海底龍吟劍》等粵語武俠片，同聲叫囂喝打，與影片中的曹達華、鄧碧雲等一起同仇敵愾，正義得很，投入得很。

看電影，票價高；戲棚電影，不常有。孩童時期，我們看電視。家中沒有電視，我們看街外的。那時，電視是稀罕之物，有些小士多安裝了電視，就可以藉賣零食為藉口，招徠小朋友進店內看電視。我們最愛到正街的「樂宮商店」（頗近田鳴恩先生的故居）。商店老闆是譚先生，年近五十，高而瘦，長臉疏髮，大鼻大口，但配合得宜，不是惡人之相。我們付款一毫，譚先生給我們一粒白色的薄荷糖，就可入內看電視，那一毫子表面上是賣糖的，其實是看電視的費用。那時，士多不能藉看電視收費，所以須借賣糖果作手段。

「樂宮」的「放映室」，其實是譚先生家裡的大廳，他在貼牆中央放了一部十數吋的「麗的映聲」黑白電視機。機前是六、七排長條凳，我們就坐在凳上看電視。有甚麼節目？有卡通片，有「來路、哈地」、有「差利」、有「南茜小姐」、有「嘉明叔叔講故事」、有「梁舜筠姐姐講故事」。還有「黃飛鴻」、「鐵馬騮」、「方世玉」、「呂四娘」等粵語長片。大伙兒都愛看武打片，播映「黃飛鴻」、「鐵馬騮」這些電影時，電視機前觀者真是人山人海。「樂宮」之內人頭湧湧，不時有人喝道：「細路坐低，唔好阻住！」（小朋友坐下來，不要阻

礙我看電視。）看電視時，或有小觀眾起衝突，甚至大打出手，只見譚先生拿着籐條，左一籐，右一籐，無分彼此，動手者皆答以籐條，一如「老竇打仔」。其餘觀眾，都說打得好，不一會，人人安靜，電視節目繼續。

到我唸中一時，由華園路步往黃大仙的大成中學，必經「國寶戲院」（英文作 Metropol Theatre，名字也很輝煌，Metropol 有名都盛市的意思。）我是眼見它興建，眼見它很興旺，也親見它拆卸了，真個是「眼看他起朱樓，眼看他宴賓客，眼看他樓塌了。」我在這裡看過《虎山行》、《畫皮》；《沙漠梟雄》、《烽火霸王》。稍後，在「國寶戲院」左鄰，又有「亞洲戲院」開幕，我也在那裡看了一些「邵氏兄弟公司」拍的電影。到 1966 年，「麗宮戲院」隆重開幕，座位三千，是當時全東南亞最大的電影院；而與母校大成中學隔街相望的，還有「英華戲院」。踏上六十年代，鑽石山坊眾要看電影，已很方便。

在新蒲崗彩虹道緊靠「國寶戲院」的有「啟德遊樂場」，它在1965 年 1 月 31 日開幕。遊樂場內設有單軌火車、旋轉木馬、摩天輪、碰碰車、咖啡杯、猛鬼屋等各式機動遊戲，那都是參照日本的遊戲機而建造的。其中還有「過山車」，車路雖短，但它是全港首設的過山車。這些機動遊戲，我在入大學前幾乎全都玩過了，「啟德遊樂場」內各種遊戲設施局限於空間，顯得較為擠逼，欠缺自然環境之陪襯相依，競爭條件遜於「荔園」，終於在 1982 年 4 月謝幕，成為我們追憶娛樂生活的舊頁。

除了鑽石山原區所缺的電影院、遊樂場外，坊眾消閒，多愛麻雀耍樂。「打麻雀」，有在家內打的，家人鄰居，四人八手，推搓摔疊，可打個天昏地暗；有在士多打的，那是賭博，高手賭徒，碰運自摸，高章巧局，又可來個你死我活。聯誼路「新光理髮公司」隔

鄰的「裕昌士多」，每天總有一兩枱麻雀，供人耍樂，姓陳的老闆間中會落場客串，他的公子陳俊強是我的愛徒，在台灣大學唸歷史系，學業有成，現在已是台北大學的文學院院長。「裕昌士多」的對面，是「元嶺街坊福利會」，內裡常有老年閒人結聚，棋局展開，觀戰者眾，我就是其中之一。

六十年代，在茶樓裡竟有賭「外圍賽狗」的。一到賽狗的晚上，茶樓內的「澳門綠邨電台」賽狗廣播會開得很響，賭客自會送上門來。自廉政署成立後，「收規」的貪污慣例結束，主持人沒有靠山，茶樓恢復原貌，「外圍狗」消失。

至於家中玩樂，有養魚的、有玩鳥的、有栽花的、有聽曲的，固也多彩多姿。鑽石山的「明勝園水族館」，東三巷的盡頭拐彎處，本有一個很大的魚場，都為愛養魚的，提供上等貨色；每天下午三時左右，於「聯合士多」的店外，有一個十來歲的姑娘擺檔賣熱帶魚，有些魚是她在山溪捉回來，售價都是每條一、兩毫之間；彩雀魚屬於「來貨」，售價較貴，可由三毫至一元，看色澤、大小而定。賣雀的，只有我們「藝光號」曾客串經營，由「相思」到「鸚鵡」、「百靈」到「鵪鶉」都有，是鑽石山唯一的一間雀鳥店。

醫藥養生

娛樂有益身心，而身體健康也很重要，讓我來說說鑽石山的醫療設施，這是鑽石山居民的養生文化。

鑽石山沒有政府開設的「健康中心」、「專科診所」，醫療設施偏於傳統中醫的治療與用藥。在下元嶺的聯誼路上，有「張」、「梁」雙璧。張，是張石靈中醫師，他是掛搭在「人和堂」，所謂掛搭就是借中藥店而診病，開方售藥則在該中藥店。醫師收診金，藥店賺

藥錢，二者唇齒相依，各得其所。梁，是梁濟生中醫師，他是掛搭在「回春閣」，或者他就是「回春閣」的主持人。張石靈年紀較梁濟生輕，穿西裝，肥頭大耳，金絲眼鏡，眼長鼻圓，是梁醒波和駱恭的合體；處方以墨水筆，寫個龍飛鳳舞。梁濟生是老中醫，唐裝打扮，常見的是一襲淡黃色的布紐長衫，直是民國式的遺風；短髮，瘦身材，彩眉而眼瞼厚，眼睛就顯得特別細小。短鼻梁，小鼻孔，法令深，厚嘴唇，說話帶鄉音，不苟言笑。處方用毛筆，字跡可認。至於開方用藥，張石靈一方多藥，分量較輕；梁濟生一方幾味，用藥精而份量重。張石靈的藥湯淺色而味淡，梁濟生的藥湯濃稠而味重，極難喝。論醫效，則梁勝於張。梁醫師並不固守舊法，小兒發燒，他用「退燒丸」，讓孩子儘快退燒，避免中藥醫療效果慢而延誤病情。論名氣，則張稍高於梁，張懂交際，善辭令，並著有醫書：《張石靈專門補腎》是他的名著，此書他曾親手持贈予父親。七十年代初，張石靈醫師與「人和堂」脫鉤，到旺角先施大廈懸壺去，但家仍在聯誼路，南香茶樓的二樓。他的女兒叫張月儀，是三弟漢其的同班同學；張先生很喜歡五弟漢保，常逗他到張家看電視、吃糖果。

在鑽石山，跌打醫生有蔣輔，他在西七巷，以家為舖。中三那年，我在學校搬書桌進禮堂時拗傷右腳踝，回到家來發脹腫痛，乃求治於蔣醫師。蔣先生細看一陣子，便下手推拿，繼而敷藥，說：「切忌濕水」，收費五元。不數日，腫痛消除，步履如常。他的兒子蔣仲堯，是我的好友，大家玩意相同，很投契。

又聯誼路口，有劉瓊天醫師，聽說醫術了得，而且會書法，寫得一手好行草。

「秀芳士多」結業後，有跌打醫師曾德漢轉士多為醫館，起初來客稀少，日子久了，則聲名較顯，求醫者日多，固然其醫術不俗，而醫館在聯誼路的中間，位置好，方便來客，也是原因。

又在鑽石路，「華昌木園」附近，有「何肇奇醫館」，門前懸掛一張大照片，何醫師赤裸上身，顯其肌腱交橫，攝於斧山道的晨曦中，很有氣勢。醫術如何，我住得較遠，不曾聞其褒貶。

至於西醫，能自稱西醫的醫生，有東三巷的朱劍喬先生。聽說朱醫生讀醫不在英聯邦的國家，他不是說英語的醫生。他的太太就是護士，也懂醫理。朱醫生的住所，就是醫療所，家在二樓，門前掛有燈箱，上有「西醫朱劍喬」五字。父親說朱醫生的醫術是可以的，只是不能註冊，蟄居元嶺，實在可惜。朱醫生有兩個兒子，朱紹偉、朱紹梧，他倆都是我在「志蓮」的同學，朱紹梧更是同班，彼此感情不錯。

在鑽石山看西醫，多往「元嶺街坊福利會」內附設的診所，註診醫生是陳崇佑。陳醫生短髮方臉，臉色偏黑，深近視，帶粗框眼鏡，相貌端莊，好吹口哨，經常穿襯衣、西裝，我們兄弟有甚麼小病痛，都會找陳醫生，他與父親頗有交情。父親曾贈他一個壓鏡條幅，上著「察詣幾微」四字，是父親親手所書。其後，陳崇佑醫生自設診所在「長安酒莊」二樓。接任為福利會醫生的是譚玉美醫生，她是女醫生，電了一個普通的髮式，戴幪面俠式的弧形而兩端尖的眼鏡，鼻和嘴巴都很大，具男兒相貌。我們有病很少看她，多看陳醫生。聽說，嘉華台也有醫生，太遠，不清楚了。至於牙醫診所，只有在「人和堂」二樓的「劉偉民」，是否另有牙醫，也不清楚了。

至於藥房，最有規模的是在聯誼路的「龍城大藥房」，它是中、西藥物兼營。其他多是中藥店，除了「人和堂」、「回春閣」外，還有「公平藥行」、「天祥藥行」、「保生堂中藥行」等。看中醫，依方執藥，很是方便。

既有藥材舖，不能不說「涼茶舖」。

聯誼路有兩所涼茶店，近「詠藜園」的叫「萬和堂」，既賣涼

茶，也賣果汁，所賣不純而雜，結果轉作士多。近「錦江」的是「同利號」。「同利號」專賣涼茶，最初是賣廿四味和五花茶。廿四味，苦的；五花茶，甜的。我愛五花茶。「同利號」後來變成生、熟藥店，可替人開方烹藥治病。該涼茶店的老闆叫張揚，夫婦合作開涼茶舖，是聯誼路上的老店舖。張揚是賣水果出身的，文化水平不高，曾上內地問賣藥人士一些用藥方法和烹調技術，靠張太太記下來，回來就以涼茶、藥舖為業，其後的招牌更寫着甚麼「祖傳隱世名醫」，又改名為「鑽石崇」，「張龍揚」等，幾乎變了名醫，連亞洲電視也來訪問他。三弟覺得他既稱「祖傳」，又稱「隱世」，怎得「名醫」之譽，有欺世盜名之嫌。據三弟的記憶：張揚既有神醫之名，冬天仍穿唐裝短衫褲，並稱他的藥茶有抗冷殊效，不怕凍。但站在舖面不多久，又穿上棉衲，三弟以此引為笑柄。父親懂中醫醫理，張揚曾向父親詢問治傷風感冒的藥方。張揚在涼茶的保溫煲上掛一個牌，上面寫着「外感存裡可成絕症」，這是普通常識。張先生有二子一女，女早嫁。大兒子名金財，次子名源財，都不是我們的玩伴。

必須一說的，是鑽石山有留產所。

在聯誼路，過了「元嶺街坊福利會」再上，經「永榮電器」、「陽光電器」，在「小樸園百貨」旁有一條樓梯，登樓，就是「林玉環留產所」。林玉環女士是留產所的主持人，在政府註冊為正式的接生專業人員。在鑽石山這留產所，專責接生的是莫月華女士，她當然也是政府註冊的專業接生者，可能是醫生，也可能是助產士。我和大哥在內地澄海外埔村出生，而三、四、五弟都是在「林玉環留產所」平安出世的。我還記得在 1958 年，我與爸爸一起到留產所去看母親和剛出世的四弟，那留產所是一個長形的大房間，以屏風作間隔，燈光不很亮，母親樣子很累，爸爸遞上薑蛋炒飯，很香，我也嚷着要吃，笑煞屏風旁的一個大嬸婆。

啊！我在小童時期，也吃過黃大仙的中藥，飲過廟前的「聖水」。這都是鑽石山所沒有的。

宗教

說到「黃大仙」，也得說說鑽石山的「宗教」事物。

從前鑽石山的七號墳場，都是土葬的墳地，有大的墳塋，那是以棺材入葬的；有小的一座，那多是以金塔入葬的，因此這些小墳，排得很密。我們不論其大小，一律稱之為「山墳」。讀小學五、六年級時，墳場是我們玩樂之地。在墳場四周，我們捉「金絲貓」[30]、捉蟋蟀[31]、捉魚、捉蟬，捉得痛快。我們採山稔[32]、摘糯米仔[33]、拔酸味草[34]，甚麼山柑野果，可以吃的，都往口裡送。我們在清明、重九，曾夥同「山友」，到墳場「打山頭」。所謂「打山頭」，是給掃墓人除野草、理后土、補朱字、換墳紙等。我們一群小嘍囉，由小學同學曾繁沛帶着，專向一些衣着光鮮的掃墓人請求准許為他們清理墳地。曾繁沛家在南山尾，到「志蓮」上學，日日必經墳場。「打山頭」，他很有經驗；他又是書法冠軍，補朱字很懂筆意，添補殘缺，很有水平。我們在旁，則除野草，斫榛莽，一趟「打山頭」的工作，

30　「金絲貓」是豹虎的俗稱，獨處葉中，好鬥，我們捉來看它們打鬥。

31　蟋蟀，即蛐蛐，能鳴善鬥，有一段時間，人好鬥蟀賭博，墳頭蟀能賣好價錢。

32　山稔，正確名稱是「桃金娘」，壺形小漿果，成熟時紫黑色，可吃，有甜味。

33　糯米仔，樹形像米仔蘭，結小果粒，皮紫黑色，把皮剝去，即見白色果肉，吃來微甜帶澀，有軟糯之感，所以叫糯米仔。

34　酸味草有兩種，一種開粉紅花，一種開黃花。開黃花的，葉子較小。酸味草，又叫三葉草、酸漿草，草本爬生於地，其葉可吃，味酸，所以叫酸味草，我們愛掘出其根部，其形狀像小型蘿蔔，白色，半透明，以山溪去淨沙土，即可入口，酸帶甜味，勝於吃葉。

大約一、兩小時的工夫，工作完畢，人家總會賞我們五、六毫子，甚或一元的。我們賺了錢，高興得很，其實，我家雖窮，不至於要這樣討活，所以「打山頭」之事，總以玩樂心態為之，而且是瞞着雙親幹的。

每逢農曆七月十四、十五，所謂「盂蘭盆節」或「鬼節」，鑽石山居民有「燒街衣」的習俗。當天晚上，聯誼路就有幾處燒街衣的，「新華洗衣店」、「廣華紙料店」的門前，都會有隆重的燒衣活動，祭品如水果、米飯等，自所必備；金銀衣紙，堆堆疊疊，也很可觀。在焚過香燭衣紙後，主祭者會撒錢，撒錢不是紙錢，而是一毫、五仙的硬幣。一群街童，便衝前搶奪，有些硬幣掉在殘燼裡，他們也照樣伸手便拎，手指被燙了，掉下那毫子，以鞋踩着，手指放在嘴前吹了幾下，就很滿足地笑了，因為他搶得了一毫子。這些錢，我們兄弟不敢搶，因為不是撒給人的。

說鑽石山的「宗教」事物，怎能不說「志蓮淨苑」。

早在 1934 年，淨土宗的葦庵法師和覺一法師打算在元嶺建立一所供女眾的十方叢林（即尼姑庵），那就是「志蓮淨苑」的初定。當時元嶺山下，一片荒涼，後得藍昌源等居士襄助之下，淨苑乃得草創。而「志蓮淨苑」之稍見規模，要在 1945 年，即在抗戰勝利之後，當年的住持是弘智法師。

「志蓮淨苑」在鑽石路 33 號。第一道山門，面對鑽石路，右邊是來自南山的山澗，水聲潺潺如誦唸不絕的佛偈。門為兩扇鐵閘式，漆以深綠，拱額灰牆，左右門榜書聯曰：「志蓮有願諸天護」，「淨苑無塵大士來」，行楷書法，頗壯碩。門額上有「志蓮淨苑」四字，中央有照明電燈一盞。鐵門左側有小室，開一小門，此小室為通傳處。過鐵閘即是斜路，可走一車。路旁多種竹樹，以眉竹居多。斜路至中段分叉，右走，可到「志蓮安老院」；循原路直上，路右，

種茉莉花。路左,為一趟門車房,過車房,是第二道山門,門聯為:
「來到志蓮豈可甘為門外漢」,「超生極樂何須更作世間人」。正楷書
法,頗莊嚴。門額題「入解脫門」四字,為釋顯慈所題。

　　過山門,就是正式進入了「志蓮淨苑」。

　　山門後豁然開朗,右方,有一涼亭,黃柱紅頂,寬敞透徹。路
左,種有一圈竹叢。山門的左方是一列磚建房子。第一間房子,是
「志蓮義學」的體育器材室,內放球類、籐圈、籐枝、墊褥,木立柱
等物。器材室的隔壁,就是劉萬然、劉慧萍同學與其祖母的居所。
劉同學的居所外,就是「志蓮義學」的操場,操場的北面和西面,
分別是兩座校舍。面北的校舍較大,內有一至四年級的課室、校長
室和教師室等,這座校舍的右邊有鞦韆架和翹翹板,鞦韆、翹板之
間,種有黃皮樹一棵。朝西的校舍較小,內為五、六年級的課室。
大、小校舍之間有一小路,通向廁所,先女廁,後男廁。操場不很
大,跑一個圈足有一百米有餘。場上有籃球架,但沒有畫線作為籃
球場,而且小校舍前的籃球架,常推在一邊,失去了「對賽」的作
用。操場邊的左中央,有石砌水泥講台。整個義學的西南兩面,都
有竹樹圍繞,清幽可愛。大校舍的左上方有小路可通淨苑的「報本
堂」等處。

　　「志蓮義學」操場的斜對面,是「多寶佛塔」。此塔高疊七級,
紅牆青瓦,傲視全苑。每天清晨,都有法師帶領老人披袈裟繞塔誦
佛而行。佛塔外有大榕樹,我曾與趙立平老師在樹下切磋棋藝。榕
樹外,路分東、北二途:東走,可至「志蓮安老慈幼院」。此路沿旁
種花,多雞冠花,間萬壽菊,「安老慈幼院」的外牆上塑有胡文虎先
生半身像,屬半浮雕式。院內是老人安居處及孤兒院,收容的全是
女性。院內有井,水清,可作飲用。北走,可至淨苑本部,路旁多
種盤上蓮。入淨苑本部的外圍,左面有田畦,種菜、種花,畦盡,

路左有兩個放生池，一為魚池，一為龜池。龜池裡有一大龜，九十多歲（時為 1963 年），橢圓形的龜背，如大臉盤。自龜池右拐再上，便是「大雄寶殿」。

「大雄寶殿」是較常到之處，我在小學四年級行皈依禮時，就在殿內跪拜了一個上午。寶殿設於二樓，樓下是齋廳和禪房，左面有樓梯接登寶殿。殿中據北而面南處，供釋迦牟尼佛坐像，佛像約兩米高，香木所製，金漆如新。此像跏趺而坐，造相莊嚴，佛臉圓中帶方，眉如新月，眼簾半掩，眼波細長，眉心嵌一琉璃珠，鼻樑筆直，薄嘴唇而作淺笑狀。左掌捏「禪定印」，右手垂於右腿上。造像俱依《佛說造像量度經》的準則製作。佛像兩旁為大迦葉及阿難尊者。迦葉居右，阿難在左，皆木雕，金漆，高約一米，作合什施禮之狀。護法韋馱造像甚精緻，與釋迦佛相望。此像高與人齊，亦金漆，兩手握杵抵地，樣子威武。「志蓮淨苑」沒有鐘樓、鼓樓，鐘、鼓都附設在寶殿兩側，右鼓而左鐘。殿內供桌，鮮花斑斕，果品多種，殿中地板，置五、六個蒲團，供人施禮。每逢觀音菩薩寶誕，我們會到「觀音殿」敬拜。自大雄寶殿左趨，可到觀音殿，殿中有木雕金漆的觀音菩薩像，這是一座簡化了的千手觀音像。她頭戴天冠（有點像唐三藏所戴的帽子），臉圓而長，五官與佛臉相若。肩、腰左右各展二十隻手，每手執一法器，既複雜又和諧，很像一隻開屏孔雀，精巧且美。整座觀音像慈顏而威武，金光燦燦，使人肅然起敬。至於「地藏殿」、「五觀堂」等，或許都在大雄寶殿附近，方位已記不清楚了。

從大雄寶殿下來，右拐，可到「報本堂」，那是先人長生牌位所在，有鋼琴在堂的左下方，我們在這裡上音樂課。

淨苑的另一面是循那北路而行，拾石階而上，有高樓一座，圓窗雕牆，該是藏經之所及辦事的地方，我不曾進入，所以不知內裡

有些甚麼。高樓後面不遠，就是元嶺圓頂山旁的小丘。我所知的志蓮淨苑的舊格局，大體就是這樣了。

四十年代末至六十年代中，「志蓮淨苑」的住持（我們叫當家師傅）是寬慧法師，她是虛雲老和尚的弟子。住持的法相慈祥，只是嘴形是「覆舟」之格，是當出家避苦。她心思細密而目光遠大，「志蓮」的安老院、慈幼院、義學這三大利民建設，都是她任內所造或促成的，貢獻輝煌。五十年代，她是義學的校監兼校長，六十代她退任校長，專職校監。法師訓話的聲音不大，但多以「唸佛」、「行善」為勸導；以「正見」、「正精進」、「正思惟」以勵學習。1965 年，法師緣滿生西，繼任者是繼航法師。

繼航法師是我很尊敬、很佩服的法師。她的法相莊嚴美善，有菩薩般的相貌。佛學修養宏深，她是大學畢業生，更是貞女出家，智慧高圓，能說法，談吐不作俗家語。訓話聲情茂而力量足，教導我們的除了淨土唸佛之要外，孝、義、忠、誠，人生哲理，皆有所及。她玄衣棕袍，袖袂翩翩，走在風裡，恰如世外的人。佛學老師石尚儀先生很尊敬她，也親得她的教誨。法師於 2007 年圓寂，火化法身，石尚儀老師說師傅的靈灰纖幼而雪白，貞潔無比。

從前的「志蓮淨苑」很低調，沒有甚麼公開活動和法事，只是每逢佛誕，即農曆四月初八的浴佛節，與十二月初八日的佛成道日，「志蓮」會稍作公開，學生家長可來享用佛湯和齋菜。其例外者，1965 年左右，「志蓮淨苑」曾有恭迎佛舍利的盛大典儀，是時我曾在大殿親睹佛舍利兩顆，小若牙齒，潔白無瑕，裝在一個鑲金的玻璃小圓盒內，欣喜萬分。

出「志蓮淨苑」，循華清路走五、六分鐘，便是一個面積很大的佛像雕造場，造像的材料多是花梨木，未抵該處，木香已聞。雕造場的主持人是章啟海先生，他在佛像的雕製造詣極深，頗得聲響，

他的公子章柏生，是我的師兄，他不認識我，因為彼此年級和年紀都有差距，我是從其他同學口中得知他叫章柏生，住在那雕佛的工場裡。

在斧山道北上的拐彎處，在綠蔭裡有一座三層高的建築物。不豎浮屠高塔，僅立粗鐵山門，其門額嵌着「賓霞洞」三個紅色石米大字；門聯為「賓至如歸即仙即佛，霞餘成綺是色是空」，字體開闊，有魏碑之風，俱是書家區建公先生親筆。這座山門，重修於壬寅年仲秋，即 1962 年秋天。圍牆一列，蓋以綠瓦，牆內樹影婆娑。還記得「志蓮學校」的秋季旅行，一年級的旅遊點就是「賓霞洞」。學生們從「志蓮」步行來這裡，在洞外的空地玩上半天就折回學校，返家。

「賓霞洞」始建於 1935 年，其位處東山村，依豬仔山的餘勢，左望元嶺的圓頭山，右俯坪頂的清風岩，頗得斂聚山靈的格局。據文化傳統，稱甚麼甚麼「洞」的，是以道教為主而兼崇孔、佛的廟堂；一地而稱「洞天」者，表示其「洞中別有天地」，「洞小」而「天地寬」，洞中另有寬大的天地，既指其地形氣勢言，亦指胸襟氣魄言、教義空間言。八十年代中，我曾遊清遠北江邊的「飛霞洞」，甚了其山水風雲的形勢、靈氣結聚之深藏。

「賓霞洞」今日仍在，但氣勢為蒲崗村道及瓊東街所截，其右「瓊山苑」，其北「富山村」，其西「宏景花園」，三面都高樓成障，「賓霞洞」處若屈居，似難出頭，幸朝南的一段斧山道能放一口活氣，自可「逃出生天」。「賓霞洞」的圍牆內捨松、竹而種鬼杉，雖有點不倫不類，惟庭院中有大樹菠蘿，卻見南島風光。

入內，即為庭院，右拐過「玄妙之門」的圓門，即到「賓霞洞」的主築。主樓地下的正門掛金字匾額，上書「寶覺精舍」，其旁門聯則紅地黃字書「寶茲至道，覺彼迷途」八字。正書字體，屬典型的

科舉書風，這些字是朱汝珍太史手書。朱太史是清末最後的榜眼，授翰林院編修。廣東清遠人，民國期間，他是「香港孔教學院」的院長，亦曾受聘於香港大學，任哲學文辭教習。

入精舍之門，即見「多寶佛塔」，五層而六面，前有青銅香爐，塔內供佛。這塔形格纖小，遠遜於「志蓮」的「多寶佛塔」。過佛塔、穿天井，即見「彌勒佛殿」。

二樓豎匾，稱「東山賓霞」。查「賓霞洞」所在，原屬東山村，1931年，老居士洪學庸先生扶乩得呂祖金語，謂：「九龍東山牛眠地，相照天然列四金」。後洪先生覓得東山村，認定這裡就是仙乩所示，於是在此籌建「賓霞洞」。二樓是「觀音堂」，觀音菩薩左右二龕為地藏菩薩及車大元帥。

三樓為綠瓦坊樓，坊額書「慧海慈航」四個黃漆大字。體亦北魏，然剛強生勁，鬱勃氣雄，這是名書家蘇世傑的手筆。蘇先生是四會人，出身軍、政，書成一家，曾在香港創立「香港中國書道協會」。坊額兩側，有「鳶飛」、「魚躍」四字，乃重搨清遠「飛霞洞」傳韓愈的手書。三樓是「三教殿」及「呂祖殿」。「三教殿」供奉釋迦牟尼佛，位在正中；其右為孔子，作素王服式；其左太上老君，着八卦道袍。而「呂祖殿」則供奉呂洞賓，三樓是「賓霞洞」最重要的禮敬殿堂。樓外露天，有石柱幢，上以漢隸著「初祖以此勝，因特豎斯幢於三教宗師前、蓮池之上，伏願佛光普照，國運清明，十二類生，永除障渠」等幢字。

今年（2020年）清明，因祀岳母大人，路過「賓霞洞」，是時肺炎疫情嚴重，鑽石山骨龕墳場人流疏落，「賓霞洞」尚有青煙繞繚，孝思所聚，怎會蕭條！

從鑽石路轉入十九巷，有「天主堂」。

我們初到香港，生活頗為艱苦，母親曾因鄉里所說，乃到「天

賓霞洞的正門

主堂」去聽道理。家中有一本《要理問答》的小書，我也曾翻過，甚麼「因父，及子及聖神之名。阿們。」《聖母經》的「萬福瑪利亞，滿被聖寵者，主與爾偕焉。女中爾為讚美，爾胎子耶穌，並為讚美。天主聖母瑪利亞，為我等罪人，今祈天主，及我等死候（後）。阿們。」我也曾不知所云地背過一通。

當時我們聽道於「天主堂」，叫做「食教」。那時信天主教是可得糧食輸贈的，我們就領過粟米粉和硬麵條。其後，因天主教與傳統思想意識的相抵觸及矛盾，我們就沒到天主堂去了。天主堂的林姑娘也曾數次到我家來探訪，但也說服不了我們回到天主堂去。

在聯誼路口，第一條東走的街巷就是「聖堂路」。聖堂路內有「播道會道真堂」。

在 1954 年左右，我曾在「道真堂」讀過一段極短時間的書，還記得我的鄰座同學叫葉雅媚。

「播道會」，全名是「中國基督教播道會」，抗戰起，「播道會」開始在香港發展。1939 年秋在九龍侯王道設立教會，那就是「恩泉堂」。1949 年，「播道會」總部南遷到香港，展開宣教及教育工作，「道真堂」就在這個時期籌建。印象中的「道真堂」是長方形的建築，金字黑瓦頂，旁有矮樹，裁剪成矮牆，那是一個長形的小花園，園邊有溝渠。過水溝，有小路引入，那是一個大而半拱的門，門內就是教室，其實，那是一個大廳，內有十數個座位，座位前有木架，架上有黑板。窗門又高又大，光線充足。

1965 年「播道神學院」成立了，因中學同學郭佩英的引見，我認識了神學院的院長鮑會園牧師及師母許冰清女士，唸大學三、四年級時，我曾應鮑許冰清女士誠意所邀，翻譯《Power》的宗教文章，並刊於《播道月刊》，其稿費盡輸予「恩泉堂」。這就是我與「播道會」的一段因緣。

在鑽石路貼近「志蓮淨苑」處，有基督教「浸信會」，其附設有「恩光小學」。在斧山道也有「浸信會」，那是素白雅致的教堂，有小鐘樓。門前就是自南山而來的一段山溪，淙淙水響，稍若虎吼。

大觀路的盡頭，有「信義會」，我曾在該處讀過書，前文已有敘述，不贅。

有關鑽石山宗教事物，記憶所限，大抵只能說到這裡了。

市聲

最後，還是說說一些有關生活的瑣事吧。

在鑽石山生活，真個是生有留產所，死有大墳場。衣、食、住、行的條件總算充足，聯誼路、大觀路、鑽石路、東西巷里，窄弄橫街，時聞特別的「市聲」（販賣者的叫賣聲）。有收買佬拖着長腔，高喊：「專收字紙，買舊新聞紙！」有唐裝布衣，挑着輕飄飄擔子的，開口而詠：「沙炒豬皮，好靚沙炒豬皮。」那擔的兩端，各搖曳着十張八張豬皮，輕得很，這叫賣，很瀟灑。有染衣匠，托一個圓竹筒，蒙以薄布，以手拍之，「蓬、蓬」有聲；賣掃把的，叫「大聲公」，粗矮身材，腰橫背厚，線衫短褲，直像「黃飛鴻」影片裡的林世榮，肩托掃把，大喝：「Ａ！買掃把！」聲在洪鐘爛鑼之間，但響若雷鳴，真個是「大聲公賣掃把」。那賣眼鏡的，身着唐裝衫褲，戴闊緣黑帽，瘦削身形，五官端正，鼻梁上有金絲眼鏡，捧着一個打開了的籐盒子，盒內排滿了各式眼鏡，以「老馬」的腔調，嚷着：「買眼鏡、配眼鏡」。他的叫賣聲，頗有穿透力，傳得很遠。那賣衣裳竹的，真辛苦。其一，肩上的竹竿，不可能多；其二，荷竹走窄巷，實在難，而且頭上每每有晾曬的衣衫、縱橫的電線。七十年代起，衣裳竹漸遭淘汰，「衣 —— 裳竹」，這一長二短的叫賣聲，便成絕

響。有賣飛機欖的，較少見，也沒有那傳統的嗩吶聲，叫賣聲也沒啥特別，不過那欖形的大鐵桶，好像是綠色的大炸彈，也很可觀。那剃頭的，拎一個籐箱，內裡是剪髮用具，沿街叫着：「飛髮！」真是一個籐篋走遍整個鑽石山，這些理髮師隔一段時間過後，自會出現，提醒家長們，好為孩子理髮了。我的頭髮直到小學四、五年級才到理髮店去。「上海京華理髮公司」和「新光理髮」都是常去的。「京華」有一些剪髮學徒，晚上在「京華」收舖後在店裡替孩童剪髮，我的頭也曾多次被用作為試驗品，可幸每次都剪得很好，那學徒叫「羅五」（或羅護），真要多謝他，因為剪髮是免費的。鑽石山早期的理髮店，沒有甚麼「理髮收費，年尾雙計」這回事，據我的日記只顯示着：「理髮店在冬至是不營業的。」

在市聲中，我最喜歡聽到的是「齋鹵味」的叫賣聲，一個肥壯的漢子，背着一個鐵皮玻璃箱，手執大較剪。箱頂有塊小砧板，砧旁有甜、辣、芥末三種醬料。他的叫賣聲很普通，但那剪刀的開闔聲，卻「噱、噱、噱」成響，催人食欲。他每次經過家門，我們都會幫襯，甚麼叉燒、雞扎、鮑魚、扎蹄，都甚美味。

夏天晚上九時左右，聯誼路上，會有一個很瘦的男人，唐裝衣着，挑着涼茶喊賣，開嗓所出，情韻交錯：「二十四味涼茶，竹枝竹蔗焗茅根水呀！有茅根呀竹蔗水。」他的涼茶，苦而帶甘，是傳統的涼茶配方；竹蔗水，實在清甜可口。這位涼茶佬灰白頭髮，一臉嶙峋，面色偏紅，眉骨、顴骨都凸出，大嘴唇，愛笑，生意很好。若干年後，我在黃大仙的屋村見過他。他坐在馬路邊的欄杆上大聲呼喝，又自言自語，旁若無人，看來有點神經不正常，見他這樣，不禁惻然。

叫聲較稀奇的，是一種特殊的手術師，他的叫喊聲是短促的：「閹雞、閹貓！閹貓、閹雞。」呼「雞、貓」循環而「閹」之，叫聲響

亮而有力。我家曾養雞，並按雞的特徵起名，甚麼「長尾雀」、「羊蹶踩」。小公雞要閹去睾丸，才長大得更快，是以我家也曾請閹雞師父到來「施手術」。那「手術」的工序如下：

師父先吩咐我們裝一碗水來，隨即進行「開刀手術」。

那小公雞給按在地上，兩腳給踩住，兩隻翅膀被翻起，然後左右相扣，又給踩住。小雞橫身臥在地面，師父拔去翅膀下胸骨上的雞毛，用小刀在胸骨旁劃了一小口，奇怪，傷口不出血。師父隨即以一銅片擴張器插入小口，然後利用擴張器的橡筋，扯闊那小口，繼而用一小繩剶斷胸內睾丸旁的薄膜，伸入小匙，就可將兩顆睾丸剶出（那兩顆睾丸歸師父所有）。師父鬆開擴張器，收起，那傷口便合起來，師父將一些雞毛貼在傷口上，給小雞灌兩三匙清水，放開翅膀、兩腿，那小公雞便若無其事的走動起來。閹雞手術，便圓滿告終。

閹貓是怎麼的一回事，對不起，沒見過。

又，我曾在東二巷，見過有人趕着一頭大豬，往井邊巷那方向走去。那豬是一頭白毛的龐然巨物，那肚皮下墜，幾乎觸及地面，兩眼矇矇，鼻子不時索動，走得極慢，那人手持籐鞭，不時輕輕打在豬背上。母親說，那是「豬哥精，配種的。那豬「鋸、鋸、鋸」的叫着，好像很不耐煩，這是另類的「市聲」；那趕豬的，反而一聲不響。

六十年代起，新蒲崗成為東九龍極重要的工廠區，鑽石山很多居民都成了工廠的職工，那十多年的工廠歲月，編假髮、剪線頭、車衣服、上落貨物，都能補助家計，甚至養妻活兒。很多主婦雖持守在家，但兩手仍不願閒着，紛紛從工廠領來一些加工或修裁的手作，以貼補家用，最通常的有串膠花、釘珠仔、剪線頭等。

我家也曾參與工廠外放的工作，賺點家用。母親來港不久，便

接了些「縫手套」的工作，那是把單面的手套，疊雙而縫，然後翻出成可穿用的手套，針線密，工夫細，這個錢實在不易賺。那時鑽石山還沒有電力供應，火水燈下一針一線的縫，確是會傷神敗目的。六十年代起，我們也串膠花。不過，在我小四以來，我家曾長期作「剪插蘇」的工作。

「插蘇」的「插」（英文 plug）是指取電的方法，「蘇」是英文「socket」的簡稱。我們剪的是插蘇頭，有三腳的，有兩腳的，都是通電的接駁器。為甚麼「插蘇」要修剪呢？

當年，香港生產一種軟膠做的插蘇，專輸外國。軟膠是黑色具彈性的黑色橡膠，放入鋼模中加熱，那膠軟化就範成形，就變成了軟膠的插蘇胚。而鋼模有縫，於是插蘇胚四周都有多餘的薄膠，我們就是要把這些多餘的薄膠剪去。報酬有多少呢？剪插蘇 100 個，酬金港幣四大毫，換言之，剪 25 個，方得一毫子，這個價錢算不得差。但剪刀自備，取、送膠插蘇都憑自力。我們兄弟稱這取送行動為「㧬插蘇」，這個「㧬」字頗能反映背負的重量。我們用大型麵粉袋，裝滿膠插蘇，由衙廠路背回華園路的家來，足足要走一公里的路。那時我們在發育時期，背負重物，算不得一回事，只覺得我們像早熟的聖誕老人，鹿兒又罷了工，有點無奈。剪插蘇是需要有點巧手工夫的，剪刀要緊貼胚皮，最好是能夠剪個絲毫不差，整個插蘇仿若原模而「啤」出，不見動剪的痕跡；若剪崩了，那老闆娘會生氣，恐嚇「動剪工人」要斷絕其貨源，或不給工資。我們一家，除了祖父、父親不曾剪過插蘇外，所有成員，只要能動剪刀的，都會剪插蘇。到我入大學一年級時，我們已不再剪插蘇，卻又重操串膠花的故業了。我的日記曾這樣記載：1972 年 1 月 6 日，我串塑膠花，用了整個下午，賺取了港幣一元二角。1971 年 1 月 20 日，我在旺角奶路臣街的「寰球文化服務社」買了一套「文選」，商務印書

館 1965 年重印版，上、下冊共價九元八角。72 年 9 月 11 日，我買了一雙貴價皮鞋，二十五元九角。當時的物價，只要和我串膠花的代價對照一下，也就可知一個熟手串膠花的一天能大約賺多少，對於家用日常的支出，可有多大的幫助。

結語

　　生活在鑽石山，有一種很特別的生活氣息，我們可以很忙，但不會失去生活的意義；我們可能要吃苦，但不會因而沒有笑容。我們可以有很多朋友，所以幾乎沒有敵人；這裡只容許你積極生活，卻不容許你醉生夢死。

　　聯誼路和華園路是一縱一橫的珺帶，背着我如一個永遠溫暖的襁褓，聯誼路的音塵，華園路的光影，像無窮的碧落，映在我的心海如一齣永不完結的粵語長片。那些人聲，那些車痕，那親切的微笑，那深巷的鋼琴，合起來應該是一個怎麼樣的世界？淨土佛號的回向，天主堂內的贈糧，聯誼路上的花轎，斧山道上的靈車，人的一輩子就濃縮在這裡，把你打一個結，又把你放走。背着書包上學堂，不怕太陽曬，不懼風雨狂，連升中會考都不是壓力，那童年的生活是多麼的精彩。

　　士多商店，菜檔茶樓，都有自己的同學、隔壁的鄰居，陪伴你生活的種種角色，就在身旁，天天給你添姿彩，戶戶視你若親人。不像今天的城市生活，家家戶戶都是獨立的個體，囚禁着不可告人的單調和寂寞。

　　「奮鬥」是活在鑽石山的一首短唄，咒語一樣的唸在心頭，刻入腦海。大清早看見街上行色匆匆的叔伯兄弟，我就愀然感動。「人和堂」的公子，考上九龍華仁，我佩服；「元利隆」的兒子，報入大同中學，我同樣感動。讀書能「讀出」鑽石山這個框框，我覺得不容易。賣瓜菜的婦人，背上有熟睡的嬰兒；賣熱帶魚的姑娘，布包

內有一本書，這都是「奮鬥」。

　　甚麼皮禮士利[35]，卓比卓加[36]，甚麼樂與怒，只不過是聯誼路一陣扭腰舞，擺過了也就完了。午間在空氣裡傳來的，李我、蕭湘的小說，播在天空，讓大家都可細聆；杜煥、何臣的南音，散成地水，讓大家都能俯聽。生活的節奏都蕩漾在每一個心坎裡。我曾在聯誼路上，看見一個落泊的壯年，身披舊軍服，高聲唱着「今宵多珍重」。同樣在聯誼路上，看見一個落淚的尼姑，袈裟灰淡，急步望山而行。壯士、尼姑內裡必有動人的故事，他唱過了，她走過了，那就是放下了。鑽石山是一個不可回頭，但可回憶的故事，我聽過了，也看過了，但總是不能放下。

35　Elvis Presley，中文暱稱「貓王」。

36　Chubby Checker。他是歌手、演員，也是舞者。在 1961 年他以一曲 *Let's Twist Again* 和嶄新的「Twist」（扭腰舞）流行於本港的歐西流行歌曲樂壇，有扭腰舞大王的美譽。

附錄一：
凌氏宗祠與元嶺鄉 —— 訪問凌慧瓊女士

凌九鄉長（正中）攝於宗祠前。其左交手而立者為鄺次傑校長，前排右一，穿黑西裝黑領帶者為余繼輝先生（我家的姻親）。（凌慧瓊女士提供）

為了要增添「元嶺傳奇」的歷史感和厚重感，我和三弟特邀元嶺鄉凌氏家族的後人，凌慧琼女士，親到我家來作懇談。

凌女士是元嶺鄉鄉長凌九先生的千金，與三弟漢其是同班同學，1967 年畢業於志蓮學校，屬第十五屆畢業生，凌女士於升中試的成績良佳，獲派往培道女子中學，其後負笈於英國倫敦大學皇家霍洛威學院 (Royal Holloway，University of London)，修讀數學與電腦，獲理學士學位。後回港，復進修於香港大學教育學院，得教育文憑；凌女士好學不倦，復再留學澳洲，在悉尼的新南威爾士大學 (The University of New South Wales) 專攻「圖書館管理學」，獲圖書館管理學碩士學位。其後回港任演藝學院圖書館館長，業已榮休。她對元嶺凌氏家族所知頗深，且有珍貴資料，對元嶺鄉情尤重，所以特意邀請她親臨一聚，追述往事舊跡。

2020 年 9 月 8 日，下午 2 時 30 分，三弟陪同凌女士光臨寒舍，我泡龍井茶，備 Chateraise 雜果千層西餅，巨峰提子，新奇士橙等款待，俾助談興。彼此是數十年前的同學，見面之初難免懷舊一番，說到當年颱風露比襲港，吹塌志蓮學校頂簷的拱牆時，大家都同聲驚嘆，並說「好彩」，因並無傷及師生。

鄉公所成立時的慶祝活動（凌慧琼女士提供）

早期的供電按金單（凌慧琼女士提供）

漫說香港凌氏家族之來源及凌九先生的經營

甫入正題，我們三人都認為凌氏是元嶺鄉的原住民，歷史久遠，世系根深；譜牒細錄，代代知源。元嶺早期尚有廖姓家族聚居凌家附近，但未建家祠，歷史較淺，不及凌家淵遠，據凌女士的補充：廖姓家族為沙地園（即現今采頤花園）原居民。由於政府收地建兵房，遂遷往下元嶺居住。凌氏在元嶺鄉有田地，家族繁衍昌盛。凌女士稱，凌氏的遠祖，有根有據、歷史可溯的，是明初永樂年間的刑部郎中凌吉。1956 年前輩凌子鎏先生曾編刊《凌氏歷代名錄》一書，稍有交代凌吉這位遠祖。

按族譜所載推斷，在明末期間凌吉後人已遷移到廣東惠州以南的淡水，而南來九龍，最遲當在道光年間。查族譜，凌公錦華當於清道光年間南來「九龍街」，他是南遷香港凌氏之本祖。

遷入元嶺鄉的，是凌運盛公。族譜稱他在元嶺創立家業，大展鴻圖。目前，我們還可以在鑽石山的舊墳場找到凌運盛公的墳塋，碑上仍可清楚見到咸豐乙卯年（即 1855 年）秋重修的文字紀錄。

到了上世紀五十年代，元嶺鄉的鄉長是凌九先生，他就是運盛公的嫡系子孫。凌先生本名樹基，因他是獨子，親嚴恐怕兒子病痛多，就呼喚作「九」（意即為豬牛貓狗之屬，粗生粗養，生命力頑強。）以避不祥，一般街坊都尊稱他作「九叔」。

凌先生很得坊眾尊重，他與永康中學校長徐惠儀女士關係良好，徐女士是六十年代街坊福利會的名譽會長，但她是外來者，地位和聲望都不及凌九先生。

1962 年 9 月，超颱風溫黛襲港，香港哀鴻遍野，凌先生曾發起捐款，呼籲賑災，僅及 9 月下旬，即已籌得港幣三千九百九十

圓，這是個不少的數目，他的義舉得到當年的華民政務司麥道軻來函致謝，於此，亦可見凌先生號召力之強、聲望之高。

元嶺鄉本只屬一地之鄉，因五十年代遷入者眾，庶務日繁，於是凌先生為元嶺鄉正式設立鄉公所，並取就原凌氏宗祠內設辦事處。他與麥道軻、何禮文、陸鼎堂等政務官員，及後來的冼德勤，謝肅方等民政長官，都保持良好關係。在歡送麥道軻先生的晚會上，凌先生是鄉紳代表之一；督憲府[37]開放予鄉紳賞花時，凌先生也是貴賓之一，特設專車接送。這些都是當年元嶺鄉這條小村落的遺痕花絮，現在看來似乎不足一道，但元嶺鄉於東九龍十三鄉中的特有地位，於此也可見一斑。

凌先生於 1986 年不幸辭世，而鑽石山也開始了遷拆的命運，時代巨輪，難停半刻，凌氏家族就得接受新的安排、新的生活，思之不勝浩嘆！

37　編按：亦稱港督府，即現禮賓府。

凌九鄉長歡送麥道軻（凌慧琼女士提供）

溫黛風災元嶺賑災後政府的致謝函（凌慧琼女士提供）

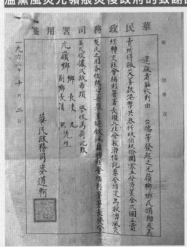

凌氏宗祠正門（凌慧琼女士提供）

凌氏宗祠憶舊

　　凌氏宗祠在下元嶺的第一巷，孩童時期我常經過這裡，且曾與凌華基一起入內走了一匝，然而那幾乎是六十年前的事了。印象中宗祠那黑瓦磚砌，風雨斑斕的古貌仍很清晰。屋檐作硬山頂，又斜又短，檐脊兩端有卷雲三道作圖案，青磚結構，實以白灰，這是清代建築的遺證。

　　門前一對大對聯，寫着「河間世澤，龍海家聲」八字，凌女士稱這對聯每逢新年就更換一次，初時凌九先生偶或執筆，其後就專找書家運腕，七、八十年代所書，多是漢隸的擘窠大字，甚古樸而具氣勢。門楣是「凌氏宗祠」四字，寫得拙樸，頗具莊嚴敬慎的氣韻。每逢農曆新年前的除夕，凌女士就見爸爸忙這忙那，打點各樣祭品，籌劃種種事務：例如供桌上要有大碗，碗裡盛了白米，上面又插着油泡的粉絲、腐竹，排放得很別緻。又所有錫製的燭枱都要裹上紅紙，以示吉祥；桌案上會多了一個全盒，內有小食、糖果。這些裝置、祭品等，會擺放到正月十五才撤走。神位旁的兩副對聯，聯語無改但都會改上新寫的；祭帳旁會以孔雀尾羽作裝飾，按年新換。除夕夜子時一到，元旦甫始，就會放鞭炮，討個吉利。年初一，凌氏舉家上下都吃齋，不沾葷腥。除了新年祭祖，其餘傳統的大節日，如端午、盂蘭、中秋、冬至，祠堂都會行祭祖之禮，絕無苟且。再說，祠堂又是兒童們活動的地方，童年時的凌女士會與眾兄弟姊妹在祠堂內跑來跑去，又會數唸着供桌紅裙繡着的八仙，來個「看圖識字」的遊戲，高興萬分。新年時，坊眾或有舞獅的，都會先到祠堂施禮致敬，拜年禱福，然後才到聯誼路等各街商巷宅，採青演武，歡慶新春。

　　凌女士又補充，在 1962 年，凌九先生將元嶺鄉公所正式註

元嶺鄉公所註冊成立時的大花牌（凌慧琼女士提供）

宗祠內的供桌（凌慧琼女士提供）

冊為合法社團，凌氏宗祠旋亦成為鄉公所的辦事處。當年的華民政務司麥道軻，曾親臨視察、致意。回想當時祠堂外搭了戲棚，請了陳均能先生來演唱貓王的流行曲，又在台上跳了幾下扭腰舞，陳先生在台上一扭，台下的觀眾就連聲喝采，當年我們兄弟三人，都是觀眾。陳先生表演後，又有粵曲演唱，作溫雅斯文的慶賀，傳統得很。

遇有凌氏家族添了男丁，祠堂內就有點燈的儀式，祈求男嬰平安長大。中國在民國以前，都沒有「出世紙」這官方的出生證明。那時，遇有男丁出世，便到祠堂點燈，一則表示香燈有繼，二則為男嬰確認身份，確定其應有承繼權，意思重大。在客家話中，「丁」與「燈」音調相諧，因而以「點燈」表示「添丁」，而且漸漸變成傳統，有禮序依循。凌氏宗祠的添丁花燈，大於一般的走馬燈，不會轉動，但裝飾得美輪美奐；祠堂內又會有分豬肉，派紅雞蛋等分享歡樂的活動，熱鬧非常。

祠堂內供桌頂上有「蘭桂騰芳」四字橫披。這四字就是祝願子孫昌盛、富貴的。《宋書‧寶儀傳》載：寶儀學問淵博，其父禹鈞、兄錫俱以文辭聞名，而其弟儼、侃、偁、僖，皆相繼登科，一門之內父子得盛譽，兄弟授功名，甚是難得。於是馮道乃贈之以詩，詩云：「靈椿一株老，丹桂五枝芳」。靈椿，譽其父；丹桂，美弟兄。後來，明末的程登吉（字允升），他編著《幼學故事瓊林》時，在【卷二‧祖孫父子】裡，便改錄為：「父母俱存，謂之椿萱並茂；子孫發達，謂之蘭桂騰芳」。「蘭桂」，就是芝蘭、丹桂，這是子孫的美稱；「騰芳」，就是散發芬芳，芳，比喻美名。而《幼學瓊林》所謂「子孫發達」，即得享高譽名聲，顯貴超凡的意思。「蘭桂騰芳」，即祝願添丁吉燈一點，子孫便會登龍門，騰聲譽，並喻世代昌隆，兒孫添欣載福。

凌氏宗祠的供桌香案（凌慧琼女士提供）

凌九先生與眾兒女（凌慧琼女士提供）

凌女士又稱，祠堂有時會接待苦無住處，暫求留宿的人，這是向窮途困苦者大開方便之門了。她又記得，曾有賣豬腸粉的小販帶同生財器具借宿於祠堂。及後，凌女士向他買豬腸粉，那小販認得凌家小姐，就多予兩件聊為報謝，凌女士高興得不得了，跑回家去告訴所有家人。施恩者自有意外的喜樂，信然！

　　凌氏一族在元嶺是有田有地的家族。田地中有些是公家的，這些田地或租與他人耕種，或改為房舍出租，其中收入都用於鄉里福利、祭祀維修等事項上。凌家沒有奴僕，不招佃農，兢兢業業，穩紮穩打。凌九先生共有七位兒女，最長與最幼的，相差幾近二十年，然彼此相處融洽親切；宗族所及，大家既屬同宗共祖，長幼內外都很團結。九十年代政府要拆遷鑽石山時，凌華基先生與凌慧琼女士就聯手與政府商議賠償細節，那時我在電視裡看見他倆侃侃而談，見其辭色不卑不亢，依實說理，甚是得體。爭取結果，就是每方呎土地，賠償港幣 150 元。今天，凌氏宗祠已歸歷史，凌氏家人亦已散居別處，然每逢清明，後人仍會親到元嶺東北踏青掃墓，運盛公墳堂仍既在，則凌氏後人便得殷殷勤勤，敬慎追思。回想六十年前，我在凌氏宗祠見到的香燭細列，瓷杯瓦盞，嚴肅祥和，俎豆馨香之象，足見凌氏家人慎終追遠之情，懷祖敬宗之德。如今元嶺鄉已成歷史，但在不少鑽石山的舊街坊裡，那些往事故跡都完完全全的，藏於心坎，不會忘懷。

　　下午五時，懇談告終，凌女士告辭，三弟代我送她回家。

　　一天的雨，這個時候，就放晴了。

凌姓的本源與凌氏宗祠

上世紀六、七十年代，凌氏宗祠是元嶺的一個重要標誌，它既是清代以來舊建築的歷史實體，也是當時處理鄉眾街坊事務的辦事處；以學術角度而言，凌氏宗祠它又是中國氏族文化的遺傳結晶：光看那斗大雄渾的祠堂門聯：「河間世澤、龍海家聲」，那就是一大文化的結聚，若把這八個字作詳細解釋，可就是一篇長論文。

凌慧琼女士曾問及「凌」姓的來源，我就告訴她，凌氏最初是源於遠古姚姓所衍生的姬姓，本身是出自周文王姬昌的後裔，屬於以官職之名而取作為「氏」，即凌氏之稱，本為官職之名。據史籍《通志·氏族略·以官為氏》所載，周文王的第八個兒子姬封被周武王姬發封在西周之京畿內的康地，稱「康叔」。後周公旦建議周成王把原來商都周圍地區和殷民七族都封給了康叔，並建立了衛國，國都在衛（今河南淇縣朝歌），史稱「衛康叔」。衛康叔其中的一個兒子，在周王室擔任「凌人」之官。凌人，就是管理凌陰（或稱凌室）的官員，凌，就是「冰」，凌陰、凌室，即冰窖之類。凌人，即掌冰政、貯冰凌之官，《周禮·天官冢宰》記載着：「凌人掌冰，正歲十有二月，令斬冰，三其凌。」《詩經·豳風·七月》也說：「二之日鑿冰沖沖，三之日納於凌陰。」所謂「二之日」、「三之日」，就是周曆的二月和三月，周曆以農曆十一月為歲首，因此周曆二、三月就是農曆的嚴寒時段。「二之日鑿冰沖沖，三之日納於凌陰。」就是在臘月乒乒乓乓鑿冰去，正月把冰磚藏入冰窖裡。周代為何要有專人執掌「冰政」，限定在十二月鑿冰，然後藏在凌室中呢？因為冰在周代時，是大有用途的，冰既用於炎夏飲

食，亦用於祭祀、理喪。所謂「三其凌」，就是要藏冰三倍之多，因為到了夏天時，那冰會溶掉三分之二，所以窖藏要足三倍，才有足夠的藏冰可用。

周代之用冰，據《周禮‧天官冢宰‧凌人》載：「春始治鑑。凡外內饔之膳羞鑑焉。凡酒、漿之酒、醴亦如之。祭祀，共冰監。賓客，共冰。大喪，共夷盤冰（盤，或作槃）。夏，頒冰、掌事。」

「鑑」，就是盛冰的器皿，銅製，有如大鍋，治鑑，就是把銅鍋準備妥當。膳羞，即膳饈，指膳食珍饈。酒、醴都是酒類的飲品，所謂「外內饔之膳羞鑑焉。凡酒、漿之酒、醴亦如之」，是指在夏天時，就以鑑內裝上冰塊，用來冰鎮食物和飲品。《越絕書》就說：「冰室者，所以備膳羞也。」《楚辭‧大招》也載：「清馨凍飲，不歠役只。吳醴白蘗，和楚瀝只。」原來「冰室」、「凍飲」，早就見於史籍、《楚辭》，絕不是新造的名詞。

至於祭祀，若在夏天施祭或大喪之時，都有冰鑑、冰盤之類，那「共冰監」的「共」字，就是「供」。原來周代在祭祀時，要供上冰鑑，那就是以「冰」祭祀於宗廟。「賓客，共冰」，就是以冰供應給賓客，讓賓客以冰獻祭。

「大喪，共夷盤冰」，這是用冰凍屍，以防屍腐。大喪時，盛冰以冰屍用的大盤叫「夷盤」。據鄭玄注稱：「夷之言尸（屍）也。實冰於夷槃中，置之尸牀之下，所以寒尸。尸之槃曰夷槃。」又，《禮記‧喪大記》載：「大夫設夷盤，造冰焉。」可見周代行喪時，以大盤的冰放在臥屍的床下，用以冷凍遺體。

「夏，頒冰、掌事」，就是指凌人在夏天時分發藏冰及妥善理事。

因此，凌人是周代的禮官之屬類。及後，凌官的後人就以官職作為姓氏，由此，「凌氏」就產生了。

我們也可在史籍《姓纂》中，找到：「康叔支子為周『凌人』，子孫以官為氏」的記載；另《通志·氏族略》也云：「衛康叔支子為周『凌人』，子孫以官為氏，吳志有凌統。」又，《元和姓纂·十六蒸》載：「衛康叔支子，為周『凌人』。子孫以官為氏。《吳志》有都督凌統。晉有凌嵩。凌統世居餘杭，八代孫嵩，廣陵太守。貞元都官員外凌準，云其後也。唐魏王文學凌敬，云統後，世居鄭州。」

從上述的種種文獻總結來看，凌氏最初是源自姬氏，其初祖為周文王的兒子姬封，姬封為「衛康公」，他的兒子任職「凌人」，因此後人「以官為氏」，所以便有了凌姓的族群。這凌氏自西周起世世代代相傳至今，史稱「凌氏正宗」，即是對「凌氏」淵源的明確認定。「凌氏正宗」四字，是從宗族的本始、根源而言；若從宗族的地域、聲譽而言，則有所謂「郡望」。

元嶺凌氏宗祠的堂聯是「河間世澤、龍海家聲」。河間、龍海到底有甚麼意義，那就要從「郡望」來作說明了。

郡望，就是一郡中之名門望族。《千家姓》載：「凌，河間族」。凌氏，原來是河間郡的望族。河間，就是地域；望，就是一族的聲望、名望。

河間，本是戰國時期趙國的領地，位處河北省中部而東趨渤海。到西漢時，是郡國之名，漢景帝二年（前 155 年），封皇子劉德為河間王，復置河間國。到漢武帝元朔三年（前 126 年），推恩置旁光、距陽、蔞、阿武、參戶、州鄉、平城、廣、蓋胥等九個侯國，別屬魏郡、勃海郡等鄰郡；元朔四年（前 125 年），推恩置重侯國，別屬平原郡。後推恩置瀋陽侯國，別屬勃海郡。可見「河間」的地域，以推恩廣拓，相關的領地很大，而且與勃海郡關係密切。

東漢建武七年（31 年），封西漢末河間王之子劉邵為河間王。和帝永元二年（90 年），封劉開為河間王，分樂成國、勃海郡、涿郡，復置河間國，領十二縣，這時的河間國幅員也不少。

因此，河間、勃海（後稱渤海）二郡關係密切，而凌氏亦同為河間、渤海二郡的望族。

至於，渤海和龍海，蓋有相關之處。龍海，乃指今延吉、和龍、圖們一帶之地，與北朝鮮接壤，亦臨渤海的北面。自 1980 年以來，考古學者在龍海發現了十多座古代葬墓。

在該地域的龍頭山，其古墓群的分佈範圍約 600 平方米，由北至南分為龍湖墓區、龍海墓區和石國墓區，其中在龍海墓區西北最高處的貞孝公主墓，即當年渤海國所在。而墓內壁畫是目前保存最完整的渤海國壁畫。因此，渤海與龍海聯稱，甚至將渤海稱為「龍海」，這是可以理解的。

查凌氏家族的總堂號為「聖仁堂」：蓋以「堯禪於舜，舜禪於禹，以聖明仁義而正得天下」，為本義所在也。而渤海堂、河間堂，都是「以『望』立堂」，即以望族立其堂號也。其他，如伐冰堂，在江蘇，那是以「凌人」之官為堂號；還有立德堂、積善堂等，這都是以其先祖之訓示或特別的道德誡範而作為堂號的。

元嶺凌氏宗祠的堂聯：「河間世澤，龍海家聲」，大抵以郡望為堂號，故有這樣的堂聯。

這次與凌女士交談，說到香港凌氏這一支，其祖宗可追及明初永樂時期的凌吉公。據凌子鎏先生所編的資料，稱凌吉公為龍南人，又作龍陽人。龍南在今日江西南部，屬贛州市所管轄。這與「龍海」恐怕沒有甚麼關係。如果凌吉公是龍陽人士，那「龍海」二字就可有另具深義了。

「龍陽」在湖南，現稱「漢壽」。它在常德市之東，瀕洞庭湖。

龍陽因近洞庭而稱龍海，理可接受。龍陽近湖，可稱「龍湖」，但據聯法，「龍湖家聲」四字皆作平聲，失聲調之美（龍陽二字亦屬平聲）；且上聯「河間」已是兩字平聲，「間」字所對，必須用仄聲字，所以「龍湖」易作「龍海」，亦甚應該。而堂聯所作，「河間」以郡望稱之，那是以兩漢以來世世代代流澤馨香而譽之；而「龍海」，則以凌吉公為另支祖宗派出之始肇，稱其籍屬之地，以作推崇，所以有「龍海家聲」的追擬。

因此，「龍海」或指郡望，或指凌吉公之本籍，二說皆有其義也。又，遍查內地各地凌氏宗祠，全不見有用「龍海」作堂聯或堂號的，稱「龍海」的，只有元嶺鄉凌氏這一支；而元嶺凌氏的堂號是運勝堂，可見這堂號是依凌運盛公之名而定的，由運盛公上溯，則以元末南遷的凌吉公為初祖，而凌吉公是龍陽人，所以堂聯作「龍海家聲」，想必自推崇凌公所致。

附錄三：
凌氏家族實用文冊範本

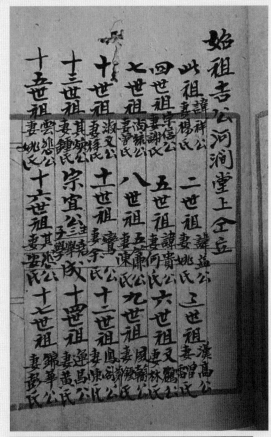

凌氏家譜抄本中之一頁（凌慧琼女士提供）

凌氏家族自清代以來，都重視兒孫的識字及教學。凌女士帶來兩本清末（一同治、一光緒）年間手抄的「書信」、「應對」的實用文冊子。那手抄的字體，全為端莊正楷，一絲不苟。內容甚多尊稱、自稱的對應稱呼，禮敬之道十足。其中各種實用書柬、契約賀辭、便條禮祝，婚娶禮法，喪葬禮儀等等，莫不示以範式，定作規模。這裡選錄一些別具意義的，顯其歷史意義，並供參閱、考研。（以下是原文照錄）：

如**婚嫁時的梳頭、箆髮：**

一梳二梳三梳，梳起鴛鴦配鳳凰。此日關雎歌四句，他年麟趾喜三多。

一箆二箆三箆，箆好迎妻百年新。今夜洞房花燭後，夫婦偕老結同心。

如**婚嫁前男家納采書式：**

忝眷弟某某（姓名）頓首拜

敬啟

大德望△翁老親翁老先生夫人門下

　伏望

尊慈不棄寒陋 曲從媒議 許以

　令（長、次）嬡作配僕之（長、次）男某某，茲

　遵成典 敬筮良辰 用修納采之敬 以定寫百年之盟

所有菲儀 昂如禮目

　伏惟

親慈俯賜

鑑納不宣

龍飛光緒某年歲次某月穀旦 某某頓首

　　其禮目書納采之敬

女家復（覆）回納采啟式：

　　伏承

尊慈不棄寒陋 過聽媒言 擇僕之（長、次）女作配

　　令嗣 茲當納采 更辱

　　盛儀 永偕伉儷之盟 愧乏瓊瑤之報 所有庚帖菲儀 具如禮目

　　伏惟

親慈俯賜

鑑念不宣

　　　　　　　　龍飛光緒某年歲次某月穀旦 某某頓首

　　　　　　　　　其禮目書旋音之敬

立婚領書：（這是將孀婦嫁出取錢的契約）

　　立主婚領人△△。先年有（弟、兄、侄）XX 於某某年不幸身故，遺下有（弟婦、兄嫂、侄媳）X 氏，生有幼男女（幾）人，極欲孀守，奈家食不足此，家貧無措，難以終養。今憑媒某某，放於 XX，配合成婚，當日方禮。若就日娶之，禮金四百，並無反悔，恐口無憑，立數存照。

　　　　　　　　　　　　　　　　代筆人 XXX

　　　　　　　　　　　　　　　　請中人 XXX

立賣小兒契式：

　　立賣小兒契人△△（姓名），妻△氏。因家中絕糧，飢餓難

當，生借無門，夫妻酌議，情願託請中人 XX，將某某弟、某某子，賣過與 OO（姓名）管理。當日三面言明，即補乳銀 X 百元，當日全交與△△、妻△氏，以應口糧之急。所予錢銀並無短少，亦無貸債。現將其子交與 OO 管理，△姓叔侄人等，不得異說生端，藉詞反悔。乃念二家允意，兩無迫勒，恐口無憑，立賣小兒契一紙，交執為據。

在場 △△

作中 X X

XXX 代筆

光緒二十年十月十五日立賣小兒△△（姓名）、△氏，叔侄△△等同示存照

學手藝投師帖式：

立投師人△△，茲今特來投到 X 老師，習學 ## 手藝，是日二面言定，依三年滿限，自當備酬師銀 N 圓。自投師之後，全賴老師盡心教訓，不得隱藏吝教；徒弟亦不敢忘師梟師，若△△不遵師教，懶惰學習，遊蕩偷閒，自誤終身，任師者責罰，不敢怨言。恐口無憑，立投師帖字存照。

在場見證人 XX

△△代筆人 XX

年 月 日 立

（按：梟，《說文解字·木部》：「梟，不孝鳥也。」梟師，即對師不孝。）

買僕契式：

立賣（兒女、男／女，姓名）。今親生有（男／女），年方（幾）

歲，名喚△△，茲因家貧，難以度活，託請媒人某某，送與 OO 兄台為義（男／女），即日領到身價銀 N 圓正，是日銀契一色交足與 YY（賣主）親手接回應用，其（男／女）亦即日交與 OO，撫養為僕，任從使喚，不得私逃。若有私逃，亦要親生爺娘跟尋送回。倘有風雨不測，各安天命，不得干涉。買主今欲有憑，立賣（男／女）字存照。

媒人 XXX

代筆 XXX

在場見證人 某某某

年 月 日 　立

承耕田佃耕帖式：

立領承耕字 佃人△△。今因無田耕種，自到田主 XX 名下，批得土名 N 處田。種幾斗幾石，面議定計納。風淨乾谷，幾斗幾石，依兩家交收，升斗不得少稍欠。時年豐荒，不得增減。若遇水旱時年，請田主臨田採驗均分。如有荒蕪田地，照租賠還，恐口無憑，立領承耕田字存照

年 月 　日 　佃人△△立領

　　上述的八款文字範式，既曉教凌氏家族之家主同儕、理事專人、孩童後學等；亦見清末港穗一帶某種生活文化的小節，其反映之處或許只是一管之微，但投射空間卻很廣闊，治史專家與治人類學者，實可細加研究。

附錄四：
河間凌氏（元嶺鄉）族譜（節錄）及說明

凌氏的祖墳（凌慧琼女士提供）

　　按：元嶺鄉凌氏家族，可溯源至明初永樂年間的凌吉。凌吉，字文學，龍南人(一作龍陽人)。明永樂中歷刑部郎中。庶獄明允，執法不阿，為時所稱。（據《萬姓統譜》，轉見凌子鋆編《凌氏歷代名賢錄》。凌氏宗親會出版。1956年1月初版。）

　　自明初，河間堂列代祖先衍排如下：(其中按語，即為「說明」所在，漢揚謹識。)

始　祖：凌吉公諱祥，妻楊氏。

二世祖：益公，妻姚氏。

三世祖：漢高公，妻曾氏、雷氏。

四世祖：宗信公，妻謝氏。

五世祖：貴公，妻何氏。

六世祖：文鶴公，妻林氏。

七世祖：尚統公，妻曾氏。

八世祖：五簾公，妻陳氏。

九世祖：風翰公，妻鍾氏、鄭氏。

十世祖：淑文公，妻徐氏。

十一世祖：鸞公，妻余氏。

十二世祖：鳳閣公，妻陳氏。

十三世祖：其煥公，妻鍾氏。又，宗宜公，生三子，堯成、舉成、學成。

十四世祖：運昌公，妻黃氏。

十五世祖：雲悲公，妻姚氏。

十六世祖：其悲公，妻安氏。（按：雲悲、其悲父子俱名「悲」，或有誤。）

十七世祖：錦華公，妻彭氏。

（按：凌公錦華，最遲應於清道光年間，南來香港九龍，為南遷香港凌氏之本祖。）

此祖錦華公（按：抄本缺「華」字，今補上），原係淡水，移居到來九龍街立業。（按：「街」，市集的意思。現在我們廣東還有「街市」這個詞彙，「九龍街」，就是九龍市集，並非九龍某街道。據《呂氏春秋·不苟》有「公孫枝徙，自敷於街」之句，這「街」，就是「市」的意思。）

錦華公後至生三子，運盛、運富、運貴，已長大之時，然後

各礼（禮）其業。（按：礼，古禮字，禮者履也，禮其業，即履其業。）

　　運盛公是錦華公之長子，運富為次子、運貴公為三子。錦華公葬在九龍義凹路下座東北，向西南。「丑」山「未」向，兼「艮」、「坤」分金。（按：分金，是風水之常用術語，用來確定、說明墳塋的座向。堪輿家以六十甲子分配五行，再各分其半，成一百二十方位，如「甲子」以一「金」分為二，「丙子」以一「水」分為二之類；因「金」為五行之首，所以稱為「分金」。這裡「丑」、「未」、「艮」、「坤」都是指墳塋所在的方位。以八卦方位計算，「艮」屬東北位置；「坤」屬西南位置，所以座東北向西南，稱『『艮』、『坤』分金』。以十二地支方位計算，「丑」屬東北偏北；「未」屬西南偏南。於此，再定以較精確的方位，那座「東北」，是東北偏北，那「西南」向是西南偏南，所以稱『『丑』山『未』向」。）

　　彭氏孺人，是錦華公之妣，葬在九龍義凹路下，與錦華公相連，座東北，向西南。「丑」山「未」向，兼「艮」、「坤」分金。因己亥年光緒廿五年七月十一丙辰日、辰時，泛（從）巽辰方興工，申時迎金進葬。是家先生主持選。〔按：孺人本指士大夫、官家的妻子，今為尊稱。妣，本指歿母也，彭氏為錦華公之妻，未宜稱「妣」，或以彭氏身為人母而歿，故稱之。又迎金進葬，表示再次改葬，所以請了專人（家先生）選定年月時辰執行。「金」，是骸骨。廣東葬殮，先作完屍入葬，後有「執骨」，改葬金塔。「執骨」又稱「執金」，「金塔」，即是「骨塔」。光緒廿五年，是 1899 年，那比彭氏兒子運盛公的葬於咸豐五年（1855），遲了四十四年，可見這是再以骨殖改葬。或彭氏初葬不在丈夫錦華公墓葬附近，所以須擇日再行改葬。〕

　　十八世祖，運盛公，妻陳氏。生五子，維漢、維高、維大、維璋、維祥。運盛公後遷移至山寮（垇名）河木浪，因火焚茅屋，然後遷回九龍城下園（圓）嶺村立業，大展鴻圖；運富、運貴二公則在九龍鶴佬村立業。（按：垇，音恰，地名。）

運盛公葬在山寮河木浪田面上，座東（按：下有闕文，應是方位的詳細記載）。

陳氏孺人，是運盛公之妣（妻），葬在九龍義凹路下竹園背向橋面上，座北向南。子山向午，兼癸丁分金。（按：運盛公與妻陳氏分葬兩地，所以在鑽石山北的運盛公墓不是與陳氏的合葬墓，而陳氏墓亦不在運盛公墳塋附近。）

〔按：運盛公原居於九龍市集，後遷至山寮，因火燒毀居所，於是由山寮木浪向西南遷移至九龍城外的園（圓）嶺村，然後大展鴻圖，立業安居。運盛公於咸豐五年乙卯（1855）卜葬於山寮村。這個祖墳現在仍在鑽石山火葬場北，凌氏家族每年清明，仍會到來掃墓拜祭。這個祖墳清磚灰砌，斑駁漫漶，幸而年年仍有後人拜望，碑字三行，尚可辨讀。這三行字上題年月，即：咸豐乙卯歲季秋月吉日重修。中尊祖諱，即：清顯考諱運盛凌公府君之墓。下列眾子孫，即：祀（祧）男維漢、高、大、璋、祥　孫中業、喜業、裕業、志業、錦業等同立。族譜所稱山寮，這個地名在舊時新界頗常見，如大埔汀角道附近有山寮村，西貢沙角尾村附近也有山寮村。這裡所載的山寮河，當為元嶺北面，南山尾村的石澗所出。南山尾村現今仍有破落的遺址，我的同學曾繁沛就曾住在這裡。山寮之名甚普通，故族譜有「坌名」（即地名）作說明。以運盛公葬於咸豐五年，則他應在道光中葉，最遲末葉，即已住在元嶺鄉了。查運盛公由山寮河附近因火災而遷赴西南方的元嶺，即由今天大老山隧道東北麓的南山尾南遷至下元嶺，即近彩虹道旁。現在石澗猶存，而溪河無覓，大老山隧道左側還有一座貯水庫，或許就是當年溪河歸注之所，有了貯水庫，山寮河就給截斷而枯涸，現在的地圖已無法找到任何河流的蹤影了。〕

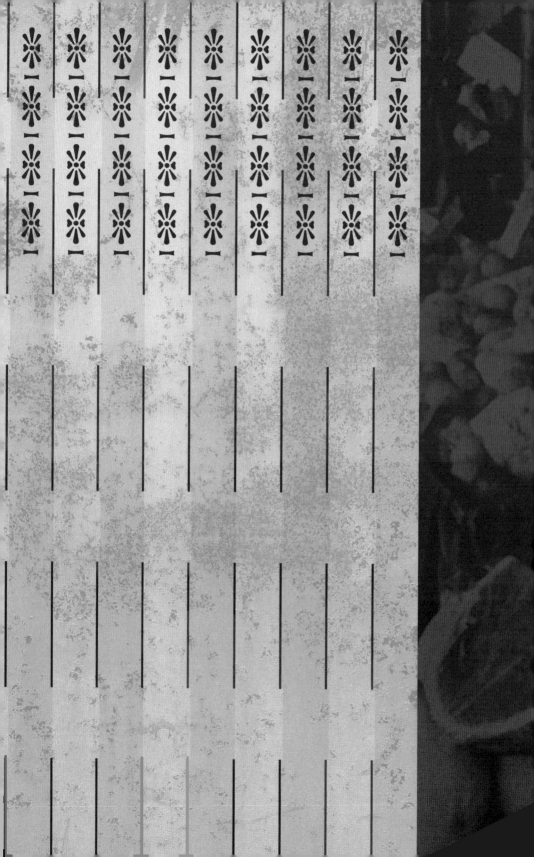

第二折 ‧

可驚可愕的事

鑽石山：「打風啦！」

颱風，是天災。

上世紀六十年代風災接踵，年年「打風」。颱風肆虐，「雌」威猛發，如瑪麗（60年）、愛麗斯（61年）、溫黛（62年）、露比、黛蒂（皆在64年）、雪麗（68年），都以超級颱風的氣勢壓港，天文台都掛上了十號風球。其他還有莎莉、艾黛、嘉麗、芸妮、喬治亞、維奧娜，紛紛過訪，魚肉多方。鑽石山寮屋密集，慘遭蹂躪，斷樹摧枝，毀屋拆舍，苦不堪言。

鑽石山遇上「打風」，只要三號風球一掛，街市就很熱鬧，主婦家僕們，餸籃一挽，就急步前往；持家男人，懂事娃童，也隻身就道，亂紛紛、熱烘烘的，街市人潮湧疊如海如山。買菜買肉，雜遝喧囂；罐頭熟食，貨轉急輪。他如木板鐵釘，有人荷肩喝道；蠟燭火水，亦有人防備不時。整個商市，人多時急，坊眾惶惶，擾攘之間，大家都不排隊，無秩序，可是人人皆有所得，種種風前準備，似乎要在短時間內就一概解決。風過後，「力生號」生意興隆，主舖分店，人流不斷，建築材料，日內售罄；「華清池」外，「鑽石路」旁的「華昌木園」也求「材」若渴，夾板木方，肩擔手托，以至門外足連踵接，處處泥濘。世伯林逢先生，是澆瀝青、鋪屋頂的能手，更是分身不暇。「打風啦！」鑽石山的坊眾，誠惶誠恐，惴慄不安，姑且硬着頭皮，憮然面對。

1962年8月31日（星期五），我正準備小學四年級的開學，颱風溫黛（Typhoon Wanda）來了。

當日下午 4 時 10 分，天文台掛上三號強風信號，風吹西北，雨勢疏勁，警示在眉。入黑之後，她就條臨逞威。氣壓很低，家中的貓狗，耳朵不停擺動，不哼一聲。風刃自門縫躥入，房中地板上風陣連綿，捲起紙張，久久不能下地。

　　電，停了。汽燈的光在房中搖曳，把人影照得或長或短，掛在牆上的時辰鐘，擺鉈似乎也快了。惶恐，兄弟四人，哆嗦在祖父母的床上，不敢入睡。床旁有小窗西向，風從窗縫鑽入，濕的。11 時左右，天文台改掛 7 號風球 [38]，風吹東北。嘩啦啦的，鋅鐵屋皮，像敲打爛鑼破鐵，被風吹得慘叫不絕。間中叮零咚隆，好像是鍚盤瓦碟，「血滴子」般被祭起，往這邊摔，向那邊滾，破金屬之聲，殺入耳朵，像催魂鈴。家的大門，角鐵厚錫所造，這時像有百拳千手在門面猛錘，響了一陣又一陣，我不敢哭，只是握着拳頭，聽着風聲在屋外叫囂。西窗小小，玻璃上一時貼些竹葉，一時貼些桐掌，鳳凰木的么葉，小小的一點，以為可以久貼濕玻璃，誰料一陣強風，剃鬚刀一樣的一颳，剛貼的一下子就颳走，又換來另一批碎葉。祖父、祖母，爸爸、媽媽，大家都沒有話說，唯是祖母自言自語，口中唸唸有詞，但不知在說些甚麼。在風聲裡，間或有一兩聲人的呼喊，那就是最恐怖的、最可怕的。風吹溫黛的一夜，是我首次「吃驚風散」而不知如何是好的一夜。牆架上的「麗的呼聲」早已絕電無聲，無線電收音機沙沙發響，隱隱約約地每隔一段短時間就廣播着風暴消息。夜深，可能是凌晨的一時或二時，我覺得風就在耳邊

38　編按：香港天文台於 1973 年把五至八號風球合併成現在的八號烈風或暴風信號。根據紀錄，天文台最後一次懸掛七號風球為 1972 年。目前已停用的熱帶氣旋警告訊號分別為二號風球（1934 年取消）、四號風球（1934 年取消）、五號風球（最後一次懸掛為 1971 年）、六號風球（最後一次懸掛為 1971 年）、七號風球。

吹着，嗚嗚的像鬼夜哭，整個世界都讓溫黛這個風魔在蹂躪，任何人都不能保護我。

最後，我還是抵不住疲累，睡去了。9月1日7時許醒來，天文台已掛了10號風球，西窗震動，那片玻璃彷彿一口小針就可以刺破。我家是磚木結構，泥磚龍虎牆、木板作間隔，磚緊咬着木，拼命掙扎求存，瀝青紙的屋頂每分每秒都在破裂邊緣，颶風瘋狂地搖撼着整個家宅，屋旁的石栗樹左搖右擺，似乎也要拔足而逃，家中天井，既有石栗的殘葉栗果，還有雞蛋花的長葉，也有更長的棕櫚樹葉，夾竹桃的殘花斷幹，鳳凰木的碎葉連枝，嘩，亂糟糟的如一個慘烈的戰場，看了就怕，見着會哭。

不久，母親勇敢地戴上草笠，穿過天井，到廚房生火煮粥，大家就安定下來。

然而，狂風突然猛烈一颳，兩隻耳朵馬上失聰，頓時嚇個面無人色，以為風真可以把人颳聾刺瞎，此時我與大哥面面相覷，指着自己的耳朵，高聲呼喊：「我對耳塞實，聽唔到嘢！」此時颱風溫黛就在尖沙咀天文台以南約20公里，簡直就是風臨城下，整個香港都在風的搖撼中，虐殺裡。

據天文台稱，當日上午11時30分，溫黛的風眼就在長洲的上空，較早前維多利亞港的每小時平均風速達133公里，最高陣風紀錄是每小時259公里，而大老山的陣風更高達每小時284公里，我們的元嶺就在大老山下。

到了下午2時15分，天文台改掛六號西南烈風信號。溫黛已在香港以西約60公里處，裙裾潑辣的風尾，仍然捆綁着鑽石山，西面的街巷，處處當風，我家也在守着破與未破之間最後的一個時刻，陣風過處，舉家又顫抖抖地熬了過去。祖母突然高聲唸着「老爺保祐、老爺保祐」，合十向四面猛拜。這時，我們面對溫黛的餘

威，幾乎要跪下來向蒼天乞拜。

兩天後，報章上有了這場災劫後的數字統計：死亡人數 183、
受傷人數 388，另有 108 人失蹤，大約 7 萬 2 千人無家可歸。在本
港水域內的 2 萬 287 艘船艇中，有 726 艘失事，571 艘沉沒，756
艘受損。在 132 艘的遠洋船中，有 24 艘被沖走，12 艘撞毀了。溫
黛大肆蹂躪沙田海一帶，照片所見，沙田東岸，陳屍遍野，觸目驚
心。沙田一帶傷亡慘重，教萬佛寺如何超渡，道風山怎樣撫慰？

唉！溫黛，可怕！

風，繼續吹。

1964 年，有五個烈風級以上的颱風襲港，先是颱風維奧娜
（Typhoon Viola），她在 5 月 28 日早上九時最接近香港，天文台掛了
七號風球，數小時後改掛八號風球；

其次是八月八日的艾黛（Typhoon Ida），她是超級颱風，八日
晚上 9 時掛九號暴風信號；

再而是九月五號的露比（Typhoon Ruby），她也是超級颱風，在
當日的夏令時間上午 11 時 40 分，天文台掛了十號颶風信號；

緊接的超級颱風是莎莉（Typhoon Sally），她在九月十日蒞港，
在早上 10 時 30 分懸掛了七號風球；

最後是颱風黛蒂（Typhoon Dot），她在十月十三日襲港，天文
台在當日上午 4 時正，送來了十號風球。

五位風姐，以露比最為狠辣。她來港的前夕，天氣苦熱難熬，
黃昏時竟有雷光電影在天邊閃爍，祖父和祖母都說：「啊！不要怕
了，有了『雷公動，不會起大風。』」這說法是清代南澳漁民歷遇颱
風的經驗總結，祖父、祖母早在光緒年間就懂得「雷動風怠」的徵
兆。這說法由潮汕傳到香港，由清代傳到上世紀六十年代，算是到
了今天（2020 年的初夏），這個說法仍有八成以上的準確性，大家不

妨記住「雷公動，無颱風」的六字真言，往後也可以聊作風暴預測之用。當天文台掛了一號風球，如果有行雷閃電的天象，那麼，我們就不要妄想有打風假期了。

但，露比狠辣就在於雷響了，她還是要來，這對祖父、母和我們來說，就有點出乎意料之外。溫黛的懾魂奪魄在深夜，露比的驚心震懾在白天，那天近午，天文台就改掛十號風球。在鑽石山，她吹斷懸空電線，颱斷電話線路。扯斷電線時，火花濺出，方生方滅，滅而即生，一如另類閃電；電線在空中飛舞，辟辟拍拍，像長長的爆竹，響着風暴的耳光，潑向無助的寮屋，險象橫生。家中的石栗，搖擺無定，偶而聽見「嘞」的一聲，接着隆然一響，屋頂震顫，這是樹枝斷了，倒在屋頂上的巨響。露比鋒利兇蠻，狠勁如鋸如斧，整個元嶺沒有一塊招牌敢明目張膽挺身挑戰。露比帶來的暴雨，打得整個寮屋區都抬不起頭來，所有屋頂都濺起雨煙；家內的中間房漏水了，盤盤砵砵，就端出來盛水，水漏如注，終天不絕。風在屋外叫囂，也在屋內叫囂，「呼 — 夭」的聲響壓入耳鼓，扯動着人的神經，整家自祖父母到四弟，人人都很緊張，五弟才歲餘，不知「打風」是甚麼的一回事，安安穩穩的站在木頭車裡，不時叫嚷嚷。下午，露比風吹西南，我家的鋅門遭露比叩縫而響，風和金屬的相互挫擊，就像兩隻蠻牛在角力。空中，有衣服在飛，有鋅鐵片在飛，有木板在飛，大小可「飛」之物，似乎都躍躍欲飛，而且越飛越大片。近鄰的花園，夾竹桃像瘋婦拂水髮，樹椏擺動成狂，沒有一刻靜止，日前開得正盛的粉紅色花簇，早就不知去向。在風雨裡，吃過晚飯，風就彷彿靜了點，但燈火明滅無時，華園路家家戶戶仍閉門自禁，沒有人敢出來走動走動。晚上九時許，天文台改掛三號風球，露比已掉了頭，要走了。翌晨出門，華園路大致原貌尚存，一出聯誼路，則滿目瘡痍，有一半路面堆着黃沙，樹枝樹葉，鋪個滿

地，總督香煙的廣告牌，福利會「平安小姐」街招躺在路尾，祥興米舖的招牌扯掉了一半。天，彷彿一下子光亮得多，因為很多樹木的枝葉都給颳光了，所有樹影幾乎全部報銷。

我曾回到「志蓮學校」一走，只見操場石砌講台外的聯排竹樹，東歪西倒，清減了很多，校舍頂那半圓形的牌額，上有「志蓮學校」四字，如今給吹塌了，老師、同學們都不勝驚愕，幸而課室無損，未礙課堂。

露比進襲鑽石山，所有當風居高之處，不無破損；而低窪隱矮之地，則水浸難逃。

查看紀錄，當年露比的平均風速為每小時 111 公里，而最高陣風則為每小時 226 公里。大老山的最高風速，則為 268 公里。而「志蓮義學」就在大老山側，難怪校舍頂上那面南的牌額，受挫於風力，倒了。

據報道，因風向所關，露比在長洲破壞嚴重，颱風過處，毀屋數十，二百多名居民無家可歸。至於低窪的木屋區，約二百多間木屋牆破頂揭，甚至完全吹塌倒毀，另計無家可歸者 239 人，其中當然包括鑽石山區。而傷亡數字，則為 38 人死，300 人傷，失蹤者 14 人。

露比襲港時，還有關於傳遞奧林匹克聖火儀式的事值得一提。

1964 年是奧運會在日本東京舉行之年。奧運聖火在 1964 年 8 月 21 日於希臘的奧林匹亞開始傳遞東行，經過的城市包括：伊斯坦布爾、貝魯特、德黑蘭、新德里、仰光、曼谷、吉隆坡、馬尼拉、香港、台北，琉球，並以東京為終點。

當年香港傳遞聖火的八位運動員代表為：F. X. Monteiro（游泳）、Lionel H. Guterres（曲棍球）、P. M. Mike Field（田徑）、William Hill（田徑）、Reginald Dos Remedios（射擊）、John M. Park（賽

艇)、張乾文(游泳)、Peter A Rull(射擊)、R. Alan Stevens(賽艇)、郭錦雄(游泳)、Patrick Gardner(曲棍球)、羅漢北(拳擊)、朱明(田徑)、陸經緯(游泳)及蘇錦棠(田徑)。當年，我曾視羅漢北和蘇錦棠二位為我的運動偶像。

聖火在 1964 年 9 月 4 日傍晚 6 時抵港，當時天文台已掛了一號風球十二個小時之久，聖火下機，有專人持傘掩護，謹慎異常。

聖火傳遞，自啟德機場出發，經土瓜灣道、漆咸道至尖沙咀公共碼頭，然後以皇家遊艇過海至中環皇后碼頭登岸，最後傳遞至香港大會堂音樂廳，沿途不少市民冒雨夾道歡迎，傘影婆娑，綿延無盡，整個傳遞過程都在斜風細雨中，火炬遇雨，連連冒煙，火炬手如擎煙棒而跑，焰煙如長龍上下躍動，煞是好看。是晚，聖火「留宿」在香港大會堂。

誰料，翌日早上七時，天文台改掛七號風球，上午 11 時，聖火只能按原路線反方向運至啟德機場，運動員接力傳遞有險，給取消了。當日上午 11 時 40 分天文台懸掛十號風球，下午 1 時 45 分，聖火就在露比十號風球的雌威裡離開香港。

六十年代有兩位叫維奧娜的風姐(Typhoon Viola)訪港。

先一位，是在 1964 年 5 月 27、28 日進襲香港的。颱風來時，天文台在 27 日晚上掛了七號風球，這位維奧娜在當日深夜改掛八號風球時，把我家一半屋頂的瀝青紙揭走了。這是我家經歷多個颱風以來，唯一一次遭風姐揭去屋頂的狼狽經歷。幸而，那一半屋頂不蓋在房間住處，而在客廳、廊道之頂，吃飯固然不便，但晚睡仍可安枕。

另一位風姐是告別上世紀六十年代維奧娜。

1969 年 7 月，這個維奧娜襲港，據 7 月 26 日的數據，她的風速每小時達 230 公里，屬於超強颱風的級別。7 月 27 日，她就盤踞

在南中國海，輾轉北移，漸漸靠近香港。說也奇怪，維奧娜愈接近陸地，風眼愈不明顯，看來是在減弱中。27 日當晚 9 時 45 分，天文台懸掛了三號強風信號，7 月 28 日早上，天文台預計維奧娜會迅速減弱，於是在中午 12 時除下所有熱帶氣旋警告。然而，維奧娜不甘雌伏，她的風力仍維持在烈風水平，而且在黃昏時正式進襲香港，天文台因此又直接掛上三號風球，不久又錯誤地掛上八號風球，半小時後才更正，結果弄至交通大亂，船隻停航，碼頭乘客人頭湧湧，怨聲載天。

兩位維奧娜姐姐，都是颱風裡的小波瀾，卻各具特色，在我腦海裡自有難忘的一頁。

說到「打風」，不能不說 1978 年 7 月 26 日至 29 日那場奇情、怪特的風雨。

這位姐風算不上潑辣、刁蠻，她叫愛娜斯（Tropical Storm Agnes），她只屬熱帶風暴，不是颱風，更非超級颱風那個級數。

說她奇情怪特，因為她是一個來了又去、去了又來，頑皮好玩的風姐姐，而且「玩」得很刁鑽。

告訴各位看官，我與老婆大人結婚之日，剛巧就在愛娜斯來了又去，去了又來的中間的那一天，即 1978 年 7 月 28 日。

7 月 24 日（星期一），香港天氣陰晴不定，又熱又濕。翌日（7 月 25 日）上午 7 時 30 分，天文台懸掛一號戒備信號，宣告愛娜斯即將來臨。當天，我與得心（未婚太太）到旺角買窗簾，又到洗衣街的「天使新娘禮服攝影公司」試婚紗。當晚，我須回潮州公學英文夜中學工作，忙得很，我負責的是教務行政，是沒有暑假的。晚上十時許回到家來，尚未更衣，天文台就改掛三號風球。

7 月 26 日，風來了。八號東北烈風信號在早上 9 時 15 分就掛上，我整天就望着風風雨雨，不知如何是好。因為，後天就是結婚

吉日，上午九時三十分須到港島銅鑼灣裁判司署的婚姻註冊署舉行婚禮，晚上在旺角的新觀酒樓歡宴親朋，婚訊已早傳，喜帖已廣發，面對愛娜斯這麼攔途一闖，真使我倆擔憂不已。

7月26日，下午甫過，風向竟轉南面而吹，難道愛娜斯快要走了。下午3時45分，天文台果然改掛八號東南烈風信號，啊，雖然只是一點輕微的改變，心內也就有了希望，大喜訊息或許已露端倪，一切盡須聽天由命，自己也深信老天爺會待我不薄的。

7月27日下午1時30分，天文台就改掛三號強風信號。嘩，此際正如梁啟超先生所說：「心上的石頭落了地。」

7月28日三號風球仍然懸掛，愛娜斯小姐移玉西走，過了新會、台山的海面，直趨陽春那邊去，似乎愈走愈遠了，上午八時，愛娜斯已在香港西面312公里外的南中國海。當日，六時正我就起床，一切就如先前籌劃所定，七時許花車已到了聯誼路，那是平治的三行位大車，我和三弟、四弟往黃大仙接了得心，行禮斟茶之事，無庸細述。上午九時零八分已抵銅鑼灣婚姻註冊署。二時回門，三時回新居小休，晚赴新觀酒樓大宴親朋，十一時三十分才回到新居的家來。

7月28日，整個結婚過程都在三號風球的風雨裡。

當日晚上八時，我們還在婚宴祝杯之際，愛娜斯竟然從茂名、電白對開的南海拐個大彎，轉頭向東而趨，她又回來了。幸而，那時天文台仍懸着三號風球，若愛姑娘急步而返，天文台來一個烈風信號，那麼，百計親朋，將風困新觀，狼狽之狀，實在不敢想像。

7月29日的凌晨，愛娜斯已在上、下川島以南的地方；下午二時左右，愛小姐已慢慢趨近澳門南面海域，下午5時25分天文台改懸八號東北烈風信號，而且因取道東北偏東的方面而來，愛娜斯會更接近香港。7月30日上午2時30分，天文台改掛八號西北烈

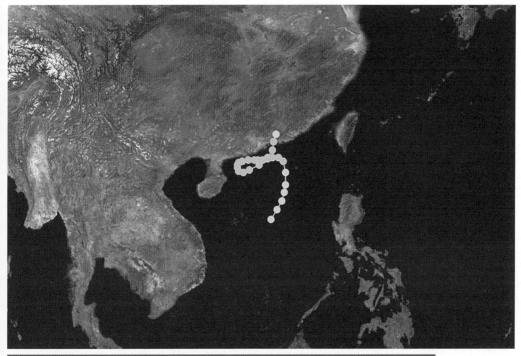

1978年7月26日至29日，風姐愛娜斯（Tropical Storm Agnes）路線圖。

風信號，這時愛娜斯在香港東北約 60 公里，此時，她最接近香港；兩小時後，天文台改掛八號西南烈風信號，表示愛小姐開始離開我們。30 日早上 7 時 10 分，天文台改掛 3 號風球，愛娜斯在汕尾登陸，直趨陸豐、普寧消散而去。愛娜斯令香港天文台四日內兩度掛起八號風球，這是香港颱風史上唯一的一次，所以說她奇特；而她予我與得心的婚禮十足臉子，把我們憂嚇了，又把我們逗弄了，所以說她奇情。

鑽石山的颱風故事甚多，不能一一細道，在此只能選其一二珍而罕者說說。大家不妨想像一下，倘若颱風山竹襲港而鑽石山尚未遷拆，情況會怎樣？風的悲劇，不宜重演，縱然寮屋已成歷史，但颱風襲港未變，「打風啦！」大家還須小心。

鑽石山：「水浸啦！」

　　鑽石山整區的地形，是北面、中央稍高而向南平走的微斜格局，不論天雨的水、區內山坑的水，都會向南傾注，如果沒有阻攔，一般都會流入當時的九龍灣，這是一種自然而必然的流向，但是有了民居，有了明渠暗道，那水就會依着坑道走，當然其出口，還是九龍灣。倘若渠道堆積垃圾、穢物日久而水流不足以排走，那麼渠水就會湧出路面，淹浸民房。在上世紀五十年代，民居結聚較疏，渠道通暢，鮮聞「水浸」之事，到了六十年代，問題就出現了。

　　鑽石山水浸之患，可有三種現象：

　　其一，是農場路內那坑渠，穢物積壓日久，降雨連綿，就會自「人和堂」與「森記水果」間的小路，洶湧而出，打橫攔截聯誼路。由於穢物多，積聚久，水成黑色，「烏江」一道，直向「同慶茶樓」、「聯合士多」湧去，我家「藝光號」比貼同慶，不受正面衝擊，卻有株連之患。這種污水攔路的情況，每以滂沱大雨時見之。

　　另一，是颱風急雨，吹撼元嶺山麓，山面被風雨侵擊，黃泥沙石崩塌，順水勢而南走，沿大觀路西側的路面，滾滾南流，「黃河」一樣，推波湧浪而下，聯誼路首當其衝，路面左邊一半洪濤滾滾，作輕微泥石流式的奔馳，最後堆積在聯誼路與彩虹道的交接處，水退後沙石盤踞，整個路面登時增高，清理費時。

　　其三，是聯誼路兩旁的巷里，由於地處低窪，排水較慢，何況垃圾阻渠，一旦「打風落雨」，積水一下子不能迅速排走，水浸就必然出現。巷面積水既多，「深厲」或有誇張，「淺揭」則屬司空慣

見。（深厲，遇水深，涉水而過也。淺揭，遇水淺則提起衣服下襬而過也。）

　　例如，我在 1970 年 5 月 13 日的日記有載：「是日大雨，天空黑漆如堆墨，沒有半點白色，雨水便從黑幕中傾倒下來，狠狠地鞭打着屋脊。我起床的時候，發覺水已浸滿了房外的地方。那水約有三至四吋高。早餐畢，鄰居有自外歸來的，嚷着說：彩虹道水淹厲害，汽車蠕蠕而動，像是水上行舟。」類似的情況，我們見得多了。我住在華園路，是聯誼路的旁支小巷，屬低窪之處，大雨一來，巷面必定水浸，出門麻煩之極。六十年代，我須到黃大仙「孔教大成中學」受業，每當遇到這種水浸，嚴重的，只有「拖鞋」上路，到學校門前的檐蔭下，才換走拖鞋，另着襪、鞋，狼狽一番，才敢入校。如果水深僅二、三吋，則穿皮鞋後，外面再各穿一個膠袋，穿前必須擠走袋內空氣，然後袋口束以橡筋，才可輕步出門。「揭水」時，務須步步檢點，下下小心，否則膠穿袋破，便會盡廢前功。早期，膠袋不外三色，不是紅色、就是白色或黑色，很有「鞋套制服」的感覺。其後則「惠康」較多，及至結婚前，則「百佳」也來個平分春色。膠袋連鞋並走，走得很慢，急也不得，須以「二人三足」的技巧和步速，這樣戰戰兢兢的，一直走到華園路尾，至往機槍堡處，因地勢較高，水浸不到，就可脫去膠袋，爽步而前。啊，還有一點須仔細說說：脫膠袋也須費點工夫，因為雨仍下着，攜傘背包而脫袋，就得在彎腰下俯前，須將書包甩在後背，防其下墜，然後單腿而立，騰出一手，脫左袋則騰右手，去右袋則用左手，傘則或持左、執右相應，不宜一手而脫左、右兩袋，這樣難度較高，且容易失去平衡，地面或有泥濘，易有失足之憾。脫時手腳配合，橡筋宜一手拉斷，如須保存橡筋，就得把它向上推往膝蓋處，然後慢慢脫除膠袋，心急不得，手拙不行。

　　　　　　　　　　　　　　　　元嶺傳奇：鑽石山寮屋區起居注

又 1970 年 6 月 3 日的日記說：「鑽石山大雨滂沱。污水湧出如烏江，我們馬上裝水閘，防止水淹。」我們每遇「烏江」泛濫，就須「落閘」以防，因為當年 5 月 13 日那天的大雨，「『藝光號』舖前的水閘，受不住水的推壓，濁水、泥漿慢慢滲入舖內，所有機器的底部都遭淹浸，幸而沒有大礙。⋯⋯」但清理泥漿，潔淨地面，那就是一項極麻煩、極厭惡的工夫。

甚麼是「水閘」？

鑽石山五、六十年代的店舖，沒有甚麼鋼閘、拉閘之類，店舖關門，全用門板，一塊一塊的趜上。因此，舖門前就須先放一條實木門檻，檻中開坑，以走趜門板，這條門檻可收可放，通常只在收舖時才會放下來，否則有礙來客。

門檻堅實，有利防水，於是我們就得先在地面鋪上四、五層報紙，然後放下門檻，使勁將報紙壓實。門檻太矮，來水容易泛入，於是又須在門檻前，緊貼門檻而另豎一塊長方木板，那就是水閘。門檻前左右兩側，貼牆有兩個水泥坑道，專門容納這塊木板。這塊木板高可 16 吋（40 厘米），厚為 4 分（即吋半）。我們得在水泥坑道先楔入報紙，再在地面鋪上四、五層報紙或布條，然後把木板插入坑道，壓向地面，然後使勁壓打，使其結結實實，這樣水閘便裝好了。那些報紙或布條，遇水後便會澎漲，增加了抗水的張力，我們還得注意水的高度和回蕩力，隨時在門檻後增加報紙，吸走滲入來的潦水。那時，沒有沙包，要防水就只有用這種簡單的水閘。

當大雨滂沱連續約四十五分鐘，那農場路的「烏江」便會放肆泛濫，湧出聯誼路，這條黑色的污水，是有沖擊力的，可以沖跌小童。

它來了，自農場路口湧出成橫斷式的巨流，只在十數秒之間；一旦湧出，就一小時內也不會收減、煞止。

它來了，先是一陣惡臭，翻然湧作，凌空而來。這時，水流只約數吋，路側的石壆尚可抵住，十數秒後，那就是盈尺的巨流，嘩啦啦的洶湧而來，面對「烏江」的店舖就得豎水閘以禦。「同慶茶樓」如是，「聯合士多」也如是，我們「藝光機器」[39]也不能例外，左側的「榮興隆」山貨舖稍遠，就絕少豎閘，甚是幸福。

　　這條污水濁流的闊度，起端處就是農場路路口的闊度，即有四、五呎，然後作長裙般展開，到「同慶茶樓」門外，那就有六、七呎的闊度，大水時則八、九呎亦有之，實在又討厭、又可怕。出入鑽石山，走聯誼路的，一旦遇上它，簡直就是倒楣碰黑，口咒不斷。「烏江」一出，孰敢爭鋒，我們「藝光機器」即可暫停營業，因為沒有生意上門。面對這條「烏江」，我們兄弟無所事事，即便觀察各類行人的種種反應。歸納所得，可有數種：

　　其一，赤膊短褲的販夫壯漢，面對「烏江」，視之如無物，照樣涉水而過，面不改容。

　　其二，年輕矯健者，試圖作跳遠式跨過，但必須經一足蒙污的大難，才能跨過污水；能一躍而過者，不曾見過，若有，則「藝光號」同人，「人和堂」諸君一定「拍爛手掌」，大聲叫絕。

　　至於姑娘小姐，大姑師奶，每每掩鼻擺手，知難而退，或回家待靖，或繞道而行，芳踪迅速消失。

　　最後，要說到西裝革履的斯文人士，他們面對這濁流臭水，有若唐僧遇險，不知所措。強過嘛，怕臭；跨越嘛，不能。結果，還是繞道而走，另尋出路。有些「初來步到」的，人地生疏，那就更苦不堪言，真個是進又不是，退又不甘，逡巡興嘆之餘，只得退入「嘉美冰室」、「金龍餐廳」，打發鬱陶，謀殺時光。

39　　編按：藝光號轉型後經營側重有所不同的店舖。

　　　　　　　　　　　　　　　　元嶺傳奇：鑽石山寮屋區起居注

那麼，汽車呢？

那就要看是甚麼車和司機了。

說也奇怪，當「烏江」出現之後，聯誼路就很少有汽車出入，平治、奧普、福特等高級房車，遇見這樣的濁臭之流，只能來一個「後波」，黯然後退。或許，不少車輛在聯誼路口已見污水滔滔，心知不妙，即便「扭軚」他往。這只是猜測，因為這些年來，我們見得「烏江」出現，就須搬板戒備，怎有機會到聯誼路口細察。然而，來的若是噸半貨車、運貨「Van 仔」之類，那車上的司機，每每汗衣不淨，口叼長煙，真個是豪邁非凡，怎會害怕這趟濁浪污水。既來之，則「駛」之，於是如常奮勇前進。路人若見貨車繼續前進，定必高聲呼籲：「收油！慢駛！」司機聽得喝勸，也必慢駛而前，否則輪輾毒水，濁浪激蕩而來，「森記」、「聯合」，「同慶」、「藝光」一定蒙污受難矣。

污濁湍水說罷，那就說說「水浸」之患。

我家受水浸之苦，莫如 1972 年 5 月 11 日那次的「水災」。

日記寫着：「凌晨 3 時許，天上打了幾個響雷，聲音很大，有如炮轟，我給驚醒了，雨下得正狂，亮燈一看，只見外面的水慢慢湧入。（家中有排水溝渠，以為可以排水。我懶，只管睡，3 時嘛！）5 時，除了我的房間，全屋地面都受了水浸，於是匆匆起來，喚醒三弟，兩人合力將雪櫃抬起，移在矮凳上。（那是 Atlantic 牌的雪櫃，『摩打』就在櫃底附近，不抬上高處，恐怕洩電。當時我和三弟年輕力壯，也可想見。）而外來的水，似乎退了點，但我家已濕漉漉的，可以放『船仔』了。由於天還未亮，不便處理，5 時 30 分，我見雨勢稍減，便回床上休息，誰知方睡了入眼，天上又雷聲大作，而且聲音更大，雨勢又回復 3 時許的瘋狂程度，那時，我的確太累，索性再睡，不理。

「我在床上大約睡了一小時，醒來再開燈一看。天哪！我的房間進了水！

「那水是從地底鑽出來的。高約一吋的水，如泉水湧流出來，而且還有聲音。我慌忙下床，那水已浸至腳面，舉家彷徨無計，因為澤國已成，那水，一時間亦無法疏導。雨仍下着，地底的水也不停的湧着，我只能看着湧出來的水，發愁。……天亮了，雨勢減弱，整個早上，我們全家都得清理積水。大哥、大嫂的房間浸損厲害，我得幫他們搬衣櫃、抬桌子，好讓他們較易清理水漬。……晚間，我又清理被水浸濕了的唱片。」

我家受颱風兼水浸之苦，莫如 1971 年 8 月 16、17 日颱風露絲襲港那次「風與水之災」。

自 8 月 14 日下午 5 時 50 分起，香港由放晴轉向陰天，一號風球掛上了。晚上，雨就速速趕來，彷彿預告着超級颱風露絲（Typhoon Rose）是一大團颶風挾暴雨的巨大氣流。她的路線是過呂宋，取北路，摧天撼地而來。

8 月 15 日，露絲突然減慢風速，似乎在醞釀加強，當晚 7 時，有偵察機報告露絲中心附近的最高風速為 240 公里。翌日清晨 5 時 50 分，天文台就掛上三號強風信號，露絲的滾滾殺氣迅速奔臨。早上 9 時 50 分，天文台就改掛七號東北烈風信號。天是烏黑的一片，雨點疏散而大顆，擊傘如播鼓，或許是雹；家中的石栗樹沙沙發響，繼而枝椏損折，打在屋頂上「格格」有聲，幸而瀝青屋頂沒有打穿，否則後果不堪設想。數小時後，風向轉變，天文台改掛八號風球，暴風就從東南方颷來。整個上、下元嶺沒有大老山和獅子山的阻庇，變成了「當風」區域，所有街巷寮屋都在東南烈風的蹂躪中。晚上 9 時 10 分，九號風球掛上了，風聲嗚嗚像魔嚎鬼哭，到處找人索命，不久，就在晚上 10 時 50 分，十號颱風信號掛上了，電台廣

播着：「飛鵝山之最高陣風紀錄為每小時 116 海里，長洲方面則每小時 103 海里」（1 海里等於 1.852 公里）。風力一陣比一陣猛，大雨也越下越狂，家中的樹給颱風鞭撻，枝葉橫飛。我在凌晨 12 時 10 分勉強睡至 1 時許，一開眼即見白光閃閃，而且「逼逼迫迫」響着爆炸聲，華園路口的懸空電線被颱風扯斷了，爆炸燃燒，電火一出馬上被雨水淋熄，白煙未散電光又生，火雨相爭，「嘶嘶」有聲，這樣維持了一段短時間，火給徹底消滅了。

8 月 17 日 2 時 10 分，風力最猛，門外有水湧入，於是迅速起床，匆匆摺起帆布床，換上運動短褲，開始與「水浸」搏鬥。門外有水入侵，廚側溝渠泛濫，廁所亦洩水添煩，家中處處是水。我們把雪櫃抬在凳上，在大門插放水閘，但也只能稍稍擋住惡水的進犯。我轉過頭來，見潦水已浸向書架，於是立馬把底層的書籍悉數清出，散佈在飯桌之上。

2 時至 3 時，風大得駭人，耳鼓常轟轟作響。2 時 45 分左右，家中突然生起一陣火燒的氣味，不好了，原來飯桌旁靠近地面的電線閃出火花，我馬上拔掉附近的「插蘇」，關上供電總掣，那星星之火，響了幾下，終於止住了。

十號風球一直維持至清晨 4 時 40 分，天文台改掛六號西南烈風信號。露絲的風眼已經掠過長洲，向深灣、珠江口方面吹去。5 時後，風勢轉弱，家中積水也慢慢退卻。

6 時，我再開展帆布床，倒下便睡，但睡得不安穩。迷迷糊糊的，我睡了數小時。再醒，颱風已過了，但雨仍很大。早飯草草吃過，便開始執拾風後的殘局。家中的床、櫃、桌、椅，書架、機器，全部顛沛流離，亂糟糟的如七國之未靖，最慘的，是黃泥處處，水積透牆。黃泥清走後，大哥和我的房間的膠地板全部報銷，只得逐張揭起撕掉，於是又得抬床搬櫃，空出地面。唉，一大工程呀！

午後，我特意外出，要看看遭露絲施刑後的鑽石山。

目下整條聯誼路沙石、垃圾堆積，面目全非，所有汽車不能進出，路口有一輛意大利房車陷在沙泥中，市政人員幾經辛苦才能清走沙石，釋放「囚車」。彩虹道一片蕭條，行人、汽車都稀疏得很。聯誼路口的垃圾站滿是破招牌、瀝青紙、鐵絲網；玻璃爛罐、斷木鋅鐵、葉樹殘椏，山一樣，海一般的堆在那裡、躺在那裡，唉！鑽石山嚴重受傷了！

據說，8 月 17 日凌晨 1 時 43 分時，大帽山的最高陣風為每小時 278 公里，風速計在凌晨 2 時 11 分爆裂。8 月 17 日的總雨量為 288.1 毫米，是本港 8 月單日錄得的最高紀錄[40]。露絲兇猛，釀成 110 人死亡，286 人受傷，653 木屋被毀，5,644 人無家可歸，三萬部電話的電纜出現故障，110 宗道路堵塞，此外還有 43 宗火警。

在多少個夏天裡，鑽石山是風的世界，水的魔宅。不過，在雨中的鑽石山，那聲音有時確是很好聽的。

瀝青頂的木屋，這麼一大片，就是奏雨的共鳴箱。雨點敲打屋頂，如搖動着鼗鼓[41]。很古老，很輕冷，很浪漫！

元嶺的雨聲像甚麼？告訴你，大雨初下時，好像「煎魚」時魚剛落鍋那一剎，「灑」的一聲，然後「逼逼，卜卜」的隨着而響，像敲木琴的低音片，一顆一顆的濺出，閉起眼再細聽，這陣驟來的急雨，也好像冬天淋個冷水浴，先是第一秒鐘那種痛快狙擊，然後是清淋躺背的享受。

雨聲如樂，有大品，也有小品：大品之雨如撒紅豆，一粒一粒

---

40   編按：此紀錄後來於 1982 年及 2005 年被超越。

41   鼗鼓，長柄的小搖鼓，小鼓兩旁綴以靈活小耳粒，有柄，執柄搖動時，兩耳粒即雙面擊鼓發響，咚咚可愛。

元嶺傳奇：鑽石山寮屋區起居注

的彈着、濺着而來，相思得要命；中品之雨，如撒綠豆，一陣一陣的散佈、輕叩而來，浪漫得要命；若是小雨，則雨如撒米，一手一手的播揚、輕佈而來，溫柔得要命；微雨呢，像灑芝麻，若有若無的輕顫，餘情似了而未了的，嬌羞得要命。

收雨了，檐滴落地，丁丁的的，恰似戲曲最後的散板，魂斷前幾下欲碎的心弦，此等聲音，清屬細膩，纏綿有節，那是一種聲聞的悟境，一種緣覺的絕塵。

晚上有雨，最堪聽受，一被子的雨聲，無限耳福，無限逍遙。

鑽石山的雨，好可愛啊！

鑽石山：「輪水啦！」

鑽石山的輪水日子就是水荒的日子。本港曾經由於水塘存水量不足，而實施過嚴厲的制水措施。

上世紀的六十年代，鑽石山既有風災，亦逢水旱，真個是浸旱交侵，禍不單行的年代。自1962年9月之後，老天爺連續九個月沒有下雨，當時全港水塘的儲水僅足43天之用，所以自1963年的6月起，政府就實施制水，每隔四天才供水四小時，元嶺居民自然家家叫苦。

另一次嚴重乾旱，石梨貝水塘乾涸見底，所以由1966年8月到67年6月，連續十個月，又有制水措施，我們天天都要「輪水」、「車水」。那時，每天下午4時至6時是「輪水」時間。每當供水之日，全港各處，特別是徙置區和木屋區的公眾街喉旁邊，都有長長的人龍和蜿蜒的水桶陣。電台所述，報章所見，「樓下閂水喉」五字，成了廣播口頭禪，頭條大新聞。香港的舊式樓宇，水壓不足，倘若下層居民大開水喉，上層居者便苦無涓滴，由於供水限時，於是上層喊向下層「樓下閂水喉」之聲不絕。至於排隊輪水，「打尖博懵」（強行佔先，扮裝胡塗），初則口角，繼而動武之事，亦屢見不鮮。

當時，收音機廣播着節約用水的廣告：「慳水」的呼籲連聲，叫人要用洗碗水、洗衫水沖廁，用沐浴後的水淋花，這都是當時千真萬確的報道，「以沖涼後的水淋花」，行嗎？當時，我們兄弟都覺得會「淋死花」（花遭謀殺）。

1963年時，元嶺眾街坊幾乎把家中所有容器都用來載水了。

我家廚房內原有一個大陶缸，可裝四擔水。父親見制水厲害，逼得趕製一個鋅鐵大桶，容量約陶缸的一倍，放在廚房外；其後，更買來一個更大的，那約是陶缸的三倍，放在廚房門側，原來那個自製的，就移在這巨桶的旁邊。大水桶外，那擔水用的方形鐵桶，也放在附近，當年華園路家的空間尚可安置這些龐然巨物，真是不幸中之大幸。隔鄰的客家婆，以冷巷為家，就連飯鍋、臉盆也用來裝水，可苦呢。

　　1963 年鑽石山的公眾供水處，只設在彩虹道，即聯誼路出口的右面。到了 66 年時，再增添了「華清池」的公眾供水站。華清池是一塊空地，位處聯誼路尾鑽石路頭 [42]。回憶 1963 年水荒，輪水至苦，人龍長，水桶多，龍頭貼近聯誼路，龍尾排至大磡村。舉頭艷陽照腦，氣躁心焦；水桶曬至發熱，觸之燙手。那時我和大哥都不會擔水，因為兩桶水一前一後，不易平衡，於是兄弟二人，合作抬水，將兩桶水縛在擔挑中央，大哥在前，我鎮在後，擔挑上膊，舉步便走。環視四周挑水群眾，合作抬水的，似乎只得我兄弟倆，眾人輪水痛苦之餘，我兄弟倆便成了可觀可議的話柄：有人抿嘴而笑，有人指着叫奇，但都沒有惡意。其實，面對這樣嚴峻的水荒處境，兩人才一擔水，實在浪費了輪水的時間，人家所議所笑，當然也具提點意義。

42　華清池本來是私人經營的山水游泳池，由香港商人盧介石及吳文山等出資，於 1948 年 8 月 29 日開幕、啟用，專責經營者為「中國健身會」。1949 年 2 月 19 日下午，西端更衣室突然失火，火乘風勢，一發不可收拾，起初由居民試行撲救，但火強水弱，火勢依然。半小時後，有啟德機場的兩輛消防車前來救火；及至 5 時，又有自旺角增援而來的兩輛消防車，四車的消防員合力才能把火撲滅。後華清池重新改建，並於 1949 年 5 月 29 日再開放。其後，經營未周，竟至填池築室，水影全無，這片空地，在五十年代左側為「垃圾崗」，有竹叢的餘跡，圍欄內有典雅居所，1967 年有「提多幼稚園」改其居所而辦學於此，園主為我中學物理老師林振常先生的姨母。華清池故址旁邊，尚有羊腸幽徑，名之為「華清路」，此路北達志蓮淨苑，南及聖堂路，是鑽石山第四條主要通道。（鑽石山主要首三條道路為聯誼路、大觀路和鑽石路。）

在 1966 年時期，輪水者已為兄弟三人，三弟已 12 歲，足生助力。由於多了華清池的供水站，輪候時間已減至三十分鐘至一小時，這只看人數多寡而已。我們多到華清池的水站輪水，因為這個時候我們不是抬水，而是「車水」（以車運水也）。聯誼路口是一段暗斜的路，最少也有二、三十米距離，推車上斜，頗費氣力。而由華清池回華園路，除上街市一小段略斜之外，其餘便是一路順下而行，暢快得多，因此我們多到華清池來「車水」。

　　最初輪水，每人一擔，不須費用，其後，就要收費了。居民須到街坊福利會買「水飛」（水票），一元十張，不作散賣，稍後即升價為一元五角，票一張水一擔，而水桶的容量大小沒有嚴格定限，居民所用，大多是本來裝豬油的方形鐵桶，容量是 4 加侖（加侖即Gallon，4 加侖約為 18 公升），一桶水的重量約 36 磅。我們起初也用 4 加侖的鐵桶，稍後，見有人用「紅 A 牌」的大水桶，那容量分明大於那 4 加侖的水桶；當我們看見有人用裝活魚的藍色大膠桶來裝水，而水站收費人員照樣接受時，我們就棄用原來的鐵桶，改以本來是裝酸性原料的軟性膠桶，其容量大約比 4 四加侖的水桶多 10 至 20 巴仙。

　　推車載水，水、汗交流，曹雪芹說：「女兒是水做的骨肉。」到了香港水荒的特殊環境，很多男人也都是水做的骨肉，在這艷陽下車水、荷擔的男兒，姿態也很美啊！

　　說說我們那水車，可真是一種驕傲。

　　「藝光號」所製造的水車，結實、穩固。四個車輪是「飛機轆」，是用堅韌的橡膠壓模而成，以錘頭擊之，錘頭馬上彈起，絕非木製包以「車轆膠」的車輪可比。其次，輪嵌車軸，用的是上等「啤令」（wheel bearings），鋼質（我們叫「鋼水」）優良，走珠圓滑，車輪滾動平暢輕鬆，轉動無聲。車體長 4 呎有餘，闊 3 約呎，以 2 分厚角

鐵作周邊，內以 2 分厚區鐵作格狀盛載車體，所有交疊、接口處，都以鐵焊燒接穩固。推柄以 1 吋圓鐵通接連車身，並可摺入車身，靈活非常。這輛水車，可載水六桶，發力容易，推行順滑，真爽，頗為「羨煞旁車」！然而，把那軟膠水桶抽上水車，費力最大；回到家來，抽起這桶數十磅的水，傾入高約人肩的大鐵水缸，那又須費更大的氣力，可幸的是當時年輕力壯，舉重若輕，應付有餘。

六十年代的抬水、推水、抽水、倒水，建構了我的「身形」(body-build) 和體力，我曾兩手抽動四桶水（約 150 磅），即每手挽水兩桶，走一段二十多米的路，那時的臂力和手力都達到了高峰。在唸中三至大學二年級這五年的學校運動會中，我在推鉛球、擲鐵餅的比賽，往往名列冠首，亞、季則偶及。在 1971 年 11 月 7 日新亞書院的陸運會中，我推鉛球得第三，第二名就是當時物理系的梁榮武，梁先生就是前香港天文台助理台長。翌年，我升上大學三年級，須準備學位考試，推鉛擲鐵之事，我就荒疏了、退隱了。

這次水荒，鍛煉了我的體魄，但也因水濺汗流，衣履盡濕而沒有馬上拭乾，多個月來天天如是，結果，我患上了風濕症，兩膝於風雨前就會隱隱作痛，嚴重時會舉步維艱，至今仍然酸痛時作，未能根治。還清楚記得第一次發作是在 1970 年的春天，翻查日記，那是 4 月 28 日的早上，當時我的左膝酸痛難抵，那天是學校考試，考的是中國歷史科，執筆忍痛應試，苦不堪言。那第一次酸痛是突然而來，那時還不知自己已患上了風濕關節的痛症。

輪水、車水竟惹來一輩子都難以根斷的風濕痛症，像鑽石山賜予的入骨芒刺，以推鉛球的臂力也推不走，到了今天，慣了，風濕痛，如鑽石山的風風雨雨，點點滴滴，都在心頭，也在膝頭。

作者大學一年級（1970 年秋）推鉛球時攝

1972年，作者獲推鉛球季軍，亞軍為梁榮武先生。

鑽石山：「火燭啦！」

颱風、水浸、水荒，這都是「天災」，「火燭」（火災）則是「人禍」。

鑽石山在六十年起，漸漸變成寮屋區，從彩虹村錦雲樓高處向西北方俯瞰，鑽石山是一大片木建寮屋，坑頂雜亂，鋅鐵反光，紛紛亂亂如一堆又爛又舊的積木。六十年代初，鑽石山的街巷房屋之間，還有綠樹點綴，空氣爽利，陽光映屋。往後的日子，綠影越來越少，屋脊越來越密，頗惹祝融前來探視。

到了七十年代，元嶺區內已是一屋數伙，戶戶交連，弄巷窄如漏縫，路網纏成困局，這樣擠逼的環境，最忌火災。

當我還在唸小學時，或許是在 1960 年冬，農曆新年前除夕的下午。華清池附近失火了。由鑽石路的「聯益士多」起，及至「華昌木園」當中的數十間木屋、商店慘遭焚毀，其中包括我們兄弟間或光顧的理髮店（或許叫 X 友理髮店吧，六十年前的店名，記不起來了。）救火車頗遲才到來，當時要由聯誼路口駁喉至火場施救，那是「走喉」五百多米的大工夫，還記得那兩條直徑約 6 吋的帆布面水喉自路口逶迤而來，那注滿了水的水喉實繃繃的，我們可以站在喉上步行。當日天陰，間中微雨，陰氣生寒，那黑煙滾滾，一團一團的冒起來，火舌就在煙裡跳躍。未及街市的轉角處，離火場約百米，已有警察嚴守，不論甚麼人，或要做甚麼事，都不能跨越防線。有好事者，偏偏拐鑽小巷，千方百計走近火場；有人攀上屋頂作壁上觀，不時「嘩！嘩！」大叫。大約救火一小時，黑煙退、白

煙生，祖父說：「好了，出白煙，火就要消了。」果然，不久白煙也少了，而且有點雨，有助滅火。黃昏，警察稍作解封，遇火的居民紛紛奔向火劫後的家園，稍後，好奇的我，也走近災場去，只見「聯益士多」左面近火場處很受影響，不少貨架歪倒、破爛，煉奶、罐頭、糖果、餅乾，狼藉於地。我有同學名叫曾惠彩的，是「聯益士多」老闆的千金，那時不知去了哪裡，寒假過後，她回學校上課，大家才告安心。我們相熟的理髮店老闆，一臉哀傷，面對已毀的店舖，不斷搖頭拭淚，伙記三兩，相互安慰。那橫七豎八的炭柱，四散崩離的土牆，依稀還可追索故園舖宅，昨天還是完完整整的街舖民房，如今一下子變成劫餘破爛的苦地，當下就覺得火災很可怕。

1964 年初夏某日，下午 5 時 10 分左右，我自「志蓮義學」補課回家（學校為了升中試而補課），因這時聯誼路街市人多沓雜，便打從華清路蜿蜒而行，走至後半段的路，趨近一所車做布面膠鞋的小型工廠時，只見圍觀者十數人，指手劃腳在談論着一件事，鼻子早就嗅到一陣燒膠惡臭的餘味，這所小型工場以麻石建構，三面開窗，後壁與另一民居緊接。正門向路，門的上方左右各開一窗。門設鐵閘，有一溝渠自屋左及門前流過，水流清暢。原來不久之前，這裡發生一場恐怖的火災。

回到舖頭來，「恩召」校長鄺次傑先生正在大談火災情況，繪影繪聲，手足並用，說道：叫救命的聲音慘屬異常，及後大門鐵閘被撬開，有一名女工衝了出來，馬上躺入溝渠裡。又說：唉！身上着火，就算熱得要死，也不能立刻往水裡躺，這麼一躺，火毒馬上攻心，必死無疑。……

父親也說道：今天近午工場派人來請他往該處修理車機。父親答應午飯後便過去檢查。幸而飯後生意接二連三而至，暫時不能抽身前往，不到下午二時，就聽說那裡火燭，隨後又傳來整個工場內

的人全都燒死了的消息。父親慶幸沒有依時而至，不然就會「向閻羅王報到了」，真是「大吉利是」。

三弟的同學伍應標先生就住在附近，對這場火燭慘劇記憶猶新，他說：「該工場在我家後門的不遠處，依稀記得 (1) 火舌伸出窗外、門外，工人在火海中欲想衝出緊鎖的鐵閘門，但最後只能變成焦屍，留下是未受煎熬，伸出門柵往外求救那雙僵硬的手。 (2) 火場被救熄後，只見救援人員們把一具一具焦屍從屋內抬出。 (3) 過後，是道士們圍着工場外進行打齋超度的儀式。」

事後，這個地方荒廢了，人們經過這裡，都會急步而走。某日，襯家老爺余繼輝先生到「藝光號」來與祖父吃工夫茶。（余老爺是我姑姐的家翁，家住華清路。）談話之間，竟然說到兩天前，他深夜回家，路經火場，當時四面死寂，突然聽到屋內傳來車鞋的聲音，軋軋的輪轉聲貼耳而響，嚇得他三步併作兩步走，走遠了還有隱隱餘響，好像接着跫音追上來。又說：當日火場七人完全燒死，冤魂不息，時發怨氣之嘆，驚懾鄰群。

1964 年或 65 年的夏天，聖堂路左右近「力生號」那一帶失火，我家「藝光號」距離起火處只約 80 米。不得了，我看見那黑煙連翻卷動，點點星火夾在煙裡噴冒而出，熊熊烈火，破窗穿頂，像一匹紅色的巨獸在舔吃屋屍。此情此景，嚇得我張大了口。父親見火勢兇猛，馬上發命令將舖裡貴重物品搬入華園路家裡去。我和大哥只能搬些較輕的東西，汽燈配件，鉗鋸工具等，儘量以最快速度搬離。父親扛起百斤以上的「鑽床」，竟能以半跑的步速移走。最後，最吃力的，是要搬動「車床」，那是數百斤的機器，但見火勢已不可收拾，此際刻不容緩，只見父親和舅父二人徒手伸向機底，大喝一聲，運勁，那車床竟被離地抬起，再而一寸一寸的移出舖面，當時父、舅兩人大汗如注，臂上血管綻皮凸出，像遊蛇竄撲。我們童孩

之輩，不能襄助，走近反被喝退。啊，「藝光」兩位鐵鑄般的金剛力士，花了四、五分鐘，就將那車床抬到聯誼路上，這時，消防車已到，火場離街喉甚近，不須長駁水喉，施救較易，頃刻間很快便控制了火勢，我們才狠狠地舒一口氣。兩小時後，白煙縷縷，祝融將敗。此時此刻，難題來了，車床放在聯誼路有礙車輛進出，於是父親、舅父又得將車床移返舖內。然而在這個時間，兩位金剛力士出盡九牛二虎之力，竟然搬不動它，再三推移，車床仍絲毫不動，終於要請求近鄰力士，合四、五人之力，擔挑繩索，才能將車床歸位。雄力出於大險，這是我親眼所見的事實。人的潛力、智慧，有時真的要受點「迫害」，才會率然爆發的。

住在鑽石山，最害怕的就是火警，我自己就有多次這樣的可怕經歷。

例如，我的日記所載：「1969 年 8 月 4 日，五時二十分，我自『官塘青年中心』回家，返至聯誼路口，發覺有一輛救火車泊在路旁，便心頭顫驚起來，當下便奔跑回家，看見華園路平靜如常，既無火舌，亦無滾煙，心頭大石，才頓然掉下。不料，不及三十分鐘，隔鄰屋頂上的電燈線突然掉下，燃起火花，幸而搶撲及時，否則定然引發燎原之災，不可收拾，真是一波甫平一波又起啊。」

類似這種心理威脅，每隔一段時間便會發生，實在是一種精神折磨。

我家與火警最接近的一次，是在 1970 年 2 月 15 日。據日記資料：當日晚上 10 時 30 分，突然聽到人家呼喊「京華火燭！」「京華理髮店」就在我舖「藝光」的斜對面，近得很，當時我們剛剛要上門板閂舖了，一下子聽人呼喊「京華火燭」，我連忙着令三弟緊守舖頭，自己趕緊飛跑往看，果見白煙縷縷，自木棚冒出，我強鎮心神再看，喜見大夥兒，如「京華」的理髮學徒羅五等，已在澆水灌救，

我也加入挽水，在大家努力下，這場小火在消防車來前已撲滅了。

住在鑽石山，更害怕的，就寒夜深宵之際遇有火警。

例如 1974 年的 3 月 31 日，我的日記寫着：「是日寒風突起，凌晨 4 時，鑽石山突發火警，有人深夜高呼：『火燭呀！火燭呀！』我從夢中驚醒，立馬出門四望，看看火在哪裡，煙出何處！原來鑽石山大觀新村失火，火勢猛烈，元嶺的山腳給火燒得一片通紅，而且轟然隆然的爆炸聲，不時撲耳而來。這次火災又不知有幾許貧苦人家失去居所了！」

對於我來說，家在鑽石山，雖然最怕深夜驚聞「火燭」的呼叫，但這也是一種訓練。每次聽見「火燭」，便會鎮定應付，首先是搜視四方，查看失火之處，離家多遠，是否需要及早準備收拾細軟，暫且避禍等。

因為鑽石山的火災是街坊彼此安居的最大威脅，於是在 1981 年 2 月 27 日的一場大火後，下元嶺的防火糾察隊成立了。防火隊最初的主要骨幹是「力生號」老闆的幾位公子，如黃申天、黃露明、黃石南等，四弟漢光不久也加入，其後更曾經擔任隊長一職。防火隊有成員二十多人，分別住在下元嶺各處的里巷裡，家裡都裝上了通接「力生號」的警鐘。而防火隊的裝備頗稱完善，在這裡不妨清楚列述，讓大家知曉：

防火隊成員裝備

個人裝備	消防制服、安全帽、手套、水鞋、斧頭、細裝 CO_2 滅火桶等
救火器物	救火喉、三叉（分水器）、射筆、救生繩、大滅火桶等
其他器物	街井匙、接水器、急救箱、對講機等

攝於一九八八年五月十五日總部門外留念

元嶺鄉防火隊。中排左一為隊長郭漢光。

防火隊的防火裝備貯藏箱

防火隊有周詳的救火程序說明

1.	防火隊成立後,即向所有街坊派發「力生號」的電話貼紙,請他們把貼紙貼在家用電話旁,遇有火警,立刻按號碼通知防火隊。
2.	防火隊接到電話,知道火場的遠近,便按響警鐘示意:長鐘,表示火場在下元嶺;斷斷續續的短鐘,表示火場不近下元嶺。
3.	住得較遠的防火隊員收到警鐘訊息,馬上去「力生號」取出救火工具,然後趕往火場。
4.	近火場的隊員先到現場開啟「吋半喉」水閘掣,搶先灌救;後援隊員則到聯誼路路口開啟消防街井,鋪駁「2吋6分喉」,拖往火場後,再駁上「三叉」(即分水器)開喉灌救。

　　換言之,他們會在最短時間內取得滅火器物及工具,在第一時間趕及火場救火。他們全都是鑽石山的居民,既熟悉里巷橫街的佈局,又知曉地勢險夷的自然環境,所以在消防車未到之前,已能展開救火工作。他們都曾接受過消防的救火訓練,怎樣用駁喉、射水、破鎖、斷木、止截火路,指導撤離等,他們都瞭如指掌。防火隊每隔一個星期都會操練一次和檢查救火工具,而且幾經實踐,當時已成為本港著名的防火糾察隊。

　　防火隊成立初期,在正規消防員到場後,他們便會將現場轉交予消防隊長,不再參與滅火工作,只會協助街坊疏散,安置他們到安全地點集中。後期,防火隊成熟,兼且熟識地形,消防員亦讓防火隊員在安全情況下協助灌救,防火隊重要的工作之一,就是做引領,即帶領消防員走入迷宮般的小街曲巷,迅速到達火場,又會帶領他們安全離開。消防員們對防火隊的積極協助和引領的乖巧,都嘖嘖稱善!

　　根據四弟漢光說,當年救火,除了「火」和石油氣罐突然爆炸之外,最怕的還有兩種東西。其一是「煙」,鑽石山家居複雜,有不

少家庭手工業，甚麼串膠花、釘珠仔、剪線頭都有。生火煮食，由柴火、火水到石油氣都有。一旦發生火警，塑膠雜物，漆油藥物，一經火燒，黑煙急起，毒氣紛出，每次救火後回家，漢光都是一臉灰黑，鼻孔尤其「恐怖」，「哼」出來的，黑色糊狀的東面，簡直驚人。漢光由於救火多次，以致鼻腔、氣管及胸肺多處骯髒得很，影響呼吸，有幸父親深懂醫理，開方除毒調適，漢光嘔出髒物，久而復原。因此，「煙」，很可怕。

另一，是「水」。不錯，是「水」！怎說？

當防火隊員進入火場滅火，火場外必有其他人員在四周用大喉噴射、灌灑。那水射入火場，先淋灑在屋頂上，寮屋多屬鋅鐵、木板搭建，木板惹火，鋅鐵易熱，水灑在鋅鐵面，馬上變成「滾水」，熱得要命。隊員經過，那滾燙的水突然自頭頂、肩膀等處灑下，實在防不勝防，隊員雖戴消防帽，穿厚制服，仍會可能被灼傷，而且有時迎臉而來的，不是水，而是水蒸氣，那殺傷力也很厲害。因此，「水」，也很可怕。

鑽石山受「火」煎熬數十年，期間毀人家、奪人命，實在可怕。但元嶺坊眾守望相助，在極惡劣的居住環境下，努力求取穩定、安全，難得！可貴！如今，鑽石山原居民已四散他方，若他日重遇，談起「火」的往事而親歷其苦者，真可擁抱痛哭一場！

附錄：
雜劇：他們(三)

（此篇為紀實之文，我，即此書作者本人，而為保私隱故，其他人物姓名皆另作稱呼。）

我在兩歲時，就住在東九龍的鑽石山。鑽石山原名是元嶺鄉。元嶺，不是「大」嶺，而是「圓」嶺。在九龍的大老山下，原有兩座小山，左面的一座尖而帶圓，右面的一座，胖矮而圓，兩山連肩而坐，合起來便強稱作「嶺」。「圓嶺」或以山形命名，但「圓」字筆畫多，所以寫作「元」，爽快，含義也佳。而元嶺鄉，就是自清末以來凌氏家族聚居在元嶺山下的一條古老鄉村。

上世紀五十年代，鑽石山規模已定。除了少部份的寮屋、商舖，多是原居民的村舍和雅緻的平房，不要輕看這小小的鑽石山，這裡有幽深的別墅，住過一些愛清靜的名人，如名伶紅線女，學者錢穆、王道等。聯誼路（Social Avenue）是鑽石山最主要的一條大路，可走汽車，由南而北斜向元嶺走去，路的盡頭分作左右兩路，左上的叫大觀路，右延的叫鑽石路。要登元嶺，可走大觀路。路名作「大觀」，因這路的盡頭是一個片場，叫「大觀片場」。

從「華園路」說起：

聯誼路中段，左面有一條小路，叫「華園路」，我就住在那裡。華園路其實是一條彎彎曲曲，由兩旁的房舍擠出來的一條四至八呎寬的小巷，不能走汽車，狹窄處，連走單車也很勉強。這小巷有點曖昧，曲典折折的，如欲斷而未斷的柔腸。不論陽光多猛多烈，巷裡總還有點斑駁的陰影，像神秘的私情，隱絮的獨白。

早期，華園路的入口兩旁有小商店。左面是木屐店，由老闆娘一人掌守，她是黃師奶。她的兩個兒子，曾是我的小學同學。

那時沒有膠拖鞋，多穿木屐，屐木質地堅硬，並以油漆在屐面畫上圖畫，店內那幅掛滿木屐的牆，就像泊滿彩船的靜港，斑斕可觀。我童年時也穿木屐，選屐就在黃師奶這店。僱客按腳掌大小，選定了木屐，黃師奶就會取出一塊屐皮，牢牢釘向屐的兩旁，木屐即成。一雙木屐就像兩隻孤篷船，穿上木屐走路，得得發響，有趣。我曾有過一雙淡藍色的木屐，屐面畫的是一隻帆船和岸上的一棵椰樹，都是人手畫的，畫工粗糙，但顏色配搭很好，我很喜歡。穿這樣的木屐走路就得小心，我曾在聯誼路上踩着欖核，結果跌了一交。

路口的右面是水族館，名叫「明勝園」，我們愛稱「金魚舖」。舖的前部放置魚缸，缸裡有種種熱帶魚：姿態優雅的神仙魚，搖曳多姿的孔雀魚，斑馬魚甚矯捷、紅連燈稱絕色；其他如紅劍、青劍、馬甲、萬龍、接吻、七星；鬥魚彩雀、巨魔銀龍，全都按類分缸而游弋於其中，恰如水族的綜合展覽。舖的後部是魚池，池內有種種中國金魚，金魚中我最愛看大眼泡和獅子頭，特徵明顯，腰巧鰭張，逍遙在水，溫柔雅致，婀娜生姿。

入華園路是一條急斜，約四、五呎寬，傾斜度約 30 度，兩旁都是牆，就是屐店和魚舖的牆。

華園路一號，住了一雙老人家，年過七十，很和藹。我每經過這裡，都會大喊：「阿伯」、「阿婆」。喊了之後，每次都是阿婆回一聲「啊，亞仔。」阿伯呢？鮮聞聲響。聽說他們還有一個孩子，我可沒見過。兩位老人家的生計都指望兒子的匯款。過年時，阿婆會給我利是，一張小紅紙，包着一枚港幣五仙。

走過了一號，巷向右拐一個 90 度角的彎，再走七、八米，是二號。二號是石建的平房，外牆有鋪磚，鐵門後是一個狹長的小院，鐵門旁種了一棵鐵樹，曾開過幾次花，（或說鐵樹開花，是外

元嶺傳奇：鑽石山寮屋區起居注

華園路街景，與附近的鄰居

遊者回家之兆，不過這幾次開花，遠行的人都沒回來，）二號住着兩個人，一位寡婦帶着她的兒子，夫家姓商。聽說，那孩子是商師奶領回來的，好讓自己將來有個依靠。那孩子名金華，約小我五歲，當時以頑皮稱著，牛脾氣，好爭論，商師奶不時喝罵、鞭打，孩子倔強相對，很是氣人。那孩子曾經離家出走，後來找了回來，商師奶狠狠教訓了一頓。多少年來，母子的關係惡劣，十年後，金華得知自己非商師奶親生，而恰巧他的親生父母自美國回來，居然輾轉能找到了他，骨肉相認，喜樂不勝。他的雙親要金華跟他回美國去。結果怎樣？金華會跟他們到美國去嗎？

經過一段時間的考慮，金華決定拒絕親生父母的要求，堅持留在商師奶的跟前，不離不棄，奉養終身。此事讓鄰居知道了，大家對金華的態度完全改觀，覺得他有骨氣、重孝義，厚情誼，難得！三弟更跟他成為了好朋友。

二號對面是甚麼號，不清楚，因沒有門牌。那是一個門口，門內是一條極短的小巷，兩邊住了兩伙人家，右面是奚家，除夫婦倆之外，還有六名子女。父母給這群孩子起了極粗糙的譚號，按次是羊皮、牛妹、羊筋、牛頭等等。主人是叫奚鼎強，是刨木師傅，所謂刨木，就是在家中窗旁放了一部刨木車床，專替人家造木模，木模做好了，就送往鑽石山華清路的生鐵場鑄生鐵。那刨下來的木屑、木皮，正好是燃料，車床的左邊就是煮食的角落，不好叫做廚房，因那裡沒有間隔，絕不是「房」。燒木屑、木皮的時間久了，一家都是烏黑黑的，吃飯時，木煙未散，燈火很吃力。這家唯一的特點，是燒飯時，必有「炊煙」，那是孤煙，華園路上孤煙直，就是奚家所生。這家以大麻石堆作外牆，岩巉凹凸，醜得很，瀝青紙鋪的屋頂，下雨時，像有人在頭頂撒豆。我和羊皮、羊筋是童時的玩伴，多次進入他們的家，家內污穢、狹小、昏暗，

一張大床睡整家人。我又發覺牛頭至最小的小寶寶，全裹着尿布而睡，那牛頭差不多七歲了。

　　與奚家對面的，是孟家。主人叫孟百豪。年過古稀，是燕梳經紀（燕梳，即保險業）。多次見他下班回家來，總是頭戴氈帽，身着西裝，革履手杖，很有氣派。孟先生老了，臉皮已全鬆了下來，像一隻煮透了的佛手瓜，而且牙齒半脫，說話漏口（即口吃），頭一個字，定必說三次，說：你，他會說，你、你、你，把「你」說成三個。然後，咽下痰涎，再說下面的話。孟老先生有兩個兒子，大的叫家全、小的叫家堅，都是我的玩伴。兩個兒子的外貌一點都不像孟百豪。他倆的媽年紀與孟老先生相距最少四十歲，瘸腿，嗓門大，聲粗。他家中偶然會出現一個賣白粥油條的壯漢，家全、家堅的樣子，就很像他。這五個人的關係，大家都沒說，但都估量着內裡到底是甚麼的一回事，而我親耳聽過家全叫那壯漢做「阿哥」。

　　二號的連壁是三號。不是平房，而是西貢式的客家舊村屋，小矮牆內是狹小的院子，院子後是居所，很乾淨，這家人沒小孩，我與這家認識較淺，甚至有點兒陌生。屋內的長椅上，常躺着一個肥肥的老女人，天熱時，那戴着墨綠色玉環的右手會多一把鵝毛扇。大門總是開着，我經過她家，都會向椅上的女主人點頭，但不懂怎樣稱呼，她姓甚麼，屬甚麼身份，我一概不知。我在唸中一那年，曾進入屋內一次，感覺是很陰涼，牆上掛着一幅老男人的舊照片，想是她過世的丈夫，她坐在長椅上微笑，說：聽說你會看掌紋，來，給我看看。我吃了一驚，她怎知我當時正迷上掌相的書，但她已伸出那厚厚的肉掌，我就硬着頭皮給她看一下。我見到她的生命線末端有一條小線橫出，直入掌心，我說：你會返鄉下。她聽了，大笑。回頭向一名中年女人說：「亞環，他

說我要返鄉下。」說罷又笑，很高興似的。笑罷，她沒再說甚麼，只說兩個字「唔該」。其後，她真的遷走了，是否返鄉終老，不得而知。不久，搬進來的是賣水果的蓮姐一家，新來的這一家，很隨和，水果的生意經營得既老實又開通，蓮姐待華園路的街坊如親人，水果都挑好的賣予鄰居們，斤兩鬆得有點半送半賣的感覺。

三號的對面是五號，當年華園路的門牌就有點亂，住處的編號可由屋主自定。起先一座大屋住一家人，那門牌雖亂，郵差尚可按住戶姓名——「破解」。後來，遷入的新戶多了，一屋之內，分割成幾伙，每伙又一個門牌，有些甚至是僭建的，於是又自作新門牌，總之就是一個「亂」字。華園路的郵差是憑收信人派信，不靠門牌。我家就常有錯信派來，翌日就交給郵差先生，那郵差搖了搖頭，笑問，當派往哪家，我們都會盡一己所知相告。

五號，就是「他們仨」的住處。男主人姓列，是一位裁縫。列先生，名克紹，與一妻一女同住。五號內在兩間房子，列先生把較小的一間租與別人。這家住戶姓季，在聯誼路邊賣毛巾，大家面對他都稱他季生，背後都叫他「毛巾季」。毛巾季樣子兇頑，額上有疤痕，說話粗俗，脾氣大。他的太太，我們叫「毛巾婆」，高而瘦，肩胛嶙峋，是個厲害的人物，她說話比丈夫還粗俗，曾見過她與一大漢相罵，那連串的粵語粗言，簡直粗賤得難以想像，罵得那大漢掉頭就走。季先生帶着三個兒女，大女兒叫愛憐，大兒子叫文輝，小兒子叫友堅，他們都是我的玩伴。愛憐姐那時已經年近二十，樣貌跟季氏夫婦完全不一樣，她到底是甚麼人？沒有人敢說別的，但心裡都說愛憐不是季氏親生，住在一起不好。猶幸不久她就嫁了人，街坊都暗喜，好像鬆了一口氣。

三號的隔壁是四號，那是一間石建的平房，白灰牆壁，綠漆大門，門前有兩級石階。這伙人沒有孩子，我對這家很陌生，我

的父親則與其主人有打招呼之禮，並無交往。有一次，極偶然的機會，綠門大開，只見門內是一個小三角形的天井，有一瓦缸種着米仔蘭；宅門開着，我一下子就看見白色的牆上掛着一個金銀兩色相映襯的時辰鐘，左面有一幅西洋帆船逆風航行的圖畫，不知是油畫還是印刷品，總之色彩漂亮，掛在那裡，好看，有氣派。心想，這家很有排場啊！金銀相映的時辰鐘，西洋帆船的掛牆畫，我從沒看過這樣的一幅牆。這家人是有錢的，所以很少跟巷裡的街坊交往。不久，這家人遷往別處。四號屋主搬走時，家裡的一隻貓不能帶走，交給父親照顧，我家答應了。這貓一身白毛如雪，頭特別大，額上有黑紋如虎，威猛得很，我們叫牠做「大貓」，因家裡也養了兩隻貓，體形都比牠小。說也奇怪，這隻白老虎一樣的大貓，一天裡只有午飯、晚飯時回來進食，其餘時間不知去向。牠在我家寄食時，家中連老鼠也沒有，母親說：最好的貓是驅鼠、治鼠，而不是捕鼠。數年後，大貓給車輾斃了，我家的鼠禍隨即斂而復興，貓隻由兩隻貓增添至七隻，但晚上老鼠仍來去自如，絡繹不絕。老鼠之禍，要在鑽石山整區遷拆後才告終結。

四號的富戶搬走後，新屋主將外牆另開兩個木門，將大屋分割成三戶，賣予外來的人，自佔其一。新遷入的，一家姓周。另一家是客家人，戶主是中年女人，大家都稱做「客家婆」。

四號和五號的外牆把華園路擠夾得很窄，這是華園路最狹窄處，一個小孩子攤開兩手就可摸到兩邊的牆，這裡不足五呎寬，或許只有四呎吧。

走過這最狹窄的樽頸，路向輕微右拐，空間開闊。

四號背後就是我家，我家的門牌是四號 C。我從沒有見過華園路有四號 A、四號 B 的門牌。我家是五十年代新建的，下半截

是泥磚牆，上半截是木板搭建，屋頂呈微斜的金字頂。四號 C 這個門牌何由得之？父親說那是屋契上寫的。業主建屋後，將它賣給我們，屋契上清楚地寫着四號 C，而屋契上有元嶺街坊福利會的人員簽認。於是「四號 C」就成了我家的門牌。

五十年代那十年，我家住着祖父、祖母、姑姐、父親、母親、大哥、三弟和我。四弟、五弟還未出世。家中的院子，種了兩棵小樹，近門的是鳳凰木，院子中央的是石栗。鳳凰木種近水溝，每天早上我和大哥都在樹旁小便，日子久了，那鳳凰木給尿浸醃死了。石栗則活到上世紀七十年代才給祖父下令砍掉，石栗生存的年代，大約就是我在華園路生活的時期。

在我家屋後，是一座典型的鄉村別墅，內裡住着三個人。屋主是護士，我們都叫她做馮姑娘，她全名是馮安琪，沒結婚，是元嶺街坊福利會的名譽會長。另一位是男士，只知叫「亞牛」，是馮姑娘的堂弟或侄兒。亞牛常在外國跑，很少回來。另一個字同住者，是女傭人「卿姐」，四十多歲的卿姐很潔淨、很隨和，順德口音，說話常帶笑容。這所大屋共兩層，馮姑娘住在二樓。另有鐵梯可上天台。我們和馮家相連而居，但我甚少進入馮姑娘的大宅，因鐵門深鎖，內有惡犬。

我與馮姑娘的關係較密切。我唸小學三年級時，右腿近肚腹處生了核，紅腫發痛。在鑽石山看了醫生，無效。母親帶我到窩打老道看專科醫生，醫生看了，說醫不了，只能割除，繼而寫了一封介紹信要我到廣華醫院動手術。我呆了，母親哭了。回家後雙親決定找馮姑娘問意見。我們到官塘找到她的醫務所，馮姑娘看了，給了些白色半透明的結晶體，叫我以溫水浸溶，以棉花醮着溶液，敷在核上。結果，不出三天，核慢慢消退，兩星期後，全好了。

及後，馮姑娘遷走了，我有一段時期很失落。我和大哥曾經到她的新居所探望她，她住在九龍城碼頭附近，我們坐 11B 九龍巴士去找她。找到了，也忘記對她說了些甚麼，只覺得馮姑娘說的多，我們就不斷點頭聽着。回家時，在鑽石山車站下車，我失意頹唐，精神有點恍惚，腳步不穩，下車時跌了一交，將馮姑娘送給我家的粟米片灑個滿地，我急忙用手撥着，一捧一捧的收入紙袋中，哭。

　　華園路在我家門前拐彎，所以，我家對面有兩伙住戶。正對面的也是五號，屋主是由澳門遷來的陳先生，這家頗有來頭，會說英語。陳先生名錦堂，他的太太，我們叫陳師奶，很健談。一家人在澳門大三巴前拍了一張照片，掛在大廳中的牆上。陳先生的大兒子乳名叫「阿 B」，二十多歲，口裡英語不絕，常哼着歐西流行曲，不是美國皮禮士利的 *Is Now or Never*，就是英國奇里夫李察的 *The Young Ones*。聽說他唸書到大學預科的程度，可是整天在家，不見他出外謀事。二子叫「天助」，瘦個子，背有點彎，眼小得很，像一個吸毒者，這位二哥，又是躲在家中，沒有工作。隨着是一個女的，叫「阿美」，我跟她沒說過半句話，年齡和性別都是阻礙。三子叫「毓健」，高個子，瘦，愛玩，常逗我們這班小哥兒玩，甚麼兵捉賊，撲克象棋，他都會，小孩們都愛跟他玩，他最愛替人起諢名，個子矮的叫三寸釘；頭顱大的，叫大頭兵；體形壯的，叫撞死馬。總之，沒有一個好名字。四子叫「毓慶」，頑皮，與我的年紀相若，也是愛取人家便宜的傢伙。最小是一個女的，叫「美鳳」，較活潑，間中也跟她說說話，玩煮飯仔之類。六十年代初，這家又遷走了，聽說又回澳門去。

　　搬進來的，也姓陳，屋主名陳水渡。太太是新界金田村的原住民，姓文，名繡同。家裡有三個兒女，大女兒愛霞、大兒子漢

堅、小兒子漢存。三個孩子年紀都比我少。我是他們討教的對像。文繡同女士很肥、單純，我們叫她做「肥師奶」，與我家關係甚佳，陳先生則甚少見面，大家見了，不外打個招呼。他們家裡沒有電話，陳先生借用過我家電話。1973年初冬，某天的大清早，突然有四個陌生人來拍門，我們舉家驚醒，他們出示證件，是黃大仙警署的CID。那四名便裝探員進得門來沒說甚麼，只管搜查。最後，只聽到其中的一個說：「阿頭，無嘢，完全唔似。」說吧走了。不久，肥師奶過來道歉。原來陳先生是販毒的，因借用我家電話，結果殃及池魚。肥師奶邊說邊哭，甚可憐。我們轉頭來安慰她。陳水渡早已收到風聲，跑掉了。肥師奶原來也不知丈夫販毒。自此之後，再看不見陳水渡，聽說他已逃到荷蘭去。

　　與我家斜對面的，是一座兩層高大麻石建構的大宅。大宅中央開一條木梯，通上二樓。以木梯為界，左右兩層宅子住了四伙人。近我家的，姓梁，中年夫婦生了兩個女兒，還有一位老人家，是「阿爺」── 祖父。梁先生似乎賦閒在家，整天整月都無所事事。梁太太是教書的，很斯文，常常穿長衫，打扮端莊。看來，梁太太是一家的經濟支柱。此家與我家不相聞問，原來有一天梁先生在屋前潑茶渣，連渣帶水潑到祖父的褲上，祖父見他不道歉，因不懂說粵語只得告訴父親，父親跟他理論，才知他以斯文人自居，又看不起潮籍人士。父親當時極生氣，想打他，梁先生馬上躲入室內，久久不露面。此後，他見到父親便躲。其實梁家大小姐亞璇，與大哥是同學，兩家的關係不應惡劣至此。一次誤會，而鬧得如此僵，當時父親也有點牛脾氣，才使與梁家失和。

　　梁家的樓上不知住了何許人，我從未見過這二樓的兩伙人有誰上落過木梯。我只是偶然聽到從左面的二樓中傳來鋼琴聲，不錯，是鋼琴聲，在那個時期，家中有鋼琴，何等高貴啊！

木梯左邊地下的是姓關的住宅，屋內有三個間隔。第一個是廳，關氏一家吃飯、閒談都在這裡，而我們這群兒童，就在這裡下棋，玩「大富翁」。中間是睡房，很大，房內四壁其中三面分別放了三張床。關姓主人名關超倫，天主教徒，每天都會向廳中掛着的聖母像、耶穌像祈禱。有一次，見他跪在地上，喃喃不已，態度很虔誠，看了使人也生敬畏心。關先生是政府的高級職員，英文了得，衣着也講究。待人和藹，且很有禮貌。出門上班時，總是一臉微笑，向他道一聲關先生，他就會微笑點頭，說一聲早。我對他很尊敬，1953 年我和大哥由內地來港，沒有香港出生證，為了升讀中學，就得作宣誓紙證實出生年月，才能參與小學會考。那時填寫宣誓紙用的是英文，我們知道關先生英文好，請他協助。結果兩張宣誓紙，由取表格到監誓官簽署，都由關先生打點，順利得很，到了最後，只要母親在宣誓官面前不知所云地唸了一遍誓詞，我們就有了合法的年齡證件。

我升上中學。那是英文中學，從中二開始，我的數學不佳，時有功課上的困難。曾多次請教關先生，得他的殷勤指導，我才能完成功課。因此我尊敬他，還有點害怕他。關先生對兒女有時很兇，叱罵時聲音大得巷口也可聽得到。關太太是山東青島人，我看過她掛在睡房中那年輕時的照片，實在是很美的女人。然而這時的關太太，已很肥，臉部的輪廓尚能保存三分外，其他部位都已經變了形。關先生壯碩關太肥，再看她的兒女們，個個都也很壯健。大兒子文光，不幸有兔脣；二女美娥，三兒權光，年紀和我相若。四兒國光、五兒嘉光、六兒德光，末子是炎光。關家人才濟濟，兒女成群，有時文光與炎光走在一起，就像叔侄多於兄弟。我與文光、權光都有交情，大家都是玩伴，與國光、嘉光卻已有點隔閡了。

關家的玩意多，英文版大富翁，是他們教的。玩撲克的多種遊戲，彈結他等，都是由他們帶領。權光的結他彈得不錯。

　　有一事必須一提，關家屋內的尾房住了一對母子，葡籍人。看來因為關先生懂英語的人，才能將尾房租給他倆。那葡籍的女人已年過半百，但樣子比實際年齡還蒼老，臉上和兩手都是皺紋，很愛跟我們這群小孩講話，但我們都不知她說甚麼。偶而會聽得她用簡單的英語示好，又給我們起英文名，她叫我「Johnny」，及後，我知道她的兒子也叫「Johnny」。至於她的工作是啥，我不知道，只是在他人的閒談中，偶而提及她是給死屍化裝的。她的兒子很少出門，看見他出來時，總是若有所思，俯首而行，從沒有聽過他發過一聲。有一晚，他竟然在自己的房中以火機、火柴放火，燒衣服。幸而關家及早發現，鄰居亦自發而來救火，房中的火很快撲滅。火滅了，此事也算了結，沒有報警。事後，Johnny 先生就更少露面，更沉默了。

　　關宅尾房之後，是廚房，廚房的右面是廁所。廚房頗大，可置大水缸，水缸口高可及窗，水荒時擔水至窗外，就可從窗口倒水入缸，無須由室內的大廳走至尾間，濺水家內。有一次，關太太在廚房殺雞，手法不靈，那雞死命掙扎，她終於一刀劈下雞頭，那雞兩腳一撐，從砧板躍起，四處亂飛，那雞血周圍噴濺，關太從廚房走出來喊人幫助，嚇得媽媽以為關家突變。殺雞至此，亦是一絕，表面看來，不知是人劏雞，還是雞在斬人。

　　離開梁家和關府，巷兒作直角右拐，那是一個小空地，沒鋪水泥，我們叫它做「沙地」，沙地旁是大麻石疊建的大宅，表面看是兩層建築，每層牆上開了三個窗，每窗住一伙人，內裡住了多少人？不知道。這座石建的大宅，是華園路九號。九號的鐵閘後有一條石階，步下石階，階盡，右看，那才是九號的真正宅門。

原來這座石建大宅有三層，有一層是建在地面之下。這座東西有點怪，因為它的第一層是建在沙地的地面以下，因此第二層的窗開出來，就很接近沙地的地面，我很少見到這層的房子開窗，因一開窗就是沙地的飛塵和我們的叫囂。九號內住了一位非常肥碩的湖南女人，約四十歲，大家都叫她做「湖南婆」。這位外省師奶很兇，可說是整條華園路中最兇惡的女人，沒有人敢跟她吵架，她可以跟任何人吵一整天的架，甚至對手走了，她還站在大門前，拚命地罵。湖南婆最使人害怕的，是她具有馬拉松式的罵人韌力。我親睹她痛罵一個近鄰婦人，彼此互罵個多小時後，婦人不敵，敗走，到新蒲崗工廠剪了一個下午的「線頭」，下班回來竟見湖南婆還在罵，而且見到對手歸來，有點高興，嗓子扯成高吭，又罵得有聲有色。看來，她是以吵架、對罵，甚至獨罵過活的，真專業！她愛罵人，常以一點小事就罵上大半天，連她的兒子也討厭她。有一次，這位碩大的湖南婆在華園路入口的斜路摔了一交，痛得殺豬般哭叫起來，可是經過的人都不理她，後來由街坊福利會的人員打 999 報警，才有警察和醫護人員來幫她。此事後，她看來收斂點兒，然而一旦遇上她生氣的事，她又罵將起來，一人獨罵大會又開始，看來她是患有「罵人病」的吧。到最後，九號賣給了炸豬油的住戶，湖南婆遷走，罵人嗓音消聲匿跡，但炸豬油那陣難聞的氣味又污染了華園路不少空間，討厭。

沙地是我們童輩的遊樂場，是玩伴們校量的地方。我們在這裡打波子，踢膠波，打羽毛球，拿拐杖、木條之類玩打架，大哥、文光等更在這裡學「踩高蹺」，甚至有個叫王政中的，學「神打」，都在這裡。中三後，我的玩意有大轉變，我愛彈琵琶，愛田徑賽，又愛打籃球，這都是沙地不能給我的，因此沙地我就少去了。

九號比鄰，又是一座大宅，沒門牌。一扇紅色的大鐵門關得

很緊、很森嚴，連縫兒也沒有。牆又高，完全看不到牆內是甚麼，整天不見一人出入。原來，這座東西是一座大別墅，牆內是花園，花園後是住處，是很有體面的一座石建別墅，且有一個叫「流香園」的雅名。大宅的入口在聯誼路那邊，走一段小路才到。華園路的那扇紅門是別墅的後門，難怪少見人跡。這別墅的佈局，是送報紙的孩童告訴我的。

沙地的盡頭是十號，平房式的磚建住宅。門前左邊有長方形的花槽，種了兩株聖誕紅。這兩株聖誕紅本來長得頗茂盛，生態很好。後來原屋主遷走了，搬進來的，有幾個不懂愛惜花木的孩子，再加上我們又愛來沙地玩耍，又愛在聖誕紅旁邊談話，於是無聊有意之間，摘下樹葉，擠出白色的汁液，這也算是一種玩意，不到一年，花槽內的聖誕紅通通報銷。

十號分前座、後座，住了兩伙人，前座是陳宅，屋主叫陳飾章，單看名字可見不是普通的人。陳先生很斯文，他下班回家，只見手挾公事包，穿西裝，一臉笑容，說話很有分寸。他工作的時間比關先生還長，因此我與陳先生見面也較少。與他交談很舒暢，他說話很和氣，常帶笑容，說的都是抗日戰爭時他在大後方的工作。抗戰時，他曾在抗日部門辦事，是國民黨的官員。有人說他曾經是粵東某縣的縣長，在韶關也很有影響力。他來香港後擔任甚麼工作，我不知道，他也不告訴我們，連他的孩子似乎也不大知道父親是幹甚麼的。陳先生的夫人很和善，屬典型的賢妻良母，脾氣好得很，與湖南婆簡直是天堂地獄般的兩類人。陳先生和陳太太都不甚管束孩子，孩子都很活潑，甚至過分活潑。陳家住了六個人。除了陳氏夫婦外，還有三個兒子，一名么女。兒子最大的，我們叫「三哥」，有點「神經質」，屬典型的「宅男」。那時，他二十多歲還未結婚，只會暗戀着名伶鄧碧雲，他藏了不

少鄧碧雲的照片，閒時就拿來笑着看，弟弟們每每取笑，他會生氣，兩手撐腰以娘娘腔大罵。曾見他在毛衣外套的口袋裡放一杯熱茶，四處走。我到他家中，甚少與他交談，因他愛睡，每每不分晝夜地睡；有時見他無端發笑，樣子倒也可愛。有一天，他說要「打功夫」，說罷就走出沙地，展開馬步，隨手便耍了一套「十字拳」（他自稱那是「十字拳」），我與大哥見了，很是佩服，從此對「三哥」另眼相看。陳家的二兒叫立邦，三兒叫立堅。父母叫立堅做「阿烏」，即普通話的「阿五」。最小的，女，叫「阿尾」（尾，陰平聲，可能是阿美，或阿媚）。從「阿五」這個稱號可知陳家曾有過大兒子和二兒子。但這兩位公子何以不在家，三兒子何以變傻，陳家都諱莫如深，從不提及。四兒、五兒看來也不知底蘊，這是陳家的一大秘密。

　　立邦和立堅都是我的玩伴，由於陳家管教疏鬆，陳先生又忙，因此立邦、立堅都有些不良的玩意。我們一班年齡相若的孩子在陳家玩撲克、賭錢。甚麼鬥牛、三公、五隻、話事 pair、十三張等都是他們教的。他們有時會賭錢，又打麻雀。我在他們身上學會了不少撲克的玩意，但麻雀不曾打，賭錢更是不敢參加。因為父親十分憎恨人家賭錢，認為賭錢必然敗家。有一年新春在家玩撲克「廿一點」，祖母、姑姐、母親、大哥和我都參與了。這次是賭錢的，輸的要賠一毫。父親進門看見了，臉色一沉，一層黑氣馬上湧在前額和臉頰，因新春時節，父親不好生氣，於是說了一句，這是最後的「一鋪」，聽罷此語，我們馬上收起撲克，連「最後的一鋪」也不敢玩了。陳家兩位公子還教我們養熱帶魚，養大尾孔雀，養鬥魚彩雀打鬥。養魚也是父親討厭的，潮諺有云：「飼魚飼鳥，傢伙了」，意思是玩魚玩鳥，甚麼生活技能都完了。

　　陳先生是有修養的人，他藏了些西洋名畫的彩照，其中有

一些是裸女的畫作，立邦兄弟倆會拿出來取笑，又說些污穢的粗話。陳立邦有時很囂張，上罵三哥，下斥阿烏，且常欺負人。小學時期的我，也曾遭他的欺負。及至小六後，我迅速長高，中二、三時，我已比他還壯碩，這時，他要欺負也得另尋對像了。這位當年的所謂玩伴，現在想起來，卻是壞影響多於好影響的。

十號後座的屋主姓黃，名耀信。他在聯誼路開了一間理髮店，叫「新光」，生意不俗。我自中學到大學這階段，多在新光理髮。黃先生只生一子，是華園路的小霸王，愛打架，幾乎所有年齡相近的孩子都跟他打過架，包括我，當時的我，個子和體形都比他強，但打起架卻還差點火候，嚴格來說，這場架我是打輸了的。其後，大家都長大了，黃公子整個人也改變了，我們也成為好朋友，他寫得一手美麗的英文草書，他也教我怎樣寫。他叫黃大偉。

過十號，巷子右拐。右邊是梁、關二宅的屋背。左面是十一號，十一號是磚建的住宅，大門很小，我不曾進入，內裡有多少人家，住了些甚麼人，都不清楚。

再往前走，右邊是馮姑娘大宅的後牆和後門，牆尾的角落有一棵老桑樹。左面是另一座兩層高的大宅，大麻石砌建，建築工夫很細致。宅外以鐵絲網圍起一個數千呎的「花園」或「菜地」，我在那裡見到木瓜，也見到枸杞。有時還見到大大小小的花，年輕時的我不知那是甚麼花。這樣的大宅以鐵門鎖起，我們這班孩童，休想進入。

在那老桑樹的牆外，巷子拐彎，右邊是一座傾頹或拆毀了的大宅。一大堆的牆磚、沙石，久久不見有人清理，這裡就如一座小山，崎嶇不平，我們叫它做「山仔」。我們愛在山仔上放鞭炮。「山仔」和大麻石大宅後，是一座平房式別墅，白高牆，紅色大木

門，這別墅又是「十號」。大門緊閉，很少人來往。偶然會見到一位頭髮斑白的女人出來，她操北方口音的粵語，大家都聽得很辛苦，於是彼此的溝通也少了。

　　這別墅的主人是誰？我們只知他是大學教授，曾到過父親的舖來，與父親商量製造一部粉筆壓縮機，以加強粉筆的密度，生產出來的粉筆叫「無塵粉筆」。父親依他的建議，把機器造成，粉筆的密度也足夠，只是不夠「直」。教授不滿意，不肯收貨，結果不歡而散。說也奇怪，我們只知他是大學教授，但由於少見臉，竟不知他是十號別墅的主人。其後有街坊說出，我們才知道，華園路住了一名教授。不幾年，這教授也遷走了。

　　再向前走，已是華園路的末端，右面是另一街巷，這巷裡左面是一座大別墅，名叫「桃園別墅」，名伶紅線女曾住在這裡。華園路這邊則是一大座石建的兩層高的住宅，內裡住了不少伙，看來很複雜，自己也不曾走進去看個究竟。後來所有的人都遷走，民居變成了紗布廠。所謂廠，不過是拆掉民居的間隔，拓大了空間，運來幾部機器，用來紡紗。父親是搞機器的，因此不時也到這裡來修理機器。廠內有一位老先生，是半個掌櫃，管理着財政和文書，名陳宜先，懂醫術，他曾對父親的醫術有所指導。陳老先生也常到我舖來吃工夫茶。這間紗廠叫「德豐」，名字起得很好，但守得不久，不到十年就倒閉了。

　　再走，就是豁然開朗的一大片農田，主要是菜地，堆土成畦，種菜心、生菜之類。田疇的右上方，有團團然隆起龜背式建築，那就是機槍堡。我們曾在堡頂放風箏。再走，在田疇的右面盡處，那就是飛機庫。而與鑽石山接壤的大磡村，就在飛機庫的旁邊。

　　短短的華園路，就是這麼一巷亂世的沉澱，錯錯落落地住着一批又平凡但又不簡單的人。

華園路住了些甚麼人？

亂世的人。

由 1949 到 1961 年，遭逢內地另一亂世，不少人逃離內地，跑到香港來。華園路的人，身份雜亂。

從籍貫來說，廣東人較多，但家鄉就有台山、順德、南海、廣州、潮州、客家等。外省的，有山東、湖南、福建。此外，更有新界金田村的原居民。至於外國人，就有葡籍人士；還有一戶，是澳門人。就職業來說，有木匠、裁縫、海員、護士、燕梳經紀、政府人員、國民黨官員、小學教員、理髮店老闆、製豬油的，還有大學教授，也有販毒分子。另外還有退休的、賦閒的、精神有問題的、守寡的、吃軟飯的、享清福的、身份不明的，真個是五光十色，雜然可觀。這麼多種的人齊集在這裡，每個人都帶着自己的故事、特殊的遭遇，或隱或顯地在這裡生活，華園路儼然是一個很特別的舞台，一時間將水滸上山聚義的「英雄」都招來了，大家都在努力演着自己，不容有人替代，甚至不許人來接班。

華園路很亂。門牌不依次序，有重複的編號；電線凌空亂走，就像在人的頭上打交叉；衣服都晾在電線旁，甚至電線上；有簡陋的民居，有豪華的別墅；有正人君子，有假正人、偽君子。

在華園路上呼喊的叫賣聲，也很特別，幸而沒有重疊，聲音都是單聲道，從不會賣豬的會與賣雞的喊在一起，糾纏不清。這些走動的小行商，按次而來，賣報紙的、賣掃把的、賣豬紅的、賣齋鹵味的、賣豬腸粉的、賣雪糕的、賣紅豆綠豆沙的、賣小雞小鴨的、賣衣裳竹的、賣膏藥的；有理髮的、染布的、磨較剪的；收買舊破爛的、舊書冊報紙的。最特別的，是閹雞、閹貓的，趕豬精的。這巷的牆上，貼過香港廣告：555、好彩、駱駝、沙龍、急士頓、總督，都貼過，給撕了或給別的蓋了，不到一星期，那

　　　　　　　　　　　　元嶺傳奇：鑽石山寮屋區起居注

廣告招紙又出現了。一號對面的大牆壁上，就是街招的聚貼處，種種紙招此起彼落，層出不窮。

這裡很少陌生人進來，連呼喊買賣的，都是常見的人。偶然有警察來巡，也跑過小偷，畢竟都很少見。每晚都見的，是更夫，由晚上十時的二更，至翌晨四時的五更，都有更夫竹梆的聲音。偶然，也會見到尼姑，那是稀客中的稀客。

華園路沒有商店，有一塊招牌掛在門額的，是五號的「安美女服」。內裡的裁縫姓列，名叫克紹。他與妻女一起居住，「他們仨」的故事，也就在這裡開始了。

我家與列家相距只二十秒的步程，近得很，但列家是女服的裁縫，父親幹的是五金、汽燈、火水爐。行業的距離卻非二十秒那麼近。大家見面時會打個招呼，說聲早總是有的，但沒啥交情。彼此也不說對方甚麼，也聽不到別人說對方甚麼甚麼。

1962、63 年，鑽石山電力供應改善了，我家在聯誼路經營汽燈、火水爐的舖子，生意開始式微，父親憑自己靈活的頭腦轉向製造機器，舖內的電動工具也多了。有一天，列家的木椅接榫口鬆脫，列先生到舖中來借「駕生」（工具）收拾。父親見列克紹斯文清瘦，怎懂得使用「駕生」，於是到他家中把木椅端來舖中，重新把榫口接好，再用螺絲釘加固，然後送返。列先生問酬勞，父親說彼此鄰居，不用客氣。就是這麼一回事，我們兩家就好起來了。1963 年的農曆新年，列太太突然帶着水果、鯉魚前來賀年，母親隨即以水果、平安參（即花旗參）回禮。自此，每逢過時過節，大家都會彼此相祝相賀，又客氣、又要好。我也開始到列家去。

某日，列先生來舖中走走，喝喝祖父泡的工夫茶。喝罷，叫好。

「列生，這是我的第二仔，叫阿揚。阿揚，來叫聲列叔叔。」

「『藝光』老細，你多大年紀。」

「我三十九，屬鼠。」

「我比你大，我比你大。」

「阿揚，叫伯伯。」

我叫了。

我看列先生的樣子，不管怎樣看年紀不會比父親大，他那青白的臉皮，頂多三十六、七，父親比他老得多。

「阿揚，你叫我『伯父』罷。」

我也叫了。以後，我就叫他「伯父」。那「父」字，叫時發音做「苦」。

我十三歲，唸小六，常到列家去，因為列家有音樂。

入到列家，我見到列太太和列小姐。伯父說：那個是「阿姆」，你叫她阿姆便是，那是「瓔姐」，你叫她瓔姐。

阿姆是典型的台山婦人，看樣子已年過四十，甚或年已五十，只是我不忍心把她估量得太老。她很嚴肅，一頭短髮，乾枯如衰草，雖加電曲，但全無美態。長圓帶方的臉，棕黑交雜，嘴唇已狠狠地有數縷直紋，像束口的布袋，很有「祖母感」。她的兩眼，細小而濁，迷迷糊糊黑白相混，看衣褶、穿針孔時，戴上了眼鏡還要使勁地看，老態都在眉睫間。她的眉心皺出了一條懸針紋，這樣的相格，實在不妙。她與伯父走在一起，不像夫婦。阿姆像上一輩的人，伯父就像她的姪兒，或小弟弟。然而，把他們倆說成是姐弟也很勉強，為甚麼？因為樣貌相差太遠。伯父的容貌、氣質，都非阿姆可以相匹配的。

瓔姐，全名是列玲瓔，年約十八、九歲，高約五呎二吋，秀髮剛過耳，油亮而厚，梳的是簡化了的奧米加裝，即兩旁的髮尾

都微微上翹。鵝蛋臉，豐潤的臉龐，帶點肥胖感，額頭稍狹窄，眉毛由印堂左右平伸，到末梢上昂，然後下彎，濃濃的，十分平整。臉頰不見任何瑕疵，很好看，臉色白裡裹着淡淡的粉紅色，青春的氣息在端正的五官裡歌着唱。她說話時，發笑時，眉毛會稍稍躍動，像傾吐着別樣的心聲。眼睛像兩尾魚，不見尾巴，黑的很黑，白的倍白，大小跟眉毛相稱。從印堂垂下來的，不得了，那竟然是觀音樣式的鼻子，直而細致，鼻孔勻稱。嘴，不是櫻桃小嘴，較大，唇亦稍厚，但一點也不鈍，笑起來不見笑靨，只是嘴角上翹，推起泛紅的兩頰，很美。這張臉，就像民國時代雅致清純的姑娘所有，她身形稍胖，腰肢也不是甚麼柳腰、蠻腰，但腰形仍很清楚。手，很白，很靈活，很細巧。她很少說話，卻愛聽人家說話，她的聲音清清的，如流水細淌，不尖不粗，絕無嬌聲嬌氣。她粗通文字，愛看戲，懂得看粵劇的曲詞。

瓔姐美嗎？初看她，不覺她美在何處，只覺得她是個普普通通的姑娘，五官端正，一點也不難看，也不太好看。到了自己升上了中學，才覺得她是華園路中最美的女性。

伯父克紹先生，很斯文，不說粗話。他的相貌雖非甚麼美男子，但頭髮整齊，那花旗裝梳得很平滑、很講究。眼鏡不是金絲的，但也是鍍金的，在陽光下會閃光。兩眼昏濁，這是長期晚睡所致。鼻子端正，有點氣勢，嘴巴較大，有點覆舟之狀，這是臉龐上最差的部位。唇上下巴都青青的，但不見一根鬍鬚，光滑得出奇。身形瘦長，很瀟灑，會拉小提琴，彈秦琴，拉二胡，打揚琴，精粵曲，能以小提琴拍和，但不擅唱。

這麼三個人聚在一起，憑相貌看，誰也不會說他仨是一家人。伯父、瓔姐二位反而有點相似，而阿姆不管怎樣看，都像是另一種人。難道上一輩的婚姻就是這樣的盲目相匹。

我喜歡到列家來，因為我喜愛音樂。從小六開始，伯父就教我彈秦琴，我在新蒲崗的中元國貨公司以十元買了一個蟒蛇皮的秦琴，在伯父的指導下，很快便學會了。第一首彈的歌，居然是《Oh! Susana》。其後便向廣東音樂的小調進發，彈得較有成績的是《雙星恨》、《娛樂昇平》等。其後，我和大哥又花了十二元買了個龍頭的廣東二胡回來。在伯父的指導下，我又學拉二胡了。中一那年，伯父與我到九龍城買小提琴，那小提琴是內地製造的，鸚鵡牌，售價已忘記，但應該不會超過二十元。那是舖中唯一的一個小提琴，伯父試拉了一陣子，說，初學，沒問題。我付了錢，把琴帶回家，那小提琴還有盒子的，算是有點裝潢。

　　以後，當伯父有空拉琴時，我又適逢放假，我就會出現，拿起秦琴與伯父合奏起來。伯父不擅唱，我則愛唱，自小三、小四開始，我就愛唱歌，由《蘇格蘭藍鐘花》唱至《菩提樹》，老師都說我唱得好。於是我在伯父的影響下，唱起粵曲來。唱啥？第一首學唱的，是新馬師曾獨唱的《啼笑姻緣》。此曲其實不易唱，第一句南音的「寒山月」，那個「山」字就很講技巧，那時我十三、四歲，學着新馬腔來唱，倒有六、七分相似。隨後是唱《鳳燭燒殘淚未乾》、《胡不歸之慰妻》、《胡不歸之哭墳》等，我都唱得滾瓜爛熟。較少唱的是《一把存忠劍》和《臥薪嘗膽》。其他較冷門的，如《周瑜歸天》、《宋江怒殺閻婆惜》，因有京曲，我就唱不好。

　　有一天，伯父家中唱機播着新曲，不是新馬的歌，聽起來那聲音圓潤平實，很有味道，與新馬完全不同。我聽着也喜歡，於是問伯父歌唱者是誰。伯父說：「陳笑風」。一個陌生的名字突地進入我的心坎裡。在我認識的粵曲演唱家，除了新馬，還有老馬（馬師曾）、何非凡、白駒榮、任劍輝、小明星、徐柳仙、鍾雲山、麥炳榮、林家聲等，不曾聽過陳笑風這名字。伯父說，他在內地，

是著名的小生和曲藝演唱家。此後，我又喜歡陳笑風的粵曲，當時伯父播的是《山伯臨終》，我花了幾個星期又學會了，而且唱腔也力追陳笑風。唱片背後是羅品超的《西廂待月》，古腔味道重，我不大喜歡，沒唱。

由於伯父的開導，我愛上了音樂，自中三開始，我愛上國樂。以六十四元（原價八十元，打了個八折），在中元國貨公司買了一個琵琶。那時我不夠錢，向同學借了二十元才湊足價錢，把琵琶買了回家。在買琴時，才發現琴背有一道裂痕，所以才打個八折。那時琵琶不易買，雖然有裂痕，但便宜，結果還是買了。那年是1966年。（這個琵琶在1979年裂開，弦索支離，音斷魂散，甚是可惜。）我自學到琵琶，結果也彈出一個模樣。如《十面埋伏》、《月兒高》、《塞上曲》、《春江花月夜》、《霸王卸甲》等曲，我都會彈，我不懂看譜，只憑聽唱片自行揣摩，花的精神和磨練的時間都較別人長。中五那年，我就代表學校在香港大會堂的聯校音樂會上彈了一曲《十面埋伏》。

伯父除了教曉我音樂，在1964年的六月，小學會考放榜，我考得的名次是三千多名，那時全港的中學學位共八千多，我這個名次自然進不了甚麼名校，那時有按名次先後到派位中心 —— 余道生中學 —— 選學校的。帶我到選校中心的，就是伯父。當時我已決定選擇孔教學院大成中學，因為學校在黃大仙，離我家較近，方便上學。其他條件我都不多理會，那個年頭，我只知有中學繼續學業已很幸運，還能計較些甚麼名校不名校。而入學前，須到一名叫張國天醫生的醫務所作體格檢查，帶我往見張醫生的，也是伯父，而且費用十元，也由他先墊支。

於是，我很樂意在列家當助手。伯父是按尺寸剪裁衣料的師傅，瓔姐是縫衣的，阿姆是釘紐扣、熨衣服的。列家的小廳最佔

空間的，就是那張大裁衣床，目視估計，長可六呎，寬五呎。上面是利剪三把，兩大一小。大剪用得最多，還有直尺，弧尺、顏色粉餅等，都分別放在適當的位置，伸手可取。瓔姐的縫衣機放在房內，腳踏的，勝家牌。阿姆熨衣服在廳的一角，開一張熨衣板，用電熨斗熨衣服。家中沒有飯桌，一家三口坐在梳化上、木椅上吃飯，放餸菜的，是一張茶几。

有一次，有中年婦人來做衣裳，由瓔姐度身。瓔姐邊度邊唸着尺寸，伯父在拍紙簿上記下數字，不曾見伯父寫下一個字，而做出來的衣裳，客人都很滿意。

我在列家當啥助手？我學熨衣服，因為剪裁、縫衣都不容易。阿姆教我用電熨斗，最初是熨「褲骨」，先噴水，將褲骨熨得平直，這點工夫，我很快便懂，於是很多熨骨的工作都由我來做，而且我會熨褲管，熨衣服的前後幅。伯父三人都說我做得好。

伯父的裁縫生意不是光靠客人上門，他會到深水埗南昌街、欽州街一帶，接賣衣料舖頭的訂單，裁製好衣裳後按時交貨，這才是列家生計的主要收入。交貨時，我和伯父各抱一個紙包的衣服，乘 2A 巴士到深水埗去。交貨時，店主都問我是誰，又猜我是伯父的侄兒、學徒。伯父的回話，每說我是他的世侄，說笑時會說我是「跟班」。

我在列家多年，不曾見過有男子來過，也不曾見瓔姐獨自出門。她偶然會與父母到九龍城看粵語片、戲曲片。出門，對瓔姐來說，真是稀有，屬於大事。瓔姐一般都躲在家中，連市場都不會去。外人能看見她的時候，只能在她晾衣服於門外時那數分鐘。而瓔姐晾衣服的機會也少，因為晾衣服的，多是阿姆。

我幾乎是唯一出入列家的外來男性，小六時，我已與瓔姐差不多一樣的高。某日，晚飯後，我在裁床前唱《胡不歸之哭墳》，

唱的是新馬的版本。瓔姐在旁聽着。

「阿揚，新馬仔唱得好嗎？」

「好，唱得真好，香港沒有人比他唱得更好了。」

「你不覺得新馬仔聽見丫環說女主人已死時，他那一聲大叫，太誇張，又突然嗎？」

「啊，是啊，你說的是。我是新馬迷，不易察覺。」

「你看過林家聲演《胡不歸》嗎？」

「沒有。林家聲唱得比新馬仔好嗎？論輩份，他比新馬晚了一輩啊！」

「這不是輩份的事，是承繼的事。」

「甚麼承繼，我不懂。林家聲的唱腔與新馬仔完全不同呀。」

「《胡不歸》這套大戲本來是薛老揸（即薛覺先）的首本，林家聲是薛老揸的徒弟，由他以薛腔來演繹，實在最合適了。」

「啊，原來有這麼一回事，我沒聽說過。……你說得很對、很對。」

「我看過林家聲演《哭墳》那一段，他拔刀將墓前的碑文由『愛女』改為『愛妻』，十分入戲，唱、做都很見工夫呢。」

「我沒有看過林家聲演《胡不歸》，可惜。」

她笑了笑。

「這齣舊戲，現在很難看到了。」

這是我與瓔姐最長的一次對話。她對林家聲推許有嘉，認為演《胡不歸》，林家聲才是正格。當然，如論林家聲的相貌和年紀，都勝於新馬，後來我才感悟到林家聲是她的「偶像」，但這個偶像離她太遠了。

有一次，伯父放剪刀在裁床邊，刀尖露出床外，我粗心大意地走過，右手掌背給刀尖劃破了，一道鮮紅的傷口綻開，淌着血。

「哎喲，阿揚，坐下來。」

在裁床的光管下，她檢了一瓶紅汞水，很小心的給我整治，她左手輕握着我的右手，右手將吸了紅汞水的膠管很慢很慢地逐分逐分的給我塗，很用心，很用心的。

「以後要小心，小心呀。」

瓔姐這樣小心為我塗藥水，我第一個感覺是媽媽給我塗藥。在我的印象中，只有媽媽會為我塗紅汞水，很多次自己有甚麼損傷流血，都是自己塗了算，甚至不理會。第二個感覺是一位好姐姐給弟弟療傷，可是我家只生五個兄弟，沒有姐姐。這個感覺很抽象。到今天，腦海中仍浮現着瓔姐俯着頭兒為我仔細塗藥的情景。

又有一次，我的手被蚊叮了幾口，痕癢難熬，伸手便抓，抓處殷紅一片，蚊叮處抓出了血，瓔姐見了，馬上制止我再抓，她取出「無比膏」，又是很小心、很溫柔的給我塗抹。

我和瓔姐最親密的接觸，就只有這麼的兩次。我只覺得她很關心我，很溫柔。我對她沒有半點奇異的感覺，也沒有其他想法。瓔姐呢，她內心想着些甚麼，我不知曉，對着一個比她年輕九歲的小伙子，她會怎樣想，我不敢胡猜。

幸而，我以後不曾在列家弄傷或叮癢，她也再沒有給我抹甚麼、塗甚麼。還有，我不曾在列家吃過一頓飯，因我家太近，母親在家門前一喊吃飯，我便回家吃去。列家沒有零食，瓔姐不曾給我糖果、餅乾。我在列家的唯一食糧是音樂。

在我唸小五到中二這幾年間，我常常到列家，踏上中三，功課吃力得多，理科是我最弱的科目，學習時有困難。數學中的代數更是一個死結。自此，我便留家讀書的多，較少到列家了。雖是這樣，但當每次經過那裡，看見伯父在幹活，我都會喊一聲「伯

父」。見到阿姆，就喊一聲「阿姆」。見到瓔姐，也喊一聲「瓔姐」。他們三個都在時，我就三個都一起喊。他們仨，都笑着，一般說：「阿揚，回來啦」。

1970 年，我考上了中文大學新亞書院，父親着我向伯父報個喜。他很高興說：「阿揚，自小讀書就了得！」

1971 年 11 月，大哥結婚。婚宴上伯父是座上客，阿姆和瓔姐卻沒來。自上了大學，我和伯父他們仨就生疏了。我放學回家時，偶然只能在瓔姐晾衣服、收衣服時見到她。由於自己長大了，也不會在門前喊伯父，阿姆。說也奇怪，自我中學畢業後，瓔姐見到我總有點尷尬，每次在門前看見她，我輕聲的叫了她，她竟然有點「走避不及」的尷尬，連回應也結結巴巴的。

入了大學，讀書重於一切，從前過時過節送禮的事，我也沒理會了。

1973 年，一件大事發生了。那就是阿姆去世。

那年立秋後不久，阿姆突然去世。列家好一段時間都關上了門，要找伯父來說話或安慰也困難。阿姆患甚麼病，不知道。對於此事，列家總有點神神秘秘，不聽聞有甚麼舉喪的事。一個月後，我去探望伯父，只覺得他有點瘦，但精神還健旺。裁床上放了正要裁剪的衣料，瓔姐在房裡踏着縫紉機。一切工作都與昔日一樣，只是瓔姐多了熨衣服的工作。裁床右側的牆上，掛了阿姆的一幀黑白照片。照片很小，約九方吋左右。

「阿揚，你知道阿姆走了吧？」伯父說。

「知道，母親告訴我的。」

「老人病呀。」

「甚麼老人病？」

「人家血壓高，她血壓低，心臟弱。」

「沒聽過她有甚麼血壓問題。」

「臉色黑黑的，心臟有問題吧。」

「阿姆不開心嗎？」

「唏，你見過她開心嗎？見過她笑嗎？」

「見過，但很少。」

「你說她開心嗎？」

「不開心。但原因呢？」

「只有她自己知。我跟她也少說話，這點你也知道的。是嗎？」

我還想再追問下去，但覺得有點過份，不好意思再問下去。於是，把話題一轉。

「阿姆已登極樂，一定開心吧。阿姆是好人。」

房內縫紉機的腳踏很急。

瓔姐髮端的一朵白花在上下晃動。

列家平平靜靜的，好像甚麼事也沒有發生，似乎要將那不愉快的事儘快驅走，或將一些東西儘快忘掉。

我告辭。在伯父的肩上拍一拍，笑了一下。瓔姐轉過頭來，看了看我，我給她點頭。說：「瓔姐我回家了。」她也瘦了，眉梢鎖得很緊，勉強笑一笑，一臉都是憂鬱，沒說話，縫紉機又響了。

住在隔壁的毛巾季說，喪事全在外面辦，很快就辦妥。大約燒了七天的香就停了。阿姆過身不及三個月，毛巾季一家也搬走了。

列宅那差不多四百呎的天地，就只有他倆父女。

1974 年夏天，我大學畢業。我向伯父報告，他說：「這麼快就畢業，你打算找甚麼工作？」

「我會繼續讀書。」

「家裡夠錢嗎？」

「我會自食其力，不會花費家裡一分一毫。而且會有點錢給母親。我現在已是一間夜中學的教務主任。」

「了不起，有女朋友沒有？」

「沒有。」

「唔，快些吧，快些吧。」

秋天，我隱約聽到外間一兩句關於列家的說話，該是列家對門那新遷入來的女士說的。那句話是「不知道這父女倆在屋內幹些甚麼？」第二句是「做父親的應該早將阿瓔嫁出去，難道真個留給自己用唄！」

類似這樣敏感的話會引人作無聊的想像、諸多的猜測。何況人都愛說是非，愈敏感的事愈多人傳，愈含糊的事愈多人七嘴八舌地說。傳得多了，就算是假的，人家都會看作是真的。

七十年代的華園路僭建的住宅甚多，我家隔壁的冷巷也變成民居，有一對年輕夫婦搬了進來，他們說話，我在家裡也聽得清楚。

「撞鬼了，兩父女住在同一間房。」女的說。

「人家怎樣住，你不要理會。」

「這種事，不行。」

「幹嗎不行。那女的難道不是他親生的？」

「不是親生也是父女，這樣關起門來住在一起，不行。」

「哪又怎樣？你去揭發它，告它。哈，哈。」

「我覺得那男人很自私。」

「自私？」

「不是嗎？女兒已這麼大，老早把她嫁了不就乾乾淨淨嗎？」

「你知道那女的願意嗎？」

「我覺得那男人是變相禁錮那女的。你有見過那女的出門嗎？……最近，連男的也少出街。」

「你的觀察力真厲害。不用上班難怪這麼有精力。我發了達在中環開一所私家偵探所讓你發揮發揮。」

「不要挖苦我。我們住得那麼近，沒法子不留意這些事，何況這些事有點怪。」

「我跟你更近，你有沒有留意我呢？」

「誰留意你？」

「你不留意我，我就……」

「你最好出去勾三搭四，回來，我給你好看的。」

「好看？甚麼好看。我就是好漢。」

「閹！閹了你，看你還做好漢？」

「用裁縫佬的剪刀。」

夫婦說後大笑。女的又扮生氣，走開。

1978 年，我結婚。遷出鑽石山，每星期回來一至兩次。

數年間類似的風言風語，仍然有人說着。報章上一旦有些男女不正常關係或風化案的新聞，華園路的人就會聯想起列家。認為他倆是「極品」的男女關係。

每次回家，必經過列家，那大門次次緊閉，從前我於列家是自出自入，如今要叩門，很陌生。多少年來，我入列家不需要拍門的。

由於學校工作甚忙，我與列家的關係也愈來愈生疏，每次回鑽石山，我都很少主動找伯父去。回到家來，說起列家，母親也說甚少見他們出來，門常關着，連上市場也見不到他倆，不知道他們父女怎樣過活。過節時，母親依舊臨門送禮，列先生出來開門，收了禮物，連聲道謝後又關上了門，從前那種比鄰情誼似乎

都沒有了。最厲害的是那批新遷來的師奶婆娘，沒事做專好理人家的事，或見列家有甚麼「風吹草動」，便會借故探查，問長問短。

面對傳言、流言，伯父和瓔姐只有逃避，不去面對，以極大的容忍，躲在家中。或許他倆太怕事，而面對這種流言無法應付、無力反擊。或許，伯父曾出門購物，看見街坊的嘴臉有些改變，又親耳聽到那些閒言閒語，他只能避開。伯父和瓔姐的生活圈子愈來愈小，他們只能忍着，以不變應萬變的心態面對一切。

我較失望的，就是伯父連我家，特別是我，似乎也失去信心，不敢、不肯跟我們說話、來往。以為我們都是無聊人，愛說別人的是非。

然而，我不相信，也不肯相信伯父與瓔姐會亂起來。

這種謠言，摧毀人格，粉碎人倫關係。伯父不能再睦鄰，不能再與華園路的街坊交往，甚至他倆遭受變相的排斥，他的生存空間或許還有一點在深水埗、南昌街。我覺得他固已沒有親戚，現在連朋友、街坊也沒有了。他倆能怎樣？遷走吧，談何容易。在華園路居住，只交水費、電費，其餘甚麼地租、差餉都不用繳交。一旦搬出寮屋，甚麼費用都得繳付，不易負擔。

列家小廳沒有窗，長年靠光管照明。雖說有三個窗口，一大兩小。大的在睡房，小的，一在浴室，一在廚房。整個空間，光線不足。把大門一關，這個小天地會是怎麼樣的地方？精神科的監獄？灰沉沉的囚牢？

1984 年，我在鑽石山地鐵站外看見伯父，大家相距不遠，他應該也看見我的。當我趨前打算向他問好時，他竟然連忙急走，轉入了街坊福利會，我覺得他是有意避開我的。於是，我也直接回家，不上前找他，免得尷尬。當時，覺得年近六十歲的伯父，還能健步如斯，真不錯，只是樣子有點變了，頭髮半白，蓬鬆如

亂草，兩頰細小，穿上一件寬大的紅色毛衣外套，黑西褲，穿甚麼鞋則看不到。他的樣子似乎比父親還要老，1984年父親六十歲，我三十四歲，瓔姐呢，也應該四十二、三歲了。

自此之後，我不會主動探望他們。我們的關係幾乎完全斷絕。

他們仨究竟是甚麼關係呢？

當我還在初中時，伯父曾對我作這樣的自述。

「我出生在台山縣的縣城 —— 台城。二十歲前，我住在台城，家裡算是有幾個錢，在街上碰到我的，都叫我『少爺』。日本仔打廣東時，我們遷往緬甸。

「我在緬甸住了好幾年，期間我認識了一個當地的女仔。家人反對我跟她好，結果，我們結婚不成，那女仔竟然蹈水死了。她死後，我夜深在家裡打揚琴，她會偶然出現來見見我。一身白衣，很淒涼。

「我列家的家教很嚴，規定如要娶妻，一定要娶台山的。廣東眾多的縣，沒有一個比得上台山。這是列家的看法。

「結果，我跟了阿姆。」

「我跟了阿姆」這句話，當初我不知其底蘊。長大後，見識多了，才知道廣東珠三角各縣，如四邑，有點錢財家底的，娶媳婦都會娶個年紀較大的，好來照顧年輕的新郎。有些新郎還是個孩童，就有一個二十多歲的老婆，並會叫老婆做「阿姐」。「我跟了阿姆」，是指自己比阿姆年輕得多。一個「跟」字，實在可圈可點。

在鑽石山列家，阿姆的身份表面上是女主人，其實她是個女傭人，照顧着另外那兩人。

我很覺得，他們三個人，三個樣子，不像一家人。或許阿姆是寡婦，帶着瓔姐嫁給伯父？但阿姆和瓔姐是兩個樣子，殊不相似；而阿姆嫁予伯父時是不是寡婦，已無從查證。但她帶着瓔姐

來「嫁」給伯父，或許就是事實。伯父對於這種謠言，不曾辯白半句。那麼，瓔姐是甚麼人？到今天還沒有弄清楚。光看樣貌，阿姆、英姐完全是兩類不同的人，頭髮、膚色、面貌、行藏舉止、說話語調完全沒有半點相似。而且瓔姐說話，廣府話多於台山話，說起廣府話時不帶半點台山鄉音。而阿姆則不甚會說廣府話，說時也很吃力，且帶着極濃的台山口音，這點連伯父也有點相像，就是說話中常帶台山口音。

我猜想，瓔姐原籍也許是台山，但她長時間生活在廣府話地區，或許家中有很多廣府人。阿姆和瓔姐不可能是母女關係，因阿姆沒法孕育這樣相貌美好的女兒。我覺得伯父年輕時很浪漫，在緬甸晚上叩琴引鬼的故事委實帶幾分淒怨，那麼瓔姐會否就是伯父跟這個女子所生的女兒？這又過於詭異、曲折，難以置信。於是，我又猜想瓔姐是阿姆的少主人，只因抗日戰爭，瓔姐一家不幸巢傾卵破，阿姆帶着女少主人投奔列家。伯父見了，動了俠義心腸，答應阿姆的請求，以一家人的名目遷到香港來。這當然是我對瓔姐有太多好感，所以有這種猜想。

至今，我最遺憾的，是沒有跟他們仨合照過一張相片。

踏上九十年代，華園路的原住家庭已少得如鳳毛麟角。舊的搬走，新的遷入，一如走馬燈般，華園路的老居民，只有列家、我家、梁家和文氏一家，其餘都是新來的人，變化真是太大、太大了。

92 年，當我回家時，竟然聽到有新的街坊說：列生、列太手工好。說的是「安美女服」的手工。

回家問起來，新來街坊所稱的列生、列太就是伯父和瓔姐。

我不相信這事。新街坊簡直在胡說八道，伯父和瓔姐怎會是夫婦。再從另一個角度看來，他倆自阿姆去世後，忍受了多少謠

言惡語，逃避了多少歲月時光，現在謠言再已沒人說，他倆理應重新改造身份，他倆應有自己新的生活。

然而，沒有他們親口對我說出真相，我真的不相信他們就是夫妻。

伯父這位男士，不管從樣貌、氣質、年紀都配不上瓔姐，瓔姐許身的人，應該是林家聲一類「官仔骨骨」的俊男，怎能是伯父？如果說瓔姐不肯或不能出嫁，就是在守候着年紀比她大最少十八年的人，我不肯相信，也不願相信。相反，我寧願狠心的以為伯父後來變了：他控制着、軟禁着瓔姐，讓她生活在自己的身旁，以粵曲養着她，她又以縫衣反哺他。列家裡連電視、電話也沒有，他就把瓔姐控制在自己咫尺的視野內。但伯父是這種人嗎？我對他的性格，大概尚可了解；但對於他心靈深處的所思所欲，那就是一無所知了。他懂愛情嗎？他敢於突破成規嗎？他給我的印象是柔弱、謙讓，甚至有點脆弱、怯懦，他不敢幹違心的事。道德倫常這樣的大是大非，他更是徹底的順從，那敢說「違反」二字呢！

我最了解他的，是他的音樂，他的琴技我佩服，他的剪刀，我也佩服，看他裁衣剪樣，真個是藝術家的境界。他是個深沉而不外露的奇人？還是個浪漫得變了質的傢伙？這點我又無從斷定。但我不能想像伯父可擁着瓔姐睡覺。

有一次，我打從瓔姐背後走來，她正在門前收衣服，她不知道我正步向她。我見到她的背影，沒太多改變。腰肢是粗了點，但還不算走了樣。我走上去，說一聲「瓔姐」，她驚愕地回首，即時後退了幾步。或許這些年來，所有住在華園路的已沒有人這樣叫她了。只見她執着一件短衣，端詳了我五、六秒。

「啊！阿揚。」

她終於叫了我，但再沒有說話，像夢醒一般趕緊收起衣服，轉身入屋，關門。大家沒有說其他的話，連說一聲「好」似乎也很吃力。啊，剛出五十歲的她，面貌已變，變得像一位老婆婆。麻斑無情，雖輕輕地描在臉頰上，但原來的潔白無瑕已一去無蹤。額前、鼻旁已有皺紋，她彷彿吃了甚麼毒藥，突然變得似六十多歲的老女人。唯一不變的，是那聲線嗓音。她一關上門，我便覺得多年來與他們的關係已然告終。

　　2000 年，政府要拆遷鑽石山的所有寮屋，原居民都安置到藍田村或附近的舊屋村。2002 年的聖誕假前，我從學校步經黃大仙龍裕樓，我見到兩個人相扶而行。男的衣服很厚，女的身上也有一件墨藍色的厚毛衣，男的手中有拐杖，女的右手挽着男的左臂膀，兩人走得很親密，我步伐爽朗，很快便趕過他倆，偶而回首，發覺他倆竟然就是伯父和瓔姐。

　　此事對我來說，雖然已沒有甚麼關係。然而，我至今仍不明白，伯父和瓔姐到底是甚麼關係？生逢亂世的人應怎樣執持生命的原則，面對自己的遭遇？

　　他們仁生於亂世，亂世的人對生存有特別的體認。然而，亂，只是環境，自己就不該亂下去。在亂離中、流浪裡，我們應該超拔出來，昂首而活。是嗎？

　　　　初稿：27-5-2016，下午 2 時 06 分動筆。 2-6-2016，下午 1 時 46 分完成。
　　　　　　　　　　（寫於沙田威爾斯親王醫院新翼 8C，36 號床上）

補記：
　　華園路很亂，沒規章，沒定格。住所戶戶不同，不少人都是從內地遷出來的、逃出來的，他們都有「客居」的意識。幹活都

為生存，只要能賺得生計，甚麼活都不計較，甚麼興趣、理想都不考慮。照我觀察所得，有些「客居者」還考慮着，只要內地一旦穩定過來、好轉過來，他們就會回家鄉去、回老家去，他們認為那邊才是他們的根，是他們生命的歸終處。既然是「客」，他們會把很多東西都看成是短暫的，非我有的，於是有不少人的生活，仍守着舊時那種習氣，改不掉；有些卻變成另一種人，會活得很快意時同時也會覺得很失意。

　　傳統所謂倫常道德，在中國的農村保留得最好。農民單純，除生活之外，別無他想，家中每個成員都得幹活，相互依存，物質條件簡單，人的本性不易埋沒，親情因相互協作而倍加珍視，老百姓生活在倫常道德裡，認為這是必然的，天經地義的。中國的傳統社會，愈是富貴，倫常道德就愈徒具形式，金錢多了，物質豐富了，人就容易墮落，當人欲無限量膨脹，人就會愈接近禽獸。然而，一到亂世，甚麼倫常、甚麼仁義，例必失常、失敗、不義、不仁。肚子餓了，有人「易子而食」，吃人肉；國家有難，有人「殺妻饗軍」，有人發國難財。亂，使人失掉常性，變得涼血，沒有良心。自抗戰勝利到解放後那五、六年間，中國很亂。因為亂，於是很多內地的人就跑到香港來。有些跑來鑽石山，跑來華園路，亂，是他們痛苦的經驗，背着這種經驗生活在這裡，有拼搏的，有吃苦的，有幹非法勾當的，有清福自享的。很多歡笑聲的背後，仍有那陣亂世痛苦的呻吟隱約潛伏在心底。

　　既然在亂世而暫得安穩，有些人就會放縱自己，為所欲為。亂世的陰影，像華園路的懸空電線，橫七豎八，亂成險狀，纏作困擾，意外是避免不了的，快感是短暫的，虛假的。

　　華園路的人情世局，是一種亂世後特殊聚合的社會意識，大家生活在其中，彼此相互熏習、渲染，面對種種事物情態，大家

聽着，看着，閒談時說着，一切似乎都與自己無關，於是有人疏
於自省，胡作非為，亦有人講是講非，惟恐天下不亂。自亂世逃
來的，都有這種繼續亂下去的權利嗎？

　　如今，華園路已經拆掉了，一切似乎都已經歸於歷史，鑽石
山「大觀片場」曾拍過不少文藝巨片，但〈他們仨〉或許就是最真
實的一齣，今天把它寫在這裡，就像吳楚帆、黃曼梨、容小意打
算細讀的劇本，輕輕放在馬閘裡。

2016 年 7 月 28 日早上 10 時 28 分　迎濤灣居所完稿

第三折・

「大觀片場」的飛花亂絮

楔子

哪是誰家的戲棚？

哪是何處的簫鼓？

一片梨花，春風起，她開；春風歇，她謝。她如朝霞一剎，即如黃昏的煙雲而淡滅。千百粉黛，多少偎紅倚翠，所有的凝脂聚粉，不過都是浮塵散影，如春末的梨花，開了又謝了。

我在追攝那最後的一層水影，水銀燈下的叢叢芳影，未按快門，芳蹤如燕，剪一下尾巴，就把菲林給剪斷了。那燕子似乎是白色的。

水影楚天闊，一帆獨往來。甚麼華南影帝，只不過一個虛名，說了等如白說。甚麼銀壇鐵漢，終亦鏽蝕為塵土，一陣風就把他吹走了。曹雪芹當年巧製了一座「大觀園」，好用來串演悲劇，紅色的高樓，夢裡竟淚雨潸潸，哭壞了不少癡戀的靈魂、多情的少艾。元嶺山下，那裡既是戲棚，又陣陣簫鼓、結他，追趕着西半球那聖殿般的片廠規模，彼方叫「荷里活電影工業」，此處是「大觀聲片攝製工場」。春風裡的二十年，不待鑽石山的秋決遷移，她就自行殘毀了。

鑽石山有「大觀片場」

「大觀片場」在元嶺山下，它的東端，就是「志蓮淨苑」。在它的大門西望，就是「信義會教堂」。

上世紀五十年代，在元嶺山下有三座頗具特色的建築。東面是「志蓮淨苑」，偏西的是「信義會教堂」，居中的是「大觀片場」，三者都有點依山取勢，頗得風雲結聚之道。

「志蓮淨苑」位於鑽石山鑽石路 33 號，其右是一條山溪，過溪橋走三分鐘，就是斧山道，那可說是鑽石山最東的邊界，與斧山道接壤的就是牛池灣村和坪頂村，那時彩虹村尚未建成，極目所及，可眺飛鵝山麓新建的「德望中學」；自清風岩而下俯，都是農田和村舍，種菜種花種番石榴，有幾處染紗的場地，還有一所「金霞精舍」，佛道皆修，然而格局不及「志蓮淨苑」。「志蓮淨苑」的勝處，是據元嶺之東處而統攝山村水舍。

「信義會教堂」雅淨玲瓏，有點雕梁畫棟的秀美而平和得體，它的勝處是得中華建築之精殊而不露十字洋教的內蘊，顯得親切而崇高，尤其是山坡間那叢叢碧綠的台灣相思，與雅築紅黃相襯，有點綴元嶺西麓的奇效。

「大觀片場」嘛，就像紈袴子弟的一襲華衣，把山莊、別墅一樣的原貌，轉作你和我的造夢工場。山莊、別墅不是公共屋村，它有的是屋主的個性和生活藝術的深度，四十年代的洋房，有一個很大、很大的花園，一盆花、一棵樹，都很講究。片場，就是不斷變換場景的地方，此時是巴金的民初格調，轉刻卻是包拯的北宋公

堂。「大觀片場」據於元嶺正中心的北斗之位，以閃爍的明星，要使元嶺永垂不朽，讓中國電影有一個借鏡西洋的轉捩點，香港影視有一簾幽夢般的素描。這個片場，此刻如梨雨春花，下一剎竟是杜鵑斜陽。二十年的燦爛，是鑽石山一輩子的輝煌。哈雷一樣，星雨一般，閃耀過去了還是要留點痕跡，它藏在大老山的隧道裡，以長長的生命，血管一樣走往昔日的迴旋處，錄影帶、錄音機一樣的迴旋，又黑又白的車頭燈，像播映着吳楚帆的一段舊話：「人人為我！我為人人！」這片場是為香港人而建的！

片場的方位與格局

「大觀片場」之始建，自有一番籌資鳩工的策劃。籌策者誰？趙樹燊先生是也。

據大哥說，趙樹燊先生（1904—1990）是中山人，是名導演、名監制，也曉編劇，對電影製作有大抱負，亦敢於作大施為。

1933 年，他與關文清先生等籌建「大觀影片公司」（Grandview Film Studio）。這個構思在太平洋的彼端，而落實註冊，則在 1935 年的香港。三十年代中期，趙先生在土瓜灣覓地籌建「大觀影片公司」，初有所成，開始拍片；然 1941 年 12 月，日本發動太平洋戰爭，時趙樹燊先生滯留美國；翌年香港淪陷，片場已毀於空襲，復建之計，礙於戰火給煞停了。及至和平後，香港漸轉安定，趙先生自美國回來香港，又開始他的「電影夢工場」。1947 年，趙先生以「大觀公司」的名義，購入九龍鑽石山正北端的「梁仁甫別墅」，把它擴建成「大觀片場」。

梁家別墅，是鑽石山大觀路盡頭的一所大型花園居所。居所北面已是元嶺圓頭山的東側，再東，就是「志蓮淨苑」。片場、淨苑之

間，有一條靠北的黃泥山路相通接，山路兩旁盡是叢林矮樹，不着人間煙火，這點風光，已是上佳的「外景」場地。就算要取山林幽雅之趣，怪石嶙峋之奇，這附近就有足夠的自然景緻可供拍攝。至於別墅內的建築，既能作原物取材，亦有花園池林可用，別墅內東面是一個大空間，片場廠景就可建構於此。趙先生購入「梁仁甫別墅」，實在明智之極。

「大觀片場」在大觀路的盡頭，片場外是一塊大空地，三面草木環生，北端有小路透向那黃泥山路；東面是片場的圍牆。那牆以地牛石砌建，上有爬牆虎之類的藤蔓植物，牆頭可見群竹如蓋，映翠依依。牆的盡處有榜柱，柱上直書「大觀聲片有限公司」八字，柱旁開一個大鐵門，鐵門白底紅框，經常關上，予人森嚴之感。鐵閘的右側，設了一進出口，有門人守着，出可無礙，入則須查。進門，就是原梁家別墅，左為樓房，右為花園。花園面積約為樓房的三倍。內有一大水池，園中多種相思樹，與水池相望的，是梁家別墅的主樓，樓前有石階七級，黃粉牆，紅窗戶，入內，就是片場的辦公室，另外設有儲片室兩間、儲物室、沖片室、剪接室等。主樓外有路引向片廠，根據 1955 年香港地政署地圖 (163—SW—8 (1:600)) 顯示，這裡設有兩個片廠，面積分別約為 140 呎乘 70 呎和 90 呎乘 50 呎。廠內多以厚帆布或木板做間隔，牆上有山村水舍的油畫設景，地面有亂石矮林的實物佈局；轉個彎，可以是明代的家居廳堂，也可以晚清的茶樓販市。頂端有鐵橋棚架，水銀燈就放在架上。架下有三數「馬閘」（或稱「馬紥」，可摺疊的帆布長椅，供躺臥用。）乃演員小休之處。片廠早上，多是空靜無人。午後就人來人往，吃喝連聲；一聲「CAMERA」後，則四面寂然，明星出來拍戲了。這情況每每延至深夜，常有愈夜愈烈之象。

我家與片場相結繫的重要人物：李連洽先生

我家舖子「藝光」和「大觀片場」是有點關係的。我有兩位世伯，李連洽先生和趙德壽先生，都是「大觀片場」的人。他們倆都是六十年代初就來到「藝光」的。

李連洽先生，廣東中山斗門人，年紀約大於父親十三、四歲，我們尊稱為「李伯」。李伯體格壯健，步伐輕爽。頭髮灰銀，全向後梳，作民國式的花旗裝。長臉形而頰有肉，粗直眉毛，金框眼鏡，耳大鼻大口也大，嘴巴上唇較薄，法令長，地閣有肉，臉色紅潤，光華四射，是個典型的福相；然而說話聲音較乾、散，似是十清而一濁之瑕。李伯平日愛穿白色竹紗紡襯衣，西褲，衣着輕鬆、潔淨；冬天來了，他每添一件深棕色的皮襪，從未見過他結領帶，繫頸巾卻常有之。李伯談吐溫文，笑容較少，愛說道理但絕不疾言厲色，具親切感，也帶不能稍犯的威嚴。

李伯是「大觀片場」的司理，所謂司理，就是片場的管事或董事的意思。李伯榮任司理，應是趙樹燊先生的左右手；「大觀片場」的伙記、職工，都謔稱趙、李二先生為「水喉」，意即「有『水』之人」、「薪金的供應者」（「有水」，即「有錢」。）但在我眼中，李伯絕不似有財有勢的「有錢佬」，相反他與「有錢佬」的表現完全不同，他平和、客氣，從不說他的輝煌過往，低調得很。

在電影界的角度來說，李伯是製片人，也曾當過導演。所謂「製片人」，就是影片的總監，是整部影片的策劃人、監管者。在影片開拍前，「製片」是策劃者；在影片拍攝期間，「製片」是監管人。「製片人」的最主要助手是「製片組」。製片組是整套影片的管家，負責拍攝前後所有大大小小的工作。在整個拍攝過程中，製片人須全程監督，定進度，計預算，須與監製、導演、演員及相關職員等緊密

聯繫。在「大觀片場」拍片，製片人可以是外人，也可以是片場中人。據網上資料，李伯曾是 1950 年《年晚錢》及 1954 年的《新玉堂春》、《仙國奇緣》、《長相思》等影片的製片人。

1950 年 12 月 17 日放映的《年晚錢》，屬「大觀員工福利會」出品，乃喜劇電影。製片委員為王鏗、李連洽、鄭樹堅、潘炳權。導演是吳回。主要演員有張瑛、吳楚帆、麗兒、黃曼梨、伊秋水、葉萍等。

《新玉堂春》是國語片，導演是趙樹燊先生。主要演員有王元龍、麗兒、岳麟等。製作公司為「大觀聲片有限公司」。《新玉堂春》是香港第一部寬銀幕電影，上映日期為 1954 年 7 月 22 日。

《仙國奇緣》也是國語片，導演也是趙樹燊。主要演員有岳麟、水維德、溫耀華、楊易木、彭嵐等。上映日期為 1954 年 12 月 1 日。

《長相思》是國語片，製片人為李連洽及黃玉麟二位，由趙樹燊執導，主要演員有歐陽莎菲、黃河、蔣光超、張翠英、吳莎、高山等，在「大觀聲片有限公司」攝製。

而李伯在三十歲前，更是《玉梨魂》(1939 年) 及《肉面狐狸》(1940 年) 這兩套粵語電影的導演。(按：這兩套電影，都是石友宇、李連洽聯合導演。石友宇與李伯同屬廣東中山人。石先生 (1910－1950) 在香港受教育，曾當教師。1930 年考入香港聯華演員養成所，為第一屆畢業生。以肺癌病逝於「荔園」，年僅四十。)

《玉梨魂》是愛情悲劇，上映日期為 1939 年 7 月 21 日。由鄺山笑、朱劍琴、黃壽年、李幽慈、馮應湘等主演，由「大觀聲片有限公司」製作。

《玉梨魂》原為小說，連載於上海《民權報》副刊，其時為 1912 年。小說的作者是徐枕亞先生，屬鴛鴦蝴蝶派的作品。這小說文辭清麗雅致，具自傳色彩，描寫愛情心理極細膩，所以在 1924 年已被

1971年11月1日，攝於長兄婚宴上。右一為作者祖父，右二為作者，
居中者為李連洽先生，其旁為區祖諾先生。

改編，拍成電影。香港於 1939 年拍攝的《玉梨魂》，具電影史意義，因為繼後續拍《玉梨魂》者不少，這片甚具先導意義。

而《肉面狐狸》亦屬愛情悲劇類型的電影，上映日期為 1940 年 5 月 8 日。趙樹燊先生任監製，主要演員有林妹妹、盧敦、胡美倫、周志誠、施威等。由「大觀聲片有限公司」攝製。

在我們這班世侄面前，李伯很少說他當年拍片的事。但他見過不少電影明星，他曾說：伊秋水的幽默，吳楚帆的氣魄，都不是「造」出來的，而是「活」出來、「流」出來的。李清扮演「傻仔」，在口角裡塞兩粒生欖，就能透出一股傻氣，逗人發笑。李伯看了數十年的明星、演員，看見種種人性表現、各類行為的得失，只覺得這一堆人，有儈夫、有雅士；有風流客，亦有下流人，李伯多年來不曾說過要我們當明星、做演員，在他的心目中，最要緊的是有一門獨到的手藝（現在叫「專業」），更要緊的是有「人格」，要做堂堂正正的人。

說到吳楚帆的氣魄，不得不說「中聯電影企業有限公司」（簡稱「中聯」），及「中聯」與「大觀片場」的關係。

「中聯」成立於 1952 年 11 月。由於戰後大量難民湧入香港，粵語片的投資者、製片人掌握時機，趁勢拍了不少「七日鮮」的低質素電影。這類電影多屬公式化的歌唱片或低級趣味的喜劇；五十年代初，又重拍了不少二、三十年代的武俠名作如《火燒紅蓮寺》、《荒江女俠》等，並掀起了短暫的武俠片潮流。但這些無益於社會現實、主題意識不太健康的電影，頗為正道的電影人士所鄙棄。因此，以吳楚帆為前衛，與志同道合的粵語片的演員、導演、編劇、製片等聯合起來，發起了「粵語片清潔運動」，並聯名公開發表了〈粵語電影清潔運動宣言〉。他們聲稱要「團結一致、盡一己之責、不負社會之期望，停止攝製違背國家民族利益、危害社會、毒化人心的影片。」

「中聯」之組建與成立，據盧敦的憶述：早在 1949 年，他們一班有志於電影之士，如吳楚帆、白燕、盧敦、黃曼梨、張瑛等，就在白燕家裡討論拍攝粵語片應有的方向和使命。他們願意以「兄弟班」的方式組成一個粵語片的拍攝團隊，這個兄弟班有二十一人，他們是：李清、張活游、吳楚帆、馬師曾、張瑛、白燕、容小意、黃曼梨、小燕飛、紅線女、紫羅蓮、梅綺等男女演員，又聯同李晨風、劉芳、秦劍、珠璣、吳回、王鏗、李鐵等編導，又有朱紫貴、陳文等製片及行政專才。在當時來說，可以說是人強馬壯的。

　　這班導演和演員的演藝工夫扎實，既有積極抱負，亦具藝術才華。他們對電影市場亦有探討，認定拍攝寫實而健康的家庭倫理電影，必有市場；又認為當時的觀眾會愛看這類電影，原因是戲裡的人物，或許就是自己，或許就是自己認識的人，易生親切感，電影的美好結局，亦每每能為觀眾吐一口氣。以香港當時的世局而論，這類寫實電影，頗能迎合觀眾的心理，且具平衡其心理及作不平鳴的積極作用。

　　「中聯」的演員各有各專擅的演藝空間，如黃曼梨擅演惡家婆，其形象入形入格，專愛欺負白燕、容小意等這類可憐的媳婦；盧敦專演老太爺，十足頑固家長，威嚴而冷酷，具壓迫力和權威感。而吳楚帆、張活游、張瑛和李清，就被譽為當時的四大小生；白燕、梅綺、紫羅蓮則是三大花旦。他們的戲路廣，又重視彼此的協作，各人有各人的戲份，絕不會妨礙每一個人在某一場戲裡可以發揮的藝術空間。吳楚帆予人善良忠厚的長兄特質，有點格利哥利柏 [43] 的

43　　Gregory Peck (1916 － 2003)，美國著名演員，曾主演《意亂情迷》(Spellbound)、《金枝玉葉》(Roman Holiday)、《怪屋疑雲》(To Kill a Mockingbird)、《山河血淚美人恩》(The Big Country) 等，並屢獲奧斯卡金像獎及金球等最佳男主角殊榮。

氣貌。張活游則善良而稍帶柔弱感，自有一番內在的抒情張力；張瑛相貌俊俏，可演不同性格的男性角色，戲路廣而揮灑自如；而李清矯壯粗獷，很有男子漢的魅力，1965 年他曾扮演盲俠，與其說他演得像勝新太郎[44]，不如說他具三船敏郎[45]的形格。至於白燕的賢淑、梅綺的嬌媚、紫羅蓮的甜美、容小意的活潑，都各具藝術形象而不相交疊。以電影作品而言，張活游印象最深刻的，是《可憐天下父母心》，這齣戲的導演是楚原，其中情節即取材於真人真事，當時有窮教師為生活所逼，將至愛的親生女兒送予他人，楚原將此事移入電影中，所以甚得觀眾的同情及共鳴，這電影除了白燕、張活游演得出色外，就連那四位童星：黎小田、梁俊密、王愛明、馮寶寶，都有自己的戲分：他們能把戲中兄弟姊妹的情感扣連起來，形成不可或缺的張力，甚能發揮整齣戲的感人效果。

至於「中聯」的導演團隊，他們都具有「編」和「導」的功力，如《家》(1953，吳回編導)、《春》(1953，李晨風編導)、《秋》(1954，秦劍導演)、《危樓春曉》(1953，李鐵導演)、《芸娘》(1954，吳回導演)、《家家戶戶》(1954，秦劍導演)、《寒夜》(1955，李晨風編導)、《父母心》(1955，秦劍導演)、《天長地久》(1955，李鐵導演)等，這都是五十年代中極出色的作品。其中《寒夜》，還得到巴金親口的讚譽，他認為電影拍得比原著小說還要好，巴金在 1962 年 4 月的《談自己的創作》中〈談《寒夜》〉裡，曾高度讚賞吳楚帆的演技，他說：「四年半前吳楚帆先生到上海，請我去看他帶來的香港粵語片《寒夜》，他為我擔任翻譯。我覺得腦子裡的汪文宣就是他扮演的

44　勝新太郎 (1931 － 1997)，日本著名演員，代表作為盲劍客「座頭市」系列。

45　三船敏郎 (1920 － 1997)，日本著名演員，曾兩獲威尼斯影展最佳演員銀獅獎。多次演出黑澤明執導的作品如《羅生門》、《七武士》、《用心棒》、《野良犬》等，被譽為黑澤明最佳拍檔之一。

那個人。汪文宣在我的眼前活起來了。我讚美他出色的演技：他居然縮短了自己的身材！」片中的男、女主角是吳楚帆和白燕，吳楚帆飾演汪文宣，白燕飾演曾樹生。《寒夜》中的汪文宣，是個患肺病的孱弱職員，而吳楚帆是個高大的漢子，巴金說他「他居然縮短了自己的身材。」就是指他能將弱小的病者演活，彷彿縮短了自己高大的身材。

「中聯」自1952年成立到1967年結束，期間內共製作四十三部電影，其中二十六部為「時裝片」，十二部「民初片」，只有五部「古裝片」，其中四部為「戲曲片」，只有一部「武俠片」。以粵語片的製作數量來說，「中聯」所拍的實在不算多。因為他們製作甚為嚴謹、認真，劇本絕不草率，演員對自己的演出有要求，導演對鏡頭拍攝也很講究，例如演員所站的位置，那些遠近參差的效果都能捕捉，顯出拍攝的深度。從電影史及文學角度而言，「中聯」的電影可說是「現實主義」的作品，從其電影主題和藝術精神來說，它是繼承五四新文學運動裡那反封建、反傳統、批判社會的現實主義，另一方面又貼合香港當時社會的種種問題而拍攝，創建了粵語文藝片的藝術高潮和黃金時段。

「中聯」有不少佳作，都是在「大觀片場」拍攝的。「中聯」的第一齣影片，就是改編巴金的《家》，時為1953年，拍攝場地就是「大觀片場」，片廠內搭建了一個清末民初的大廳堂佈景。而1955年的《寒夜》，也是在「大觀片場」拍攝的，片廠內佈置了一個破落小家庭及相關的場景。「中聯」與「大觀」的關係密切，因而李伯口中的明星多是吳楚帆、張瑛、白燕、李清，他很少論及名伶，我不曾聽他說過任劍輝、白雪仙；連紅線女、馬師曾也很少提及。說到粵劇，他反而愛提羅品超、陳笑風和林小群。

拍電影需要道具，稱「道具」而不稱「用具」、「工具」，對於那

個「道」字我們就須着意了。道具的英文為「prop」，就是演員用以「表演的工具」，「道」字的意義還沒有說出來。工具而稱之以「道」，就是要將表演工具藝術化，使它能以假亂真，產生戲劇效果甚至藝術魅力，這就是「道」的意義所在。拍電影為求逼真，道具也就要貌似原真，而廣義的道具，也包括電影的背影氛圍和聲音效果，例如 1959 年盧敦導演的《十號風波》，那就是在無風無雨的情況下要拍出狂風暴雨的效果，香港市民對「打風」實在太熟識了，「十號風球」是怎麼樣的風雨，香港人心裡有數，因此，盧敦就用「孖葉牛角風扇」，再加上「救火喉」，以風力吹動水勢，風雨淋漓，果真能拍出颶風的場面。《十號風球》的主要道具就是「牛角扇」和「救火喉」。

我家舖子「藝光號」與「大觀片場」及李伯的關係，就是因「道具」而生起的，那是 1961 年秋天或冬天的事了。

那時，「大觀片場」要拍吳楚帆、白燕的《富貴神仙》，其中有下雨的片段，秋、冬之際，怎能待得老天爺下雨，於是「大觀片場」派人來「藝光號」，說要做「雨槽」，簡單地說了尺寸和要取得的效果，而且還說一個字：「急」。

父親接了這個生意，就馬上動工，先在「力生號」買了粗身鐵線和鋅鐵。回來即把鐵線截成一段一段，屈作弧形，像七、八個倒立的「奧美茄」，並以鐵線連接成一個個框架。那鋅鐵也依那弧形框架的闊度給裁了下來，並以鐵釘軋出小孔，亦屈成弧形，然後就以錫焊在弧形框架上，再後就是注水，試看其出水的效果，效果理想，才一段一段的接焊成水槽。水槽很長，要在舖前的行人路上焊接。在製作雨槽期間，李伯來了。

他來，固然要看看父親做水槽的工夫，可是他也看到另一樣事物。1961 年，是父親最艱苦的時期，「中華電力」陸陸續續給鑽石

山供電，街坊有了電燈，「藝光號」的汽燈生意必然受到影響。而我們有了電力供應，父親也考慮將「藝光號」轉作生產機器。我們就是處於這個轉折時期，實在有點青黃不接的危機；再看看父親的負擔，祖父、祖母已上了年紀，不能工作，我們四兄弟，大哥十三歲、我十一歲，都未成年。一家八口，生活艱困。李伯來到，看見我們兄弟不能直接幫助父親做雨槽，又看見祖父在舖裡枯坐，於是他與父親談起來。不久，他就豎起拇指，對父親說：「你是真真正正的工人階級，是徹徹底底的生活戰士！」並大加鼓勵。從此之後，李伯有空就來「藝光號」閒坐，跟父親說話，大家成了好朋友，而「大觀片場」需要一些東西可以從「藝光號」找到的，都儘量到我舖來，例如租用汽燈，配件修理等。

有一次，李伯到華園路我家來。他見到我家小廳上有一個以拉繩開關的天窗，又知道這是父親設計的，他就點點頭，微笑稱善。他見小廳內全是木桌木椅，座椅都沒有軟墊，當下就說了一句：「應該買一張『梳化』（sofa，沙發）給你們的爸爸，他工作太辛苦了。」稍後，我家就添置了一張綠花圖案的單人乳膠梳化。李伯再來時，見到梳化，也點點頭，微笑稱善。爸爸坐在梳化裡，也微笑。

那個時候，我和大哥很喜歡廣東音樂，華園路有一位裁縫會拉小提琴、二胡。我和大哥讀小五、小六時，我們既吹口琴，又跟他學二胡，裁縫伯伯說拉二胡先要學懂彈「秦琴」，於是我們在新蒲崗的「中元國貨公司」，以十元買了一個秦琴，不到幾個月我們就學會了彈秦琴，繼而就學二胡、小提琴。裁縫伯伯以秦琴的把位，直接移用於二胡，不講究甚麼指法、弓法，我們就看着他怎樣拉，我們就照樣的拉，結果把位、音準都出了問題。

李伯沒有主動告訴我們他懂音樂。有一個黃昏，李伯來「藝光號」閒坐，吃祖父泡的工夫茶。我們兄弟倆討論着拉二胡、小提琴

的技巧，李伯隨口說了一句，你們懂得「快弓」嗎？「快弓」二字，我們完全沒有聽過。又說：「你們拉的甚麼《娛樂昇平》、《楊翠喜》都沒有快板，慢板拉慣了，將來拉快板的樂曲會很困難。」原來李伯是懂音樂的，他為我們打開了音樂的另一扇門。

李伯有一柄很舊很舊的小提琴，那琴面的漆油幾乎全褪了，原木那深棕啞暗的色調就敞露在琴上，他很大方，說：這琴就借給你們練習，又隨即示範了一弓一音的速奏弓法，又拉了一段曲子，說：這是尹自重的《凱旋》。日後，他又對我們兄弟說：小提琴以尹自重最有味道，其他如馮華、盧家熾也很好，拍和新秀有朱慶祥。拍和有頭架，頭架以尹自重最好；而掌板也很重要，掌板以黃其浩為最佳。又說，他認識多位廣東音樂的名家，如邵鐵鴻、王粵生，他都認識。李伯為我們開啟了廣東音樂的樂理常識和選定了學習對象。

1970 年 3 月 26 日，李伯的千金出閣，該晚他們舉家外出，我至李伯家，代為照顧門戶，李伯家住大觀路二十巷，距離「大觀片場」只有「半箭」之遙。李伯家中有小提琴、二胡、三弦、揚琴等樂器，連同他的家人簡直可以組織成一個小型的樂隊。

李伯有三個兒子，長子李達雄，精攝影，在「清水灣電影製片廠」任攝影師，籃球打得很出色。次子李達良、三子李達威，都是二胡的高手。李伯的夫人，我們叫「李母」，十分慈祥、和藹，過時過節，李母和母親都會以禮物相賀。

1970 年 7 月，我僥幸得牟師宗三垂顧，錄取我為「新亞書院」哲學系的新生。當年我對「哲學」沒甚麼確切的認識，中學時到湯般若老師家拜訪，聽過湯老師說唐君毅、牟宗三兩位先生都是大學問家，可找他們的著作來看看。「孔教學院大成中學」有「經訓」一科，專讀《論語》，湯老師說：《論語》就是中國哲學的要籍。在

1970 年的暑假，我只有馮友蘭先生的《中國哲學史》一書（1968 年 5 月香港太平洋圖書公司發行。我在九龍城經鴻書局購得。書價港幣十六元。）李伯說，讀「哲學」，好！在我的世叔伯中，只有李伯一人說讀「哲學」是好的。一般人都不知道甚麼叫「哲學」，又不知讀了將來有何用。李伯曾對我說：讀哲學會認識事物的內在矛盾，會分析事物。叫我有空可看看艾思奇的《大眾哲學》。又說：「新亞書院」的人文主義很厲害，要小心。又說：毛澤東的哲學思想也很厲害。這些零零碎碎的說話，反而使我增添了對哲學的模糊感。「毛澤東思想」是哪門子的哲學，我真是不甚明解。此後，李伯再沒有過問我的學習情況，只是偶然向父親問問我的成績，問問供我讀大學會否很辛苦等。

　　1971 年 11 月 1 日，大哥結婚了。婚宴當晚，李伯就與祖父坐在迎賓枱旁，為我們招呼賓客，實在榮幸。

片場裡的另一類智慧：趙德壽先生

　　另一位「大觀片場」的來客，是傑出的錄音師趙德壽先生。

　　趙德壽先生的年紀或許與李伯相若，或許少於李伯四、五載，因為他的頭髮是黑多白少，不若李伯的一頭灰白。因為年紀大於父親，我們也得尊稱他為「壽伯」。他是中山人，而且說話的鄉音比李伯還重。

　　壽伯很瘦，兩邊的額角和臉頰都凹陷成窪，顴骨就像兩支高架橋橫亙在臉龐中央。他的頭髮很厚，更顯得臉貌的嶙峋。再看，壽伯眉骨高挺，眉毛就有點放肆；眼窩深，眼睛就像要浮出來，而且出奇的大。鼻梁上架一個粗黑框的眼鏡，很有學者的味道。鼻翼橫張，鼻孔是兩個等邊三角形。鼻下人中淺而凸起，大嘴巴，上、

下唇厚薄均等，有點覆舟之形，地閣不夠寬厚，幸而尚有點伸張之勢。頸脖像鬆了皮的瘦樹，那喉核子如上下滾動的欖核，兩耳貼臉，很少笑容。他的臉貌，就有幾分與粵語片的導演龍剛相似。

壽伯不愛笑，但並不表示他很嚴肅、很苦惱。他只是不愛笑，有時他說笑話，惹得聽者笑個人仰馬翻時，他仍斂眉閉口，完全沒有笑意。他是具有「冷面笑匠」的內斂修為，而因為他不愛說話，我們都很難猜透他到底有多深厚的學問，有多精妙的技能。

他能說幽默的話，例如他曾說：拍電影很需要「噱頭」（即點子、花招）。

我們問他：「甚麼是噱頭？」

「例如，你們的四弟向父親討錢買零食。他只豎起一隻手指，向父親說：『營養』。這就是『噱頭』。」

自此之後，四弟漢光就多了一個諢號，叫「噱頭」。到今天我們還這樣的叫着，或簡單地叫一個「卓」字。然而由「噱頭」而提升為「卓」，則變「花招」為「卓越」了。

壽伯是跟從李伯來「藝光號」的。「藝光號」的「駕生」很多，他可以借用這些工具而順利工作，他是很精於選用工具的。

他第一日來「藝光號」時，身穿整套深藍色西裝，筆挺光鮮；潔亮白襯衣，滑淨如新，革履亦油亮照人，簡直就像坐鎮於洋行的「CEO」。他在「藝光號」客串獻技十多年，我不曾見過他穿短袖衣服。

他在「藝光號」工作，如整理「影片剪接機」，修理收音、錄音器材，製造道具等，用的都是我舖的工具。他好像是「藝光號」內的特約師父，也好像是另一類的高智能生物，有時他像器物的思想家，有時又像一個拼湊五金的藝術家。他是「藝光號」的好朋友，他在「藝光號」的地位，似乎與父親相等，他取用工具、用我們的

工作枱，佔用我們舖內的空間，父親全不跟他計較，不索取一分錢。父親對我們說：壽伯是一個「能人」，他在「藝光號」，是我們沾他的光。

壽伯脫下西裝，坐在「藝光號」的工作枱旁，就像一個技藝超群的巨匠坐在那裡，他的腦袋運算着一堆數字，整合着一些器材的配搭，構思着某些零件的改造，他絕不是一坐下來就工作的人，他是有步驟，懂難易的藝術工程師。曾見他專心地盯着眼前的一部小機器，然後用小工具逐步逐步去處理，他對我們說，這是一部「菲林剪接器」，電影的菲林就要利用它剪下來又駁上去，使影片的故事結構暢順、生動。這菲林剪接器的兩邊，還有兩大個菲林盒，左邊的是拍好的原片菲林，經這部剪接器剪裁、接駁後，就會收卷在右邊的菲林盒中。說罷，他又將菲林引入剪接器中，向我們展示這機器是如何操作的。

他熟悉各種「麥克風」與錄音器材的特性，間中也會跟我們說說錄音的技巧，對於這些，我一概不懂，大哥卻能理解這些特性和原理，不斷點頭，表示明白。後來有一位傑出的錄音師酈護先生來「藝光號」，要修理「錄」、「放」的影音器材，大哥就是主力修理員。

壽伯也曾經和父親合作，一起製造道具。「藝光號」是極陽剛的店子，不論經營汽燈、火水爐或後來生產機器，都具火熊熊、硬繃繃的氣魄；壽伯雖是極仔細的人，但也豪邁兼人、義氣橫膺的漢子。因此，「藝光號」加「壽伯」所營製的道具，絕不是甚麼步搖金鎖、銀台花燈。那麼，我們製造甚麼？

告訴你，我們造「槍」！

1963 年，邵氏兄弟（香港）有限公司開拍《大地兒女》。編導是胡金銓，主要演員有樂蒂、陳厚、午馬、谷峰、韓英傑、劉家良等。

影片中有槍戰場面，邵氏公司請壽伯製造槍枝、火器作道具。製作的長槍，大體依上世紀三、四十年代的卡賓槍為模式，槍枝全長約3呎2吋，槍管長度約20吋。槍機屬後拉式，槍管可放爆竹。槍管，我們用熟鐵鐵通；槍柄，我們用蛇紋硬木；手掣機關，則力求結實靈動。荷在肩上，也有重量感。這長槍做好了，壽伯和父親都很滿意。這槍雖然不是真槍，但我們不敢張揚，怕惹麻煩。《大地兒女》在1965年初上映，我沒看過，實在可惜。

1965年，「藝光號」又與壽伯聯手製造《女黑俠木蘭花·巧奪死光表》的道具。當時，香港剛掀起看「特務片」的潮流，新式武器成為一個重要的賣點。當年製片公司「仙鶴港聯」曾大事吹噓，說片中的槍械是香港皇家軍團借出的，石堅執的是步槍，曾江開的是輕機槍，女黑俠雪妮用的是衝鋒槍，這都是很有份量的槍械，這類槍械都不是我們要造的。我們製作的，不是機槍、大炮，而是特務式的新武器，如「死光表」、「唇膏槍」、「煙盒炮」、「伸縮通訊器」等。「死光表」有兩個，按劇情需要而造一真一假，那「真」的如古董陀表，銀白色，鈕鍵、指針俱全，是影片的「主角」；那「假」的，作閃燈式的兩重計時器，以顯示其結構複雜，黑色，內裝小電池。「唇膏槍」，實心青銅所製，在車床（lathe）上車出圓胚，頂作尖圓，鑽小孔，長約三吋，漆紅色，內作兩層，可壓打「拍拍子」，火花自小孔噴出。「煙盒炮」，約5吋乘4吋，取有彈弓蓋的鐵煙盒，剷去原本香煙圖案，磨光，漆上金色錘紋漆，加了彈弓，內裝一口小鋼炮，以「喝油」煅色，有小型支架，盒蓋揭起時，那小炮可自行架起。「伸縮通訊器」為天線式筆桿，桿上有閃燈，桿內裝電池，製作較簡單。這批製作都是小型道具，自選用原料、按圖裁樣，試製初胚、銼琢手磨，配件套接，火煅油焗，加漆上彩，工序細巧緊密，費時甚長。就以父親製作「死光表」而言，那表面的十二個羅馬字，

就是父親手繪，精美如印刷所出，這是靈心巧手的製作。再如那「煙盒炮」內的小鋼炮，以鋼材車出，火槍燒煅，高溫時浸入偈油，取出時烏光四射；炮底的小支架，裝上彈簧，在盒蓋彈起時，小鋼炮即馬上彈起，能生發戲劇效果。《女黑俠木蘭花‧奪死光表》這齣戲我沒有在電影院看過，只是最近在 YouTube 的上載中看過。半個世紀前的電影，畫面和聲音都有點失真，幸而那些道具的造型和出現的氣氛，仍可見得，於是，我把這些道具的出現時間一一記錄下來：電影開場的第 1 分 45 秒，即見演員唐迪手執「死光表」，銀白色，有特寫鏡頭。第 33 分 30 秒，羅愛嫦用「唇膏槍」指向曾江，曾作發射，但火花的效果不顯著。第 36 分 10 秒，曾江展示「伸縮通訊器」，有特寫鏡頭顯示閃燈。第 59 分 50 秒，雪妮以「煙盒炮」克服敵眾突圍，鏡頭運用較活潑，亦有特寫鏡頭顯示小鋼炮的造型，發炮的煙霧效果很誇張。第 102 分 30 秒，曾江以「假死光表」示予石堅，以特寫鏡頭顯示它與真死光表的分別。這些道具都在數秒間即行隱沒，但合起來戲中的「特務戲劇性」也能發揮。

壽伯是出色的錄音師和收音師 (Sound Mixer)，在拍片時，他的主要任務是「收音」，即做「同步錄音」的工作。所謂「同步錄音」就是在拍攝現場，直接錄取演員的對白。他有時甚至會充當「收音員」(Boom Operator)，手持麥高風 (microphone，今作麥克風) 或錄音器材，配合演員的位置，即時收音。他很熟悉各種麥高風的收音角度和效能，又懂得適應當時現場的環境，作巧妙的躲藏；他又深明攝影師的鏡頭擺位及轉移動向，能靈活掌握演員的走動方位，收音時更能留意演員對白的內容，決定是否需要收錄環境音響的特殊效果。他告訴我，做收音的，第一個要求就是不能露出馬腳，即不能讓麥高風出現在鏡頭中 (我們叫「穿崩」)，連影子也不能。第二是不能妨礙或影響演員的演出。因為這兩個毛病，都會嚴重破壞拍攝

效果和影響進度，遇上這些錯失導演定必要重拍，既浪費菲林，也浪費時間。

　　壽伯在五十年代曾擔任多齣電影的「錄音」，如《朝陽》（1950年）、《狂風暴雨弔寒梅》（1956年）、《傻女搶新郎》（1956年）、《狗飯餵狀元》（1958年）、《正德皇夜探龍鳳店》（1958年）、《鬥氣夫妻》（1959年）等。

　　壽伯入行的第一齣電影錄音是《朝陽》。《朝陽》的原著者是李我，導演是莫康時，主要演員有：白燕、張活游、麗兒、陳天縱、姜中平、梁素梅等。負責道具的，是林華三；負責場記的，是區祖厚。壽伯在拍攝《朝陽》時，認識了道具專業林華三先生，於是我們就有機會為《女黑俠木蘭花》製作道具，因為「女黑俠」一片專責道具的，就是林先生。而區祖厚，是戲行中人，年紀稍輕於壽伯，但大家都是中山人，那時生活在香港須彼此照應，因此大家成了好搭檔。

　　壽伯除了以錄音為專業外，他也曾擔任過「劇務」的工作。「劇務」，就是負責拍劇時的種種雜務，有點像 stage manager 或 script manager，主要是依循導演的指示，處理有關排演和拍攝時各種事務的人。壽伯能充任劇務，每因區祖厚的緣故。1958年9月3日，導演楊工良所拍的《兩傻遊地獄》公演，此戲通俗惹笑，頗受觀眾歡迎。隨而楊導演接受了興昌影業公司的主持人林業先生的邀約，一口氣拍了些類似的喜劇，同年的12月12日，楊導演又推出《兩傻遊天堂》。這戲的副導演，就是區祖厚，而劇務也就是趙德壽，即壽伯。接着的兩年，如1959年的《龍鳳喜迎春》，1960年的《亞福對錯馬票》，導演既是楊工良，那麼副導演就是區祖厚，而劇務也自然是趙德壽了。

　　壽伯不是善於交際的人，「劇務」的工作看來並不是他的長處；

然而他頭腦冷靜，斟酌精密，這正是他處事的優點，把這些優點用之於劇務的工作上，也是大派用場的。

他在「藝光」的時候，多是埋頭工作，從不生氣，從不發牢騷，也從不說他說怎樣擔任劇務，更從不張揚他的錄音技術如何高超。他沒有甚麼生活的理論，只知活着就要工作，有工作就能生活，他就是徹徹底底的一個鑽石山裡的人。壽伯穿筆挺西裝進出機器舖，就像一個演藝家進出虎度門。他手中所有的五金製作，全都是另類藝術，我認為電影的道具，應該有一個具體而龐大的博物館，不應該讓它們只存在於菲林的光影中，然後靜靜地消失。

壽伯大約是在八十年代初去世的，大哥說他是死於肺癆。八十年代的他已屬老邁之年，那時他已沒有在片場任職，所以也沒有在「藝光」工作了。他的死訊是區祖厚的弟弟，區祖諾，告訴我們的。區祖諾提及壽伯的死訊時，竟然說：對於壽伯的辭世，比他失去父親還悲痛。說着，就流下淚來。一個人活着的意義，有時要看他死後讓甚麼人哀痛。區祖諾身高六呎，粗髮寬臉，從外型看來，活像一個黑社會的打手，屬鐵鑄的漢子，但壽伯死，他居然哭，看來壽伯是區家的大恩人。有甚麼大恩？壽伯從來沒說過，他是個守口如瓶的人，這種修養，不是甚麼江湖義氣四字可涵括，因為這是一個「真君子」的表現。區祖諾是跟從李伯和壽伯來「藝光號」的，不久，就成了大哥很要好的朋友。

在聯誼路上看明星

說過了李伯和壽伯，我們轉轉話題，說說明星吧！

「大觀片場」開設後，有不少明星、演員都來拍片。而聯誼路是鑽石山最主要的道路，明星來拍片，就須由彩虹道（舊稱清水灣

道）轉入聯誼路，然後斜斜北上往元嶺走，到分叉路再左拐，那就是大觀路，循大觀路走至盡頭，那就是「大觀片場」的所在了。

明星、演員到「大觀片場」拍戲，一定經聯誼路。我家舖子就在聯誼路上，因此我們經常可看見明星。

據我所見，明星、演員上片場，大概可歸納為四個途徑：其一是自行駕汽車的，其二是有司機駕車送到片場的，其三是乘坐片場或電影公司專車的，最後是徒步的。

徒步的，當然是名氣不高的二、三線演員（片場人士或叫「茄呢啡」、即閒角），例如，徒步的男演員，我就見過張生、西瓜刨、朱由高等，他們沿聯誼路走上大觀路，步伐一般都很急；有一次我見到梅欣，他向我招手；女演員方面，我就見過許瑩英。我們有一次在街市見到陳立品，她在芽菜檔附近，被菜販指着大罵：「正衰格！惡毒！做埋啲衰婆！」（即專演惡毒婆娘的角色）。品姨唯有急步而行，直向片場走去，一句話也不敢說。他們要徒步上片場大抵因專車接送的時間不能配合，有些則叫「白牌」或「的士」到鑽石山，而司機不肯上聯誼路，說「單程線，麻煩！」又，請不要輕看這些「茄呢啡」，西瓜刨先生要走路上大觀，因為他接戲多，拍片時間緊張得連專車也接送不了。查林根先生（西瓜刨的原名）參與演出過的電影超過七百五十部，比起曹達華（七百部）、梁醒波（四百一十三部）等明星還要多，忙呢！

接送演員的電影公司專車，多是一種舊款「福士」的「van仔」（客貨車，我們叫褛姆車）（Volkswagen -Kombi）。車窗掛着戲服，內可坐八至十人。一般演員或助手，就坐這類車上片場。

至於大明星，當然有自己的私家車，可是數十年來，我不曾見過一位電影女明星自行駕車上片場。間中有一、兩次有窗簾遮掩的房車經過，舖門口的報童會叫：「入便係林鳳！」（車內是林鳳）。

男明星中我見得最多的是曹達華。他是自己駕駛着美國製造的雪佛蘭（Chevrolet）大房車，經過我家舖子的。他有兩輛這種雪佛蘭大房車，車牌是 AC 111 和 AC 222。這雪佛蘭房車，就像蝙蝠俠（Batman）的座駕，兩邊車尾翹起有若翅膀，車身顏色是一淡橙色，另一是金色。由於聯誼路路窄，只走單線，不能出入並行，而曹先生偏愛在下午四時之後才駕車而來，這個時候聯誼路時有汽車或貨車下行，常與曹先生的雪佛蘭相對逆。每遇到這「矛盾」，曹先生常常下車與來車說情，結果是十居八、九都得到對方相讓（「俾面」大明星也）。曹先生穿筆挺西裝，結領帶，他下車時即與街坊打招呼，不管認識的、不認識的，他都微笑招手。連我們這些小童也不會忽視。我聽到有人大聲叫他：「曹達華」，也有叫他「華哥」的，甚至有人叫他「探長」的，對於這些稱呼，他都有回應，沒甚麼架子。相反，新馬師曾先生由司機駕車而來，遇見對頭車，只見其不甚耐煩的樣子，皺眉揮手要對方「褪車」。他本人不曾下車，也不會跟街坊打招呼。我也見過張英才駕車上「大觀」，他戴着一頂鶴嘴帽，左臉龐有暗瘡的遺痕，不光滑，駕車時那頸脖伸得很長，似乎很緊張。那時是下午二時許，聯誼路車少，他駕的車通行無阻。

　　鄧碧雲、南紅是有專車接送的，她們雖是驚鴻一瞥地駛過舖前，但車子駛得很慢，那雀巢式髮型霎時入眼，而鄧小姐的眼睫毛似乎有點誇張。

　　當時，我們愛看「黃飛鴻」影片，對關德興師父視作為偶像級明星，可是二十多年來就不曾見過關師父，更遺憾的是連石堅也沒見過。在我的眼中，石堅的功夫是勝於關師父的。多次看「黃飛鴻」電影關、石二位對打時，總覺得關師父打得蹙眉苦臉，石先生就流暢自如。我有一個玩伴，叫王政中，他能作「神打」，有一天他對我說，如果有機會遇上關德興或石堅，一定會拜他們為師父。

看「拍戲」

我在「信義會小學」讀書時，已知道「大觀片場」的存在。我第一次看見「明星」拍片，是在八歲的夏末或秋初，我放學經過「大觀」，看見片場外空地旁站了數十人，因好奇，我和同學就鑽到人群中去。不久，就聽見有人喝了一聲，又有人拿着小黑板嚷了幾句（那小黑板是「場記板」（Clapperboard））。旋即見空地上端的小路不斷有人走下來，手中都拿着皮喼、衣箱之類，約走到大半，就見到一位化了妝的女士，臉色驚惶，拖着一個小孩，踉踉蹡蹡地走過，到最後一位叔台走過了，有人叫嚷，說：「得啦，番入廠！」這時，拍戲的、看拍戲的，就一哄而散。這場拍戲的節目就這樣完結了。

我問身旁的同學，那化了妝的女士是誰。

同學說：「女明星！」

「誰？」我追問。

「唔知！」

旁邊有一位女工打扮的，說：「上官筠慧。果個細路叫梁俊密。」（女明星是上官筠慧，小孩名梁俊密）。說得很大聲，而且又重覆了一次。

在我的印象中，那群挾物而奔的「臨記」（臨時演員），沒有一個有表情，也沒有化裝，跑起來完全沒有「戲」！

第二次看拍戲，是 1961 年的初冬左右，那時父親為《富貴神仙》的拍攝做雨槽，完工了，片場的李一軒先生（李先生是燈光師）帶着我們入「大觀片場」去。那時大觀片場辦事處外的大花園已佈置成一座民間花園的模樣：有一道流水，水上有小橋；橋外是花園，園內盆栽滿地，不是菊花就是芍藥，又有幾棵桃花，那枝上的花，都是白皺紙做的，假的。我們看不見吳楚帆，也看不到白燕，

只見到吳桐在辦事處的主樓外抽着煙，與另一個人談論着汽車內部裝潢的事。看來，時間還早着，明星不曾出現。對了，明星應該在晚上才會亮相的，我們來得早了。

六十年代中期，我們有時會進入片場走走，「大觀片場」不是天天都會拍戲，沒戲開拍時，門禁廢弛，我們趁機竄入，如入無人之境。

有一次，守門的大叔攔着，喝着：「不准入！」我們說：「找人？」

「找誰？」

「莫康時！」（同學的叔叔。）

「……」

能清楚道出進內找誰，便能進入無礙。既能入內，則進片廠看拍片也不會被趕走，只要不放肆張揚便行。那個時期，吳回導演也曾到大觀路找四、五個小童做臨時演員，能有表情的，可得五元的報酬。大哥曾告訴我，他在影棚看見著名的武俠片女明星于素秋在馬閘裡打盹，有幾個粗俗的男人在旁邊評頭品足，大哥覺得那幾個人很可惡。

1964 年 3 月或 4 月的一個晚上，「大觀」的李一軒先生來「藝光號」，說要租燈兩盞，作拍戲之用，要夠光猛的。父親選了兩盞，給打理妥當、光猛了，說每盞兩元，翌日收回。我們兄弟三人就跟從李先生送燈赴片場去，其實汽燈兩盞，兩個人送往便行，如今動用三人，只不過是貪看拍片而已。

我們提着汽燈直入片場，那時片場內看拍片的已大不乏人，大哥和我把汽燈送到拍戲的場地，然後與三弟站在前排看拍片。

那個場景是江湖賣藝的氛圍，佈置恰如廟街晚上的景象。有撐起的竹架，地上放着銅鑼、武器等物，還有一個木箱，貼着「蛇王

明」三個字，我們的汽燈，就放在竹架前，那作用是道具，而不是照明，因為燈光師已在鐵架上打了燈，直射地面，汽燈根本沒甚麼作用。

等了很久，有人高嚷：「埋位！」觀眾馬上肅靜起來。演員們來了，不少「臨記」，扮作圍觀看賣藝的觀眾。駱恭來了，穿白笠衫，黑色唐裝褲，腰間繫一條皺紗帶，側望那個典型的大肚腩，實在有點礙目，因不太像懂武藝的人。駱恭身後是黎明（這位黎明，鼠頭獐目，是茄呢啡演員，不是來自北京的黎明），就是賣藥的「蛇王明」。他們站好了位置，有人手執「場記板」，大聲說出片名（《一樓十四伙》）和場次等。拍攝便開始，駱恭沒有表演功夫，只向黎明說了些話，說甚麼？對不起，沒聽到。不久，就見鄧碧雲小姐出場，她穿毛布上衣，童裝牛仔褲，頭上一頂小喼帽，明顯作男童打扮。她走近駱恭，對他說了兩句話，駱恭也回應了幾句話。這些動作和對話，做了兩次。但他們說了些甚麼，對不起，我們一點也沒聽到。這場戲就這樣完了，悶得要命。有人說，胡楓來了，可是我們已沒有耐性這樣的站下去，於是便回家來。

《一樓十四伙》在 1964 年 7 月公映，我們特意到戲院捧場，其中最大的動機，就是要看看我們的汽燈在片中的作用。這齣的導演，原來也是楊工良。戲中鄧碧雲因不滿包辦式的婚姻，便扮作男童離家出走。她中途遇到富同情心的胡楓及同住一樓的住客，大家相處愉快、融洽。其後，包租婆接到通知，大業主要收回樓房。而樓房的大業主竟就是鄧碧雲的父親，眾人無家可歸的困境就因鄧碧雲的關係而解決。戲中鄧碧雲演出較胡楓好，而鄭君綿、梅欣，一肥一瘦，也很「搶戲」。然而，鄧碧雲畢竟已經三十七歲了，扮作男童，實在有些勉強。她與胡楓走在一起，就像姊弟一般。

我們的汽燈在影片裡光猛清亮，兄弟們都看得開心。我們與鄰

居的玩伴一同看這戲，玩伴說，賣武那場戲是在廟街實地拍的，我們只笑了笑，覺得「藝光號」的汽燈很真實！

花絮之一：喬宏

由於「藝光號」曾為片場製作道具，引得一位大明星也來看看我們這間小店舖。

當他走向「藝光號」時，我們都不相信他是來我家舖子的，他可能只是來舖前的報攤買報紙，然後上片場去吧。

他是誰？他是喬宏。

那時喬宏不到四十歲，英偉非凡，廣東話不很準確，語句很短。他原籍山西臨汾，在上海出生，後來了香港，又入籍美國。這樣的人會說很多種語言，然說話時也不會很多、很長，在電影裡如是，與他交談更如是。

喬宏是來修理行山杖的。他那行山杖的手柄鬆脫了，要修緊。手柄的用料是不鏽鋼，鬆脫的原因是杖身給磨蝕了。父親指出那不是鋼柄的問題，而是杖材磨損了的問題，「藝光號」雖然是專門處理金屬器物，但木材的器物自然也懂得修理。因那手柄甚纖巧，工夫要求高，父親跟他談價錢，喬宏就表示貴了，結果大家談不攏。喬宏沒有留下手杖，旋即說聲「bye、bye」就走了。

其後，喬宏也曾再來過「藝光號」，接待他的是大哥。喬先生是來修理玩物，模型飛機，這是大哥的專長；又，喬宏大觀園家裡的水喉曾出問題，父親、大哥、三弟曾親到大觀園四號給他修理，其後喬宏問收費若何，父親說這是小意思，不收分毫。

喬宏來「藝光號」，是我們生活上一段小插曲。他很隨和，與父親談笑時，旁觀的街坊都笑了。

　　　　　　　　　　　　元嶺傳奇：鑽石山寮屋區起居注

花絮之二：不能當戲子

除了上述這些事件，我與電影亦有一段機緣，只是給父親推卻了。

六十年代因廣東潮劇團到港演出，掀起了香港潮籍人士看潮劇的熱潮。當時香港有一個叫「新天彩」的潮劇團，這劇團有一班潮劇的表演家，其中蕭南英是與姚璇秋差肩的名花旦。其他如陳楚惠、方巧玉、曾珊鳳、張應炎、何亦曾等，都是重要的演員，且很有藝術修養。「新天彩潮劇團」除了在舞台演出，還拍攝超過一百部潮劇電影。

何亦曾先生是父親同鄉兼同學，當我剛升讀中一那年，何亦曾世叔來訪，他與父親談了半天，說的都是家鄉事。何先生看到我，突然破顏一笑，對父親說：「你這亞奴（孩子），可以當小生。送他到我們那裡學戲，好嗎？」

當年的「新天彩」幾乎只得陳楚惠一個「女小生」，男的，一個也沒有，張應炎、何亦曾演的，不是老生，就是丑生，何亦曾就是要我去學做小生去。

父親聽了何先生的提議，馬上臉色一沉，很嚴肅的說：「亞二（亞二是我的乳名）還小，多讀點書再說。我家雖窮，但仍不想這樣送出孩子。」

何叔叔聽到父親這樣說，馬上將話題一轉，又談起別的事來。不久，何亦曾世叔也就告辭，以後還來過一次，再後就沒有見面了。

因着此事，父親曾很嚴肅的對我們幾兄弟說，不管時局怎樣艱難，家境如何困苦，身為男子漢有四件事情是絕對不能做的。

第一，自己的兒女，不管生活怎樣艱難困苦，也不能棄養，也不能送給他人。

第二，不管怎樣，也不要做剃頭的工作。

第三，不管怎樣，也不能替人做孝子，替人哭喪。

第四，不管怎樣，也不能做戲子。

原來在潮州的戲行裡，有所謂「歌仔戲」一門，戲中的表演者，全是兒童。從前在潮州，艱苦窮困的家庭很多，有些潮劇中人，就來買走窮等人家的子女，讓他們學戲，然後到處演出賺錢，這是很悲慘的事。我曾聽過一些古老唱片中「歌仔戲」的唱曲，那簡直是在「叫歌」，孩子們都唱得很吃力。如果唱的內容是悲慘的戲劇，那麼聽着這些兒童的叫歌，那就苦上加苦，懂曲辭的，聽着就流淚了。

有時，自己也不敢想像，如果自己就是唱歌仔戲的，到了今天，自己會有怎樣的一個人生！

餘話

　　有人說：鑽石山有個荷里活。這話說得有些「重」了。鑽石山的片場有模仿荷里活片場的地方，但這種廠景的電影，有其藝術性及實際性的局限，「大觀片場」自有它的局限，有局限即有告終的一天。

　　從電影的題材來看，「大觀片場」拍過極優秀的文藝片，有些已躍升為粵語片的經典。如以巴金名作「激流三部曲」為電影題材的，就有《家》和《春》；以巴金成熟作品而能有高水平表現的，有《寒夜》。再如《玉梨魂》、《金蘭姊妹》、《恩情深似海》等，都是厚重而輝煌的傑作，留存至今日，仍然值得細賞。

　　從拍攝的物質條件來看，廠片的製作就有被時間銷磨、淘汰的可能。「中聯電影企業有限公司」自 1952 年成立，在 1953 年拍攝始發的第一炮：文學名著的《家》，到了 1964 年，又以社會寫實的《香港屋簷下》為壓軸，一共拍了四十多部優秀的文藝片。這些文藝電影，多在片廠內拍攝，這類電影的佈景、道具等實物條件要求不太高，劇力的推展全靠劇本原有的張力和演員演技的渲烘。再如歌唱片及粵劇影片，如《六月雪》、《帝女花》、《紫釵記》等，雖涉古裝及山村水廓的背景，然廠景以簡單的設計及手繪的山水，觀眾亦欣然接受，因為在戲棚中所見更形簡陋。觀眾要求的，仍是傳統的粵劇排場和伶人的舞台功架、唱腔。以片廠的規模和條件拍攝粵劇影片，仍是綽綽有餘的。

　　至於武俠影片，如《江湖三女俠》、《神鵰俠侶》、《仙鶴神針》

等，因江湖事物及活動空間的要求，外景的拍攝就多了。這是因為片廠的佈景已不足應付，於是廠景的限制就明顯暴露了。

片廠的粵語電影，到了六十年代，已經開始亮起紅燈，如 1962 年最賣座的粵語片是《蘇小小》和《湖山盟》，這兩套電影於杭州實地取景，使觀眾大開眼界，片廠佈景的觀賞價值，馬上退居第二位。而外來的英語電影（我們叫「西片」），如 1959 年的《賓虛》（*Ben-Hur*）、1960 年的《風雲群英會》（*Spartacus*）和 1963 年的《埃及妖后》（*Cleopatra*），這些電影堪稱龐然巨製，其逼真程度、場面宏偉，香港的片廠電影比之簡直如小巫見大巫，低拙不堪。

當年以片廠的規模而拍出宏偉、壯觀的氣象的，要推導演李翰祥的電影，他的《貂蟬》、《楊貴妃》、《武則天》等作品，可說是香港片廠製作中最真實、細膩，並能力追古時原貌的傑作。但這些港式片廠藝術至高的電影與《賓虛》、《埃及妖后》相比，仍難免相形見絀，黯然失色的。

面對這些日新月異的挑戰，「大觀片場」是需要極大的改革。然而，最致命的，就是 1965 年的 3 月 12 日，這天「大觀片場」發生火災，片場範圍內的木工棚、部份舊電影拷貝（copy）等，都慘遭焚毀。當時片場已分租予「香港製片」及「星光製片」，實力大不如前。「大觀片場」再經此重創，已是翻身無力了。及至 1968 年，大觀片場經由關志堅、關志誠兄弟收購，改稱「堅成片場」。二十年後因政府收地，鑽石山大觀路上這個片場才正式告終。

在我的感覺裡，「大觀片場」已過去了五十多年，雖說是仍有點「無限好」的印象，但片場裡的種種回憶已是不堪摸索的黃昏，片場的往事都如被遺棄的旋律，這淡而未絕的旋律有時會在寂寞的枕上奏響而來，奏響了我孩童時期所擁有的生命節奏。血液中，腦袋裡，有時會有一絲絲的溫暖，一點點聲響，回蕩在無眠的深夜裡。

　　　　　　　　　　　　　　元嶺傳奇：鑽石山寮屋區起居注

在眾多的所謂明星中，我最喜愛的演員只有兩個，他們一開口，就是很親切、很親切的廣州音調。我很愛聽吳楚帆那種徐緩清晰的唇音齒韻，他所說的一字一句都具追耳奪神的力量。我很愛看白燕那種楚楚可憐而溫柔賢淑的體態，中國女性的內在美她發揮得淋漓盡致。現在我們說話，講求刁鑽、犀利；沒有書卷氣，沒有厚重感，沒有雅潤的感染力。我的「大觀片場」在 1966 年已經走了，所有粵語電影的記憶，都鎖在記憶的箱子裡，空氣透不進來，陽光不能偷襲。它是鑽石山所有記憶中，是最集體的、又是最個人的。它不是被時間鋸子鋸下來的木屑，而是躲隱在時間貝殼裡的珍珠。

「藝光號」的奮鬥

楔子

　　「藝光號」是聯誼路上的小店舖，自 1952 年由父親一人開業至 2000 年鑽石山所有商戶拆遷，它都守在這裡。任風吹雨打，這個小店舖就如一個陀螺，只會不停地轉，卻不曾止息。到今天，它仍然在轉，它婀娜於九龍灣的信和工商中心，生命力依然健旺。

　　「藝光號」存在於鑽石山四十多年，具有一個小店舖「存在於斯」與「奮鬥於斯」的典型意義。聯誼路上的店舖，其撐持的歷史與「藝光號」相若的，雖屈指可數，但亦有二十多間。店主能堅持本業，雖式微仍死守，因發跡而擴張的，可謂大不乏人，「詠藜園」、「力生號」即為典型。店主不堪阻障、衝擊，繼而中途易主的、倉皇撤走的、關門大吉的，亦為數不少；然而，在經營歷程中為生存而轉型力拼，既作多種嘗試，而又能固守始終的，則只有「藝光號」。以手作工夫、修理技術而言，不論在汽燈、火水爐或機械維修，在整個鑽石山，「藝光」都是首屈一指的；就創新始構，鑽研新術而言，不論在生產火水爐或機器製造，在整個鑽石山，「藝光號」亦是鮮有其匹的。細述「藝光號」的奮鬥過程，大可代表着鑽石山多種店舖經營特徵和生存意義。

　　在明、清兩代，潮州府共有八邑，即海陽、揭陽、潮陽、澄海、饒平、普寧、惠來、豐順等八個縣。在民國時期，潮州的幅員是一市十縣的一大區域。一市，是汕頭市；十縣是潮安、潮陽、揭陽、惠來、普寧、澄海、饒平、豐順、大埔、南澳。兩百多年來，澄海只屬一個次等的小縣，不能跟潮安相比，更不足與汕頭並論。1952

年，父親自潮州的澄海縣外埔村來香港。當年澄海縣的文化水平，算不得開明、先進，但它鄰近汕頭，民智絕不閉塞。然而，父親蟄居於外埔村，少到澄海縣城，出汕頭市已是一種挑戰，若要離鄉背井，跋涉香港，那或許是決定一生禍福的冒險長征。

老天爺賦予潮汕、閩南的漢子一種外闖的壯志和冒險的精神，喝韓江水、閩江水的，就有天賦的自信和毅力。父親就彷彿憑着這點天賦的力量，縱然那期盼仍在很遠很遠的地方，一拍胸膛，他就跨上粵東的長途汽車，直奔香港而來。

父親來香港，如深海墜鉛，那信心就是一塊鉛鑄的心肝，而且要墜到淵海的深處。若非大志有成，斷不貿然抽身而返。

很難想像父親當年離鄉的心理負擔和所遇到的重重困難。香港像一個陌生的星球，父親對香港只有報紙上的平面認識，鄉親單線路的間接介紹。自澄海至深圳，就有三百五十公里的車程，遙遙西走，實在有無窮的憂懼。父親在 1952 年來港，那時還不到二十八歲，他有外闖的自信，吃苦的韌力，硬繃繃的一條外來好漢帶着百多元港幣，來到了香港既不能繫生命於荃灣的紗廠，也不能浮生命於紅磡的船塢，因為知識夠不上；中環、旺角根本是非夷所思的繁華地，算是灣仔、油麻地也不是可以勾留戀棧的歸宿。父親一過深圳，一如沒有穿太空衣而到了火星，連空氣的成份都不同了。面對着粵人所說，逆耳而來，直如一股難以理解的氣流衝向耳鼓，轟然疊響而不知所云。於是，父親就只有找一處類似鄉鎮一樣的地方，希望能留駐下來看看能否紮根發葉；簡單一點，就是讓父親能有時間學會聽懂人家在說些甚麼，學會怎樣說話。

結果，他選擇了鑽石山。

鑽石山的聯誼路，有點像澄海縣城的道路格局，兩旁都是店舖，大的、小的都有，生活所須的都有，這裡有點興旺的活氣，但

卻非具有很興旺的勢頭。街上的人衣服都很單調，幾乎全都是唐裝的短衫褲，穿長衫的很少，西裝更屬稀罕，這點平庸的氣息，很適合初來甫至的遷客。在這裡沒有甚麼歧視外來者的問題，因為外來者也不少。聽語言口音，除了廣東話外，還有四邑話、上海話、閩南話，最可喜的，就是有親切的潮州話。

　　父親在聯誼路碰上了賣山貨及家庭用品的「榮興隆」。老闆是林老二，他是潮陽人，約長於父親五歲。榮興隆左側附連着一間小舖，屬林老二所管，有意放租，父親當下就租了下來，每月租金港幣八十元當下就付了。是日，父親有了投宿處，生活的道路立馬展開，「藝光」開始邁出了艱難的第一步。

草創時期的「藝光號」

父親第一頓獨在異鄉為異客的晚飯，就是在「藝光號」吃的。睡床還沒有安妥，第一個在聯誼路的晚上，是一個很長很長的未央夜。一張木椅坐一個晚上，思潮所繫的不是詩意的鄉愁，而是當下種種的艱難困阻。「理性」是對付所有困難的唯一殺手鐧，人黑後，星火與燈火零落如寒螢，人就很冷靜，所有在鄉下時所編織的鴻圖大計，現在都緊縮成現實的估算思量。手上這數十元港幣可維持多久？這舖應如何作最基本的修飾？應備些甚麼工具？應辦些甚麼貨色？翌晨當怎樣好好部署？如何把握每分每秒，整理舖子？希望很快、很快就開業，很快、很快就可以賺到第一個香港的「一毫子」。

翌晨，東面映來的陽光照着父親手上的港幣：二十八大元。只二十八元，就開始了「藝光號」，也開始了我們一家人往後數十年的生計和生活。

父親親手以印版書體寫了招牌，「藝光」兩個大字就掛上了舖子門梁的正中央。應用的工具，必須的就買，可以借用的，就借。父親嵌了一張「工夫枱」，又將一個舊木櫃配上玻璃改成擺貨櫥。「藝光」的首兩天，就這樣過去了。

眼見人家煮食用棉芯爐，也用火水爐；晚上有火水燈，也有「大光燈」（即汽燈，當時叫大光燈）。父親就掌握了在鑽石山這兩個重要的「生活條件」，決定「藝光」的專業就在於汽燈和火水爐。

本錢有限，父親就買了些棉芯爐的棉芯、一些汽燈和火水爐的配件，疏疏落落擺在舖面的玻璃櫥內；沒有爆竹，沒有敲鑼打鼓，「藝光號」就這樣開張大吉了。

藝光初建時父親攝於舖前

父親早期的名片

「藝光號」是一間小店舖，那舖面約五米寬，深約七米多。長方形的小舖，由舖面至舖尾，放一個小櫥賣棉芯、汽燈和火水爐的零件，放一張工夫枱，放一張小桌子、幾把摺椅，已佔去幾乎一半的空間了。

父親的生意是替人家穿棉芯爐的棉芯、修理單車、修理鐘表、任何五金器物、生活器具，總之是鉗、錘、錐、銼等工具能用上的，父親都有辦法修理好。父親的腦筋很靈活，對器物的結構和操作，似有特殊的解悟力。很多器物，都是父親首次觸碰的，父親接到失靈、損壞了的東西，經客人描述原本的功能，運作的方式，因何導致損壞等，只要稍加觀察、推測，很快就知道問題發生在甚麼地方。自己預算修理的工序，就給客人定一個時間，請他屆時來取回器物。修理單車，是粗工夫，父親自然遊刃輕鬆，隨手可成；而修理鐘表，那是巧手藝，可是父親也能應付裕如，盡顯心靈手巧的工夫。父親對於齒輪彈簧的機械裝組，似乎有特殊的技能和準確的認知。

在數個月之間，「藝光號」已有了基本的工具和貨品，工夫枱上，我們裝上了一個英國力確牌的 4 號「批士鉗」（Pliers.「Record, No. 4」，批士鉗又稱「老虎鉗」），地上多了一個大鐵砧，那是遠洋輪上一口極大的鋼螺絲母。不到一年，父親已在東三巷租了一個房子，準備申請母親和兩個孩子（大哥和我）來香港了。

五十年代的父親和五十年代的藝光，相依相扶，那就是「工作即生命」，「生活即工作」的組合，這十個字合起來，就是「生存」和「生活」。父親那一雙手，撫摸着的不是冰冷的銻、銅、鐵、錫，就是火熱的汽燈、火水爐，工作上冷熱交侵，生活是異常艱苦的。

1953 年，我們一家四口，算是初步團聚了，因為還有祖父、祖母和姑姐，仍守候在家鄉。

父親來港一年，我們有家、有舖。舖在聯誼路，家在東三巷。母親來了，父親算是有了安穩的茶飯。最初，母親在舖中煮飯，

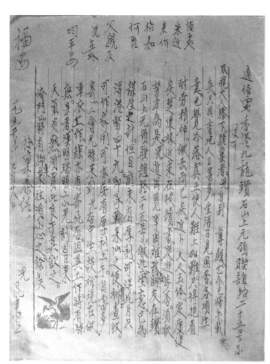

1952年，父親來港後致函予祖父母的家書（下圖為來港後第一封家書），其時生活艱難，父親函中稍具情況。信中的漢明是作者大哥，瑞明為作者初期名字。當時我家在三角池（即街市）有一小店舖。

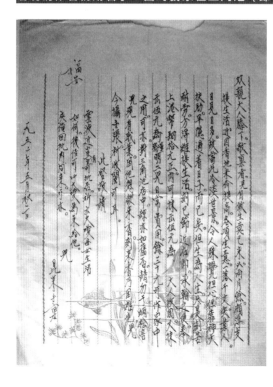

但很不方便，因舖太小了，於是改在家中煮了，然後拿到舖來。母親來了，在舖裡父親雖然仍是孤軍作戰，但到底有了作戰的後勤助力，工作也就更起勁了。

在「藝光」草創時期，父親告訴了我們兄弟兩宗特殊的事件。

一般來說，在鑽石山開店的，不會歧視外來者，也不敢輕視外來者；但是，鑽石山有黑人物。父親不曾遭人歧視或輕視，但碰上黑人物來作敲詐，卻有一次。

父親說：有一天，黑人物來敲詐，話說了一大遍不外暗示要錢，而且還當面挑釁，提起兩臂作打西洋拳狀，父親見他下盤空虛，一聲不響就蹲下身子，猛力朝腰際打了一拳，那拳出得快如閃電；那人物把頭往後一昂，吐了一口氣，「哇」的叫了一聲，即時俯下身來，臉色轉青，說了一句：「你識功夫。」回身就跑。那年父親二十八歲。

父親說：某一天，時近中午，粒飯未進，有人拿鐵桶來補漏，於是裁鐵皮，鑽孔，加窩釘。正當用鐵鎚把窩釘窩實的時間，落鎚不小心，一下子鎚頭就落在指頭上。自己慘叫了一聲，即時昏倒在地，不省人事，幸好隔壁林老二見到，馬上抹油施救，良久父親才甦醒過來。父親說，當他昏倒後，只見眼前出現了一條黃泥路，兩旁花草樹木，美麗得很，黃泥路的盡頭，有一道大門，大門內的人都穿着古裝，步履安詳，並向他招手，要他跨進門來。只是父親沒有理會，隨即掉頭而返。當掉頭之際，一切都不見了，醒來時還是身在聯誼路，沒有黃泥路；眼前只有林老二，不見古裝人。父親說，如果當時跨進了那大門，可能你們兄弟倆就沒有了爸爸！

父親又常對我們說，他受的正規教育，只到小學五年級，所有學問、技能，都憑自學而得。「自學」是必須的，向人請教、自己力學都行。在「藝光號」草創的一段歲月裡，父親就是一面力學、多方摸索而熬出成績的。

汽燈、火水爐時期的「藝光號」

　　踏上 1955 年，火水爐逐漸取替棉芯爐。因為火水爐的火力較棉芯爐強多了，用起來也乾淨多了。

　　棉芯爐的作用有如點油燈，以棉芯吸收壺內的火水，靠燃點棉芯生火而用之。燃燒火水棉芯，氣味惡濁，火弱煙多，炊具污黑。這些弊端，火水爐都沒有。

　　火水爐以圓壺裝火水，壺側裝一小氣泵，一放氣鈕，壺中央置一火酒淺碟，碟上是一個紅銅鑄製的爐頭，爐頭是一組的紅銅管道，中央裝有一青銅氣咀。操作步驟是：將爐壺的放氣鈕扭開，注入火水，再扭實。在火酒杯注火酒，點火，那火酒的火就會不停地將爐頭的管道加熱，這樣燒了兩三次火酒，那爐頭就已很熱了，於是利用小氣泵打氣入爐壺，壺內火水受氣壓所逼，就會自壺中經爐頭管道、氣咀而噴出，因爐頭的銅管已受熱多時，火水經過銅管時會馬上氣化，不斷從氣咀噴出，因有火酒的火助燃，噴出的氣馬上變成火，再經爐頭而噴成圈狀的火焰，那圈狀火焰連續不斷地燃燒，烹煮所用的爐火就形成了；如果火弱了，只要用泵打氣，那火又會強起來了。若要熄火，只要扭開放氣鈕洩氣即可。火水爐的操作就是這樣。

　　汽燈發亮的原理跟火水爐相同。

　　汽燈可分三個部分：其底座也是一個裝火水的圓壺，壺上裝有打氣的小泵和放氣鈕，此外還會加裝一個氣表，顯示壺內火水受壓的程度。

1958 年冬藝光舖前的攝影，小孩是四弟漢光，櫥櫃內全是汽燈火水爐的配件。

第二部分是中間的發光部分，外圍是玻璃燈罩，罩內裝有與圓壺相連的火酒碟，火酒碟上是一個「P」字形管道，管道頂裝上氣咀。「P」字管道的中間空位，就是燈紗的所在，燈紗就是發光體。

第三部分：那「P」字管道的氣咀上，會裝一條 180 度的曲喉，讓氣咀的氣能轉往燈紗去。那曲喉盡頭是一個多孔的大瓦咀，讓氣能均勻地釋放出來，瓦咀的頸際，就是繫着燈紗，垂掛在燈內的正中央。

其操作原理一如操作火水爐：同樣是先燃點火酒以加熱「P」字管道，然後打氣，將火水壓上管道，已加熱的管道將火水氣化，經氣咀入曲喉，由曲喉轉回燈罩內，再注向燈紗，那燈紗早經火酒一燒，已變成了一個膽形的發光體，氣化的火水提供了能量使燈紗發光。那燈紗經化學藥水泡浸（具鎂的成份），能發光，於是氣化的火水使燈紗不斷發光，所以這燈叫「汽燈」。當燈紗轉暗時，用者就得以氣泵打氣加壓，使它再亮起來。又「P」管底向外裝有一個「調節鈕」，可調節燈紗的光暗度。

汽燈、火水爐的操作原理簡單，父親看了一陣子就已明白，懂得修理了。我們這些小孩子，到了小學五、六年級，對於修理的基本要項已能掌握，但怎樣判斷器具配件的毛病，就不能一下子看得出，那是靠經驗的積累，絕非一朝一日能達到的事；而父親則只要聽來者說出器物的毛病，就已能「拍板」、「斷症」了。

修理汽燈、火水爐的工夫，我們是看着父親怎樣做，跟着父親怎樣做，很快就會的，看來這是天賦，或許是家傳的神秘力量。

氣泵不能打氣，是泵皮爛了。扭開氣泵，取出泵杆，更換新泵皮，加點「偈油」，使泵皮順滑，也使它輕微漲大，不會疏氣，換泵皮的工序就完成了。

放氣鈕不能「扭實」而洩氣，那是氣鈕內的膠圈老化，硬了，

於是扭開氣鈕，撬去舊膠圈，換上新的、軟的，再裝回原位，以鉗扭實，換膠圈的工序就完成了。

火水多雜質，爐頭久用了便會積聚屑粒，影響火力，於是我們就得先拆下銅氣咀，然後整個爐頭拆下來，繼而通之。怎樣通？用火槍把爐頭燒紅，然後用軟鐵線匙鉤出屑粒，又用鎚的木柄，敲打銅管，把管內的屑粒敲鬆，使之容易鉤出，這樣經過三、四次的仔細敲、鉤，爐頭內的雜屑當已清除八八九九，「通」的工夫就算大功告成。最後，再用銅絲刷把爐頭表面刷個光亮，這是美化的工夫。爐頭內的屑粒是沒法全部清除的，因為銅管有彎曲處，那是鐵線匙難以觸及之處，而且用力過猛可能把銅管通穿，那就要賠爐頭給客人，得不償失啊。

如果爐頭久用而穿了，當然要換；爐頭塞得大厲害，通也通不了，也要換新的。氣咀塞了，難以清通，要換一粒新氣咀。嫌火力不夠猛，那麼就換一個大容量的爐壺，換一個大碼的爐頭吧。這些話，我們兄弟都會按實情跟客人說，客人們每會接受，他們覺得孩子說話都很實在，不會說謊。

父親能自製大型的火水爐。在聯誼路上，茶樓、餐館、菜館不少，茶樓如「同和」、「彩虹」；餐館如「金龍」、「嘉美」，菜館如「錦江」、「詠藜園」，它們的廚房灶火，就是用大型的火水爐，於是我們也生產大型火水爐。

這種火水爐由小至大，約分五級。最小的那種，也有兩、三倍家用火水爐的火力，適宜用於推車販食的流動式販攤。至於最大的火水爐，那就有十倍家用火水爐的火力，那爐頭噴出來的火，聲如大爆布，響得很，也猛火得很。

「藝光」製造的火水爐是用厚身鋼鐵片為爐壺（或叫壺筒），壺蓋上安裝打氣泵、放氣鈕、氣表和出火水的銅喉等。

將厚鋼片屈成大圓筒形，那是一大工夫，父親最初是手打，但那簡直是自討苦吃，費力多，時間長，實在很不化算。於是，父親就自製了一部捲壓機。那捲壓機用三條又粗又圓的鋼鐵作為主軸，每條圓軸約四呎長，直徑約三吋粗，三條主軸作「品」字形的組合，中間有縫。這縫可作調較，可鬆、可緊。組合處接以齒輪，齒輪邊有長柄，可以將這三條圓軸攪動。我們就將直身的鋼鐵片放入圓軸的縫中，然後攪動鐵軸，讓鐵片在圓軸上輾過，這樣，鐵片就會微微彎曲，我們將鐵軸的縫兒收緊，又將鐵片放進去，這樣不斷的攪捲運作，直至鐵片捲成筒狀為止。

　　壺蓋是一個拱起的圓蓋子，那是不能用捲壓機的，只能靠手打。父親將圓鐵片放在鐵砧上，以圓頭鋼鎚打製，唉，那是大技巧和大工夫。壺蓋如是，壺底也如是，兩者都是徒手打製，只是壺蓋要預位裝氣泵、氣表等配件，須預先打孔，壺蓋裝在壺筒面而凸出。而底塊是圓形原身，無須打孔，裝在壺筒底而凹入壺內。

　　壺筒的工序完成後，須將壺身焊接，才算成胚；焊好後，焊面嶙峋，又須將焊口磨平，稍作拋光。在壺蓋裝上氣泵等物後，就可以噴油了。噴油，就是將「藝光號」製造的火水爐加上商業標誌，具宣傳性又能美化壺身。我們的火水爐，最初的圖案是「燈塔」，後來轉為「雄雞」。

　　噴油共有五、六個工序，將雄雞的形像逐一逐一地按不同油色噴上去。「藝光號」舖小，空間狹窄，噴油需要的空間較大，所以噴油時便要在晚上，在行人路上，甚至在聯誼路上進行。晚上聯誼路沒有車輛走動，方便噴油。

　　噴油畢，小心翼翼地把爐壺安放在舖裡的木架上待乾。乾了就用銅喉駁上爐頭，並可按型號大小定價出售了。

　　「雄雞牌」火水爐銷售不俗，每造一批，就賣去一批。無奈「雄

雞」雖好，但只得一人生產，產量極為有限，它不能大批大批地供應，而所耗用的人力和時間，也實在很大。以經濟學觀點看來，那是成本大而獲利小的經營，極其量只能博得生活安定而已。「雄雞牌」火水爐銷售好，用家都很滿意，其中最持久的顧客，就是「詠藜園」。

又說說汽燈吧。

汽燈的毛病十居八九都是「P」字形管道障塞的毛病。修整方法，一如通爐頭，把「P」字形管道拆下來，通之。汽燈的結構比火水爐細密，拆管道時必須小心，事前必須將整個燈頂部分都拆出來，取下玻璃罩，然後將整個燈頂部分都放在罩上。無論任何時間都要小心燈紗，因為燈紗是最脆弱的，一碰即破。

拆下「P」管後，就是以火槍燒之，以鐵線匙通之，那彎曲部分只能敲敲打打，鐵線匙不派用場。然後又是施以銅絲刷，刷之使之生輝。

若要通曲喉，則燈紗不能保，因為曲喉的下端就是瓦咀，瓦咀就是燈紗所繫之處，一拆曲喉，燈紗必破，所以此點必須向來客聲明在先：通曲喉就要花錢另買燈紗，這絕不是取巧、敲詐。拆下曲喉，又以火槍燒紅，趁它又紅又熱時，馬上泡在冷水中，經這一冷一熱的作用，曲喉內裡就會很清潔，後再取出加熱，冷卻後也施以刷亮的工序。其餘，泵皮、膠圈失效，便要更換。玻璃罩裂了，要換新的。氣咀、瓦咀破損了，也要換掉。至於燈紗破了，那當然要換，燈紗的亮度和耐用程度很參差，當時的售價由七角到一元七角不等，價錢這麼高下懸殊，所以就得向客人說清楚其中貨色質量優劣的差別，好讓客人自行選擇。

「藝光號」於汽燈、火水爐上的修理造詣，在整個鑽石山可說是首屈一指的。當時，聯誼路尾、鑽石路頭就有「成記」，這店舖也

有修理汽燈、火水爐的服務，但仔細程度就跟「藝光號」有距離。

「藝光號」能以一小舖生產大型火水爐，這也是一項難得的紀錄。然而，我們的生產，是很有限制性的生產。所謂限制性，除了指生產者只是一個人和花費時間太多外，還有就是那些精密的配件，我們是沒有能力生產的。譬如火水爐的氣表、銅喉、爐頭、爐咀等，這些東西我們都要買回來裝上而無法自行生產。對於這些精細的配件，我們完全沒有生產的條件。爐頭是紅銅所鑄，以父親的工夫，手製一個爐頭的鑄模，他是有能力的。可是，小小的「藝光」就不能同時是爐頭鑄造廠，一個最簡單的鑄造廠，最起碼的空間就要過千呎，而且紅銅原料的來價頗貴，所費的本錢厲害，我們是無法負擔的。所以，「藝光號」只能買爐頭。爐頭最好的貨色是瑞典製的，本港也有鑄造，但質量就比不上瑞典的了。而鑄造爐頭，這不單是鑄模的問題，而且更是鑄煉技術的問題，學問可就深了。

再拿氣表來說，氣表是量度氣壓，表示壺內所受壓力的儀器，那指針的設計和配件就是很精巧的組合，「藝光號」做到的，只是較粗糙的爐壺結構，涉及氣壓的科學理論，我們就無能為力。因此所謂自製火水爐，嚴格來說，我們算不得是火水爐的製造者、生產者，我們只是成功的裝嵌者，局部的製作者而已。

汽燈的結構精細，生產條件複雜，「藝光號」就完全沒有能力生產了。單是燈紗一物，以化學藥物泡浸，火燒後能成形而發光，這是物理加化學的高級智慧，我們來自粵東韓江邊的村落，接近「韓愈」多於接近「科學」，汽燈，我們就只有修理和租燈兩項服務了。

「藝光號」的一人店舖，到了 1955 年，開始有點轉變。那年，祖父、祖母和姑姐都來了。這個時候，我們總算能在華園路買下一所屋子，而三弟也一歲了。

祖父來了，「藝光號」內的小桌旁就多了一張靠背椅，那是專

為祖父而設的。祖父每天都會到「藝光號」來，他不懂汽燈、火水爐的工序和生意，但有時父親應外工作去，我們也上了學，祖父就守在那裡，不必再靠鄉人助目了。

1955年，我們的一個同鄉，郭炳松叔叔，也來了香港，他所投靠的地方，就是「藝光號」。「藝光號」後半舖的七呎之地，上面架了一個「小閣樓」（我們叫「閣仔」），最早期時，父親也曾寄宿其中。炳松叔來了，就住在閣仔。炳松叔身材魁梧，那時開舖、收舖，都要搬動門板，那門板每塊約八呎多高、兩呎多闊，共六塊（其中有一塊是活動的木門，闊約三呎半），開舖時，須橫過聯誼路將門板搬到農場路口「人和堂」側放門板的地方。柄松叔很有臂力，不論開舖、收舖，他只須走動兩次，每次可搬走三塊門板。我們這些小孩，看見他膂力驚人，都很羨慕。因為，我們在十一、二歲時，每次仍只能搬動一塊門板。

炳松叔來了「藝光號」，會助父親一臂，那時候我們還小，只能是拖累，完全不能幫助父親做點甚麼工作。很多瑣碎的、不太巧作的事情，柄松叔都能協助父親。

炳松叔也學會了修理汽燈、火水爐的技術，但工夫還不夠仔細。1957年，另一位生力軍來了。誰？我們的舅父，母親的弟弟，蔡景維舅舅來了。

十八歲的舅父很英俊，他也住在閣仔。十八歲的舅父也很聰明，很快便懂得汽燈、火水爐的結構原理和修理技術。三年後（1960年），舅父就到九龍城的「千豐公司」任汽燈、火水爐的修理師父，主理所有汽燈、火水爐的事務。千豐公司的總公司是「美孚」，舅父在「千豐」擔任修理汽燈、火水爐，那是該公司的一種服務，舅父做得很出色，口碑極佳。到1964年，舅父要結婚了，他就離開「藝光號」，遷到大觀路的十八巷去。舅父結婚前，曾帶未婚的舅母

藝光號上的閣仔

到華園路來拜望祖父和祖母。我們的舅母是林曼瑩小姐，當時十八歲。稍後，郭炳松叔叔也有了自己的出路，他擔任了廣興成公司的汽燈、火水爐師父，表現也很好。

在「藝光號」的汽燈、火水爐時期，經濟較前穩固，而且也輸出兩位汽燈、火水爐的師父，算是有點貢獻了。

在這個時期，「藝光號」的經營方式有些特別之處。「藝光號」是一人店舖，如要出門入貨，那就等於放棄了半天的生意，祖父守在「藝光號」，但苦於言語不通，難有甚麼實際的幫助。當然，我們更不能因出外買貨而把店舖給關了，然後回來又再來開門營業。於是，父親就約定了一位上門賣貨的人，專給我們供應貨品。

除了火水爐外，「藝光號」出售所有汽燈、火水爐的配件來貨，都是由這位先生供應。這個人叫「阿老」，潮州人，父親這樣稱呼他，我們做孩子的，也這樣稱呼他。我們叫他時，總帶着一點兒敬意。叫他「阿老」，那感覺是親切、和諧，覺得叫先生，反而很陌生。

「阿老」，真是一個上了年紀的人。一頭銀髮，幾乎沒有一點黑色的了。然而，一臉光潤，很清潔，很健康。最難得的，是常有笑容，他說話不多，但總是客客氣氣的。那個時候大家都沒有電話，他送貨來時，沒有甚麼特別的預算，我們也不能預先告知缺些甚麼貨品。總之，他會每隔一段時間就會來「藝光號」，帶着一大籃貨物，荷在左肩上，看來那籃子不會輕省。我們要的，他有；我們暫時不要的，他也有；若是我們急須而他沒有的，他總在兩三天內就會補送而來。這位「阿老」，我們很喜歡看見他，他是一位極有誠信的人。

一年復一年，「阿老」就這樣的按時而來，長年不變。及至我們不再經營汽燈、火水爐，他才沒有來。看來他很長壽，我們在六十年代後期才完全結束了汽燈、火水爐的經營，那時，他應該七十多

歲，應該退休，帶着微笑地過他的晚年了！

對於「阿老」，我們沒有賒賬這回事，父親覺得賒賬是對不起人的事，尤其是「阿老」，他辛辛苦苦地送貨而來如我們不能即時付款，那是陷人家於痛苦的事，這種事我們不能做。那個時候，大家都是貧苦大眾，彼此賺的，都是窮人的錢，這錢賺得很吃力，我們就得體諒要賺我們的錢的人。

在鑽石山這個小天地，潮籍人士總會相互照應。「藝光號」也有相互照應的店舖。這種協作式的店舖，可視之為「兄弟舖」。

能夠成為「兄弟舖」，需要有幾個重要條件。其一，彼此是籍貫相同。其二，可以互通有無。其三，經營的貨品有相同之處。其四，不能小心眼，也不應計較誰有較大的利益。

「藝光」和東三巷的「昭記」，可以說是兄弟舖。「昭記」的店主叫魏大年，「大年」二字出於《莊子》，這位魏先生的爸爸看來也有點文化。他是潮州揭陽縣人士，年紀少於父親，我們稱他叔叔，他常來「藝光號」，愛喝祖父泡的鐵觀音。他特別喜歡在晚上七、八時來「藝光號」閒談，因晚上這時候大家的生意都較清淡，可以談點家鄉的事，一有生意也可即時起身迎候而無失。

「藝光號」有時某種貨品缺了，來客要買，我們這些小孩就會快步跑到「昭記」，請讓出同一貨品給我們應急；同樣地，當「昭記」有急須之物，亦可派他的小孩來「藝光號」索取。取去甚麼，彼此簡單記下，稍後便來一個結算，合作愉快。

然而，這種合作方式因為時風的轉變，大家經營的路線不同，到七十年代，也就無疾而終了。但魏先生與我們的情誼一直保留着，連同他的家人、表親（即東三巷瓊記電器的鄭勤輝先生）也與我們相好互助，經年不改。

到了今天，家中生火煮食，不是用煤氣，就是石油氣。然而，

火水爐的應用，並非完全給淘汰了。時至今日，我仍見到有些大茶樓用大型火水爐。例如油麻地廟街很多熟食店舖，那聲如瀑布的火水爐聲，仍然可隨時聽到。用火水爐的成本較石油氣、煤氣便宜，而方便程度也相差不遠。何況離廟街不遠的上海街，仍有經營火水爐的傳統店舖，很方便呢！

回顧整個「汽燈、火水爐時期」，它是植根於草創期那基礎上。在那個時候，店舖跨出的第一步很重要，只要資金稍微豐足，整個日後形勢和發展空間就會迥然不同。我們的第一年，就是因欠缺資金，而嚴重地拖慢了發展，影響着整個發展的格局。那時父親手中只有二十八元，這二十八元的資本只能作最根本的活命式投放，能有飯吃已是大幸，他是完全沒有辦法擺脫當前的局面而謀求更大經營空間的。

而「藝光」由經營汽燈、火水爐的「藝光號」轉型為生產機械的「藝光機器」，我們的發展也受到極大的限制，店舖的空間，就是最大的條件限制了。

「藝光號」的歧出經營時期

我們在 1963 或 64 年，申請了電力供應，父親已開始把「藝光號」轉型，「藝光號」要轉變為「藝光機器」。自 1963 年初開始，父親已意識到汽燈、火水爐的生意一定會萎縮，在四、五年間必會淘汰淨盡。「藝光」必須有所轉變，才能生機再展，否則只會禁閉自拙，寸步難行。

「藝光」要轉型為機器製作的小型工廠，那非一蹴即就之事。製造火水爐和配摩打、嵌機件的機械製造相距可謂十萬八千里。「藝光」開始踏上長達三年的青黃不接的時期。這個時期，「藝光」可以做些甚麼呢？

「賣雀！」

甚麼？「『藝光』賣雀。」是的，「藝光號」在轉作「藝光機器」前所剩下來的光陰裡，會出售雀鳥這種玩物。

有人說：「在一切新經驗之前，總會有奇異的活力和渴望。」（詩人木心所言。見《西班牙的三棵樹》。）對這新經驗的實踐者，與其說是父親，不如說是大哥。

當我們小學剛畢業時，李連洽伯伯帶來一位高大威猛的人物。

誰？

是區祖諾，即導演區祖厚先生的弟弟。

區祖諾身高六呎，闊臉寬肩，在「藝光」，他實在是「高人一等」，因此我們都叫他做「高佬九」。這個「九」字，可能是指他的排行，也可能是隨意拼湊，至今已沒法查證這個「九」字的本意了。

他嗓音沙啞，說話粗獷但不粗鄙，也不急躁；他好像是一個很有分寸的人，也像一個弔兒郎當的人。

他短髮，但條條豎起像刺猬。粗而疏的眉毛之下，是那雙欠神采的小眼睛，粗眉而細眼，極不相襯；再看：鼻孔大、厚嘴唇，臉上暗瘡遺痕處處，顴骨粗大，顎骨也粗大，不說話時，樣子很兇惡；只有笑起來時，才有點和善的暗示。光看樣子，他應該是以力稱雄的人，他可能是拳師，也可能是惡棍；若不是紀律部隊人員，就是江湖上的人物、黑道的打手。但這些又猛又勁的事，通通不是他所幹的。

他是個有情趣的人，他好玩，凡有趣可玩的事物，他都可以玩上一年半載。他是個「玩鳥」的專家，甚麼奇怪的雀鳥都養過。他養麻雀（養麻雀是很難的事，不信，可到雀鳥店問問有沒有麻雀出售。）他養麻鷹，他養山鵰、養野鵡。他有一位叫「司徒」的朋友，面貌「三尖八角」，所養的是貓頭鷹、大蟒蛇，他們就是這一類的奇趣人物。區祖諾是生活奇特的人，但他懂五金，識燒焊，有一技旁身。他懂得經營雀鳥之法，但不肯仔細經營。

李連治伯伯頗好養雀，這個好玩，極可能是區祖諾引帶的。區祖諾年紀約長大哥七、八歲，他也把「玩鳥」這玩意帶到「藝光」來。

父親一向拒絕「不必要的娛樂」，甚至認為所有娛樂、玩藝兒都是有礙正常工作的。他生活的樂趣是聽潮州曲，但他不是潮劇迷；閒時他會寫寫字，但他不是以寫字自娛，只是遇上有人要他的字，他才去寫。在六、七十年代，他從不練字，畫畫也一樣，他會作水墨畫，但也從不練習，因為生活太忙。因此，書、畫都不是自娛之事。他愛看書，但看的全都是實用的書。甚麼唐詩、宋詞、古文、小說，他都不願花時間去看。他甚至會拉一兩下胡琴，但水平差劣。我們兄弟更不曾聽過父親吹口哨、詠宮商。

我們在家聽音樂唱片，那是正正經經的國樂，但聽得很入了迷，一天，他不響半聲，一下子就將家中所有音樂唱片：劉天華的《光明行》、任光的《彩雲追月》等，都砸個稀巴爛。我們讀中學後，家法沒有那麼嚴，我們可以在家中養養熱帶魚，因為花時間不多，父親便准許了。

但對「養鳥」，父親的態度是嚴拒的。不過，祖諾兄的一番話，卻改變了父親頑固的抗拒意識。

祖諾兄說：「養雀，可以是一門生意；而且在鑽石山，那是獨家的生意。何況『藝光』的工具充足，世伯的工藝技術那麼強，大可幫助發展，例如製雀籠。」「獨家的生意」、「技藝強可助發展」，這兩句話，父親最合聽，思量再三，也覺得事有可為，何況『藝光』那時正處於青黃不接的艱難時期，不如轉轉發展的路向，看看有沒有機會大展拳腳。

於是，我家開始養雀，李伯有時也來談談「雀經」。大哥開始「養雀」，這是很正常的事；而父親也開始「養雀」，似乎有點「不正常」了。

我家起首養的，是「相思」，即「繡眼鳥」。那是小小的一種青中帶灰的活潑小鳥，因眼睛有小白圈，所以叫「繡眼兒」。祖諾兄說：「『相思』要選雄的，不要雌的。雄的會唱，雌的只會單聲的叫。我們聽相思的叫聲，如果只會發『嗝』的一聲，那就是雌鳥；如果發聲是『嗝律』兩聲的，那就是雄鳥。這類雀鳥，不要選鬆毛鬆翼、呆站少動的；必須要選那些活潑的、『修身』的。相思的食糧是『相思粉』，要到雀鳥行購買，偶而也吃草蜢，給牠添點『火』。養相思，一個小小的圓籠就可以了，但以『小平頂』為最佳。相思隔一個時間，就要『沖涼』。最好準備另一個粗糙的籠子，內裡放一小槽的清水，牠就會自行洗沐，千萬不要用小喉給牠『沖涼』。沖涼時，最好選在有陽光的日子。」（「小平頂」，是方形的小鳥籠。）

養小小的一隻相思鳥，學問可就那麼多。後來，父親就專養「石燕」，因這種雀鳥聲音較相思響亮，唱得比相思更好聽；而更重要的，是牠不吃草蜢，只吃雀粟，也可以不「沖涼」，養石燕，少了很多工夫。繼而，舅父也養起雀來，不是相思，就是石燕。

自 1965 年起，小小的「藝光號」居然分成前後兩個舖子：後面的半個舖仍是汽燈、火水爐的生意經營，其後還有一部車床，醞釀着機器的生產；而舖的前半，就經營雀鳥。在舖面的布簷下，就列掛着兩行鳥籠，籠內有相思、石燕等善唱的小鳥，還有高髻郎（紅耳鵯）、白頭翁（白頭鵯）、算命鳥（灰文鳥，通稱禾穀）、紅嘴相思（又稱桂林相思）等。布簷的右端，架着三數鐵鈎，掛的是大鳥籠，籠內有吱喳（鵲鴝）、畫眉之類，有時甚至有百靈和山麻。

本來放火水爐的木架，現在都改作方形大孔鐵網籠，籠內是彩鳳、鸚鵡、青鶯、黑下巴等寵物類的雀鳥，有時候，連鵪鶉、八哥都是出售的貨色。有些較刁鑽的雀友，專選石燕中的「大金黃」，要求善唱的紅波、藍波，專愛秀麗而嬌小的梅花，我們就要到雀鳥的專門店要貨了。

我們必到的雀鳥專門店是哪一所？

旺角「李鎮記」是也。

「李鎮記」位於彌敦道與奶路臣街交界附近，舖位大，寵物多，可以說是五十年代至七十年代最有代表性的寵物店。「李鎮記」以雀鳥經營最為專業，甚麼雀鳥和雀鳥所需，此店都一一俱備。聽說，店主在新界另闢專養寵物的場地，連老虎也養過。

祖諾兄帶着大哥到「李鎮記」，向店員介紹大哥，說這是「明記」，在鑽石山經營雀鳥，於是我們得以「行家」的優惠取鳥或進貨。我也偶到「李鎮記」，買的是雀鳥的「糧食」。

我們在「藝光」原有的玻璃櫃右面，做了一個掛牆的 PVC 膠

箱，內有數格，分別裝着「相思粉」、「紅粟」、「蛋粟」、「雜粟」幾類雀糧。父親以不鏽鋼做了兩個小杓子，分別掏取「粉」、「粟」二物。我們不賣草蜢、草龍等生物。間中買取草蜢數十隻、草龍四、五條，都只是自己雀鳥所用，或老友所需。草龍是甚麼？草龍不是龍，只是一種長尾巴的小蜥蝪，灰褐色，身貫長紋，像鹽蛇而有鱗，我們截斷牠的尾巴來餵畫眉，也有整條供畫眉食用的。草蜢則須剖開蟲身，以銅絲擘開，掛在籠內供雀鳥啄食，因此草蜢以大隻的為佳，如紡織娘（我們叫「禾蝦」）、大鐵釘、大蚱蜢。餵雀鳥以草龍、草蜢，我都略嫌殘忍，甚少向牠們動刀動剪。

香港的麻雀，叫聲可愛，所以也有人養麻雀。但野外的麻雀不論是施以天羅，或佈以陷阱，在捉到後還不能放入籠中飼養，麻雀是不受養的，不到兩天，牠就會死在籠中。所以養麻雀，只能從雀巢中偷取那些孵化後，已有翅羽而未能飛翔的雛鳥（我們叫「教飛仔」）來餵養，好讓牠們熟悉於鳥籠生活，這樣苦心細養，牠們才不會「自殺」，因此，這種人工飼養的麻雀索價也高。有一些刁鑽的雀友專好取奇立異，那就自己捕捉麻雀雛鳥，親餵珍育，以為稀品，務使傲視群儕。人養的麻雀，甚少在雀店買得，多是雀友間作交換或餽贈之珍物。至於能言的鸚鵡、鷯哥之類，牠們不是錄音機，絕不能你說一句，牠就模仿你說一句。例如鷯哥（或稱海南了哥），那就要單獨飼養，每天都跟牠說話，說上千言萬語的同一句說話後，牠或許會模仿你的語音說類似的話。養雀鳥而得其能言，很多時候是帶有幸運成分的，有些鷯哥很聰明，很快便會說一兩句話，有些則養牠一輩子，牠只會發自己的聲音，那就和養一隻黑色的雞沒甚麼分別。

祖諾兄又說：「吱喳」、「畫眉」都屬於「鬥鳥」，牠們會與同類相互打鬥，所以養這些鳥，特別是畫眉，必有白布包圍在籠外，保

持牠們處於安穩平靜的狀態。鬥鳥的籠子，籠門都有特別設計，即除了一個可以抽上落下的普通籠門外，其門外還有兩條粗竹籤。雀鳥打鬥前，先除下籠中那條橫杆，以免阻礙廝鬥；然後就會兩籠貼門並立，抽起那籠門，讓兩隻雀鳥相互挑釁，由於有竹籤相阻，牠們不能作近身攻擊，彼此只會愈弄愈火，到了兩鳥都「火上心頭」，不得不鬥時，雀主就會抽起竹籤，雀鳥就會過籠而鬥，拼個你死我活。善鬥的雀，既懂以喙攻擊，又能以爪傷敵：以爪進攻，雀友們叫「出箍」；以喙刺啄，雀友們稱「埋牙」。「打雀」是一種賭博，則是公開秘密，所以養一隻能唱又能打的畫眉，是可以賺錢的。

　　祖諾兄說，有一位雀友養了一隻強橫的畫眉，出陣以來，每戰皆捷，好不威風。本來雀強而屢勝，這也算是難得的事，但這人貪嘴賤舌，每每詆侮敵禽，狂言辱友，一時間竟開罪了不少相熟的雀友，但當時群儕的畫眉中，卻真也沒有一隻可以跟他的相鬥，大家都氣在心中。一天，某人抽一大籠，裹以白布，來說要跟他鬥一鬥。那人喜不自勝，於是取雀應戰。誰知兩籠一旦靠近，白布未揭，那長勝畫眉叫了幾聲，算是罵陣，但對手卻啞然不應；那畫眉又叫又跳，火氣十足，大約三分鐘後，只聽得對方籠中，叫了幾下「哇依、哇依」的銳響，那畫眉馬上不敢再叫了，這時，全場頓然寂靜起來。來客乾咳了幾聲，收起裹籠白布，裡面是一隻灰盔黑甲，鉤嘴棕袍的山伯勞。伯勞，是兇猛山禽，是畫眉鳥的死敵，伯勞一叫，畫眉就會受驚，鬆起羽毛，動也不動，幾個月內，不敢再叫一聲，一如死雀。那隻長勝畫眉經此一嚇，戰意馬上降至冰點，那一身的武功一下子就給廢了。「一物治一物」，那雀友的傲氣，也一下子給整治了。

　　我們在墳場玩耍時，偶而也會聽到伯勞的叫聲，牠是吃肉的鳥類，吃蟲吃蛙，連大型的喜鵲，也忌牠三分。

「藝光」舖面小，我們不能出售大型的雀鳥，如「澳洲大白」（白色有髻的大鸚鵡）、金剛鸚鵡、灰鸚鵡等。我們也不能出售貓頭鷹、白鷺、麻鷹之類，這些雀鳥是受保護的。我們賣的，只是很普通的貨色。

雀鳥這一行，「藝光」能助一臂者，是製作鳥籠。

中國的鳥籠，其實是一種工藝品，除了一些運送雀鳥、供雀鳥「沐浴」的鳥籠，製作較粗糙外。其他的鳥籠，都具美感，很講究製作的手工。

我很討厭那些運送雀鳥的鳥籠，這些籠子，排列成行，有如一列竹牢，每個間隔空間細小，竹條粗糙，竹面黏着甩脫的雀毛，籠底雀糞淋漓。雀鳥見人走近，驚飛亂撲，撞得喙角流血，慘不忍睹。畫眉好鬥，故必須獨佔一籠，但籠小鳥大，畫眉蹲在籠裡，一如壯士囚於「納米劏牢」，簡直可憐。稍後，改變用料，不用竹，轉用膠製之後，那棕色的膠籠，看起來很賤，又粗糙、又呆滯，像一列生了鏽的牢獄，雀鳥的生命絲毫不被重視。

優美的竹製鳥籠，不管是方的，圓的，都是勻稱平衡，細膩精巧的。就形狀來說，方的，叫小平頂，形作稍扁的長方，四平八穩，雖說造型簡單，但方整勻稱，本身就是以方正取其美感，以勻稱得其和諧。

至於圓形的鳥籠，那就多姿多彩：有拱頂圓形、有平頂圓形；有單層的、有分層的；有塔形的、有腰鼓形的，造型甚多。

至於捕自然之雀鳥，入於人工的樊籠，我們更要在鳥籠中提供「活命」的方便，於是鳥籠又可分為食穀類的，如石燕籠、梅花籠；再如山麻籠、百靈籠，雖屬食穀類，但牠們的籠不設橫杆，卻要沙盤，因為牠們喜歡踏沙而行；食蟲的畫眉籠、八哥籠，都需要有較廣闊的空間。至於鸚鵡，則無須樊籠，只作杆架。

最後，是鳥籠內的配搭，那就是另一種裝備和要求，且要看看雀主的條件、眼光，甚至財力了。

製作鳥籠，由於「藝光」工具充足，每能事半而功倍。

藝光機器內還掛有鳥籠，這是曾經營雀鳥生意的遺痕。

開竹篾的刀，我們可用一般菜刀，菜刀當然不夠專門，則我們家中有專用以開鹿茸的大削刀，這刀鋒利絕倫，開竹竿成竹篾、竹條，甚至竹籤，如切瓜菜。

削去竹青的刮刀，我們只要將一些鋼片的碎料，在火石機上磨個鋒利，即可使用。要在竹條上鑽孔，我們既有手鑽，也有電鑽，更有大小不同的鑽咀，十分便利。

拉竹絲板，則以鋼板鑽大小穿孔，以便拉竹篾成竹絲，以編構籠框。鋼板此物，「藝光」多的是。

做鳥籠時，只要取一個樣品，度其尺寸，量其間格，粗的、厚的、圓的、扁的用料，都可以適當的工具施之於竹、於木而成之。再而鑽孔穿嵌，編構成形。籠中橫杆，可以用雕竹、用硬木，鳥籠的門腳，可加點圖案，如繩索紋、卷雲紋。籠底外圈部分，可雕雲紋圖案、雕壽字圖案。鳥籠頂的掛鉤，可用白銅，可用合金，「藝光」所製，則愛用「不鏽鋼」。掛鉤下有一顆圓珠以作裝飾，有人用膠珠，講究的，用玉珠，用琥珀，更講究的，用紅珊瑚，甚至用清代大臣的朝珠。橫杆兩旁安上雀杯，一裝栗、一裝水。雀杯一般是細緻精巧的瓷製品，我見過最名貴的是清代粉彩圖案雀杯、清代手繪花鳥雀杯。近代的，有些青花的、仿古的，也雅致可愛。玉珠、瓷杯等物，「藝光」沒法生產，只能靠入貨而得。

鳥籠做好了，當然要上油，小平頂多上「光油」，保持竹的原色；圓籠多加熟漆，使其油潤生輝。

父親頗愛梅花鳥，以其細小、斑點鮮紅耀目，且不吃草蜢，只吃紅栗，乾淨秀雅。父親特為梅花鳥而精心以不鏽鋼創製了一個小鳥籠，這個鳥籠精巧無匹，現存於大哥家中。鳥籠製以不鏽鋼，工夫艱難而細膩，這是「藝光」獨有產品，實在是舉世無匹的。

從前，抽一籠雀到茶館吃茶，那就是一種「生活」的品味，一

種「情調」的栽培。北在京、津的茶館；南在穗、港的茶樓，養一隻好鳥配一個矜貴的鳥籠，示之於雀友同好，那就是一種特殊的藝術氣質，一種堪羨的遊手好閒。在京、津，該是王侯貴族，公子名翁的玩意；在穗、港，那是清福自享，生活無憂的貴人。我想，到了今天，能抽着「藝光」的不鏽鋼鳥籠，上赴京、津，下及穗、港，那是絕不會失禮的。

時至今日，養鳥的人，或許少了。但可多了一種玩意，那就是收藏古董鳥籠、鳥籠配件等。古董鳥籠，價值不菲，晚清、民國之作，動輒上萬；而鳥籠上的配件，如瓷製雀杯，若有年分、巧手工，當然也有個好價錢。李伯伯、祖諾兄都曾有佳品，如今兩位皆已辭世，這些佳品已不知花落誰家了。另外，好事者，會以美玉、象牙之類，裝嵌籠間，以作裝飾。這些小玉片、象牙雕，每每施以精美雕工，也是收藏家喜愛收藏的。

至 1967 年，「藝光」以另一名義「明記」兼營雀鳥的生意，已逐漸式微。雀鳥買賣經歷三年，到了這個年頭，可說是已經去到盡頭了。我們「藝光」因店舖空間所限，又以本錢緊絀，來貨只取一般慣見，難以取奇轉新，客人了無刺激，所以在開局之始，已見發展之狹窄，因此雖經歷三年仍難有突破；再而鑽石山玩鳥的人不多，雖是獨家生意，但開拓乏力，前路難見光明。所以，在我們結束雀鳥生意後，整個鑽石山也沒有後繼者，足見雀鳥生意在這裡實在難做。還有，我們每天所見來客，幾乎都是熟客，大家都已「熟口熟臉」，而且多是上了年紀的人，這些人只有減少，不會增加。除了上述這幾個因素外，最大的原因，還是在於「雀鳥」和「汽爐」或「機器」之間的經營本質，有着不能相融的對抗性。試想燈紗、爐頭與紅栗、相思粉有多大的距離；汽燈、火水爐與畫眉、繡眼兒有多大的差異。摩打和鳥籠更有雲泥般的殊異，看見這些「矛盾」，我們就可以知

道，到了某個時候，其中陰柔的、軟弱的，就必須讓步、撤離。雀鳥本不是我們的正行，撤退是必然的了；而修理汽燈、火水爐都是小技術，「火水」的動力與「電力」的宏效，實在不能相比，鑽石山居民生活之所須，斷不會固守在「火水」這個層次，因此，雀鳥與汽爐都要退下來，好使「藝光」能以另一條新生命繼續奮鬥下去。

到了 1967 年，父親對製作機器已有十足把握，而在這青黃不接的期間，我們也逐漸購置了一些重要而必須的器械。「藝光號」真的要結束了，但它是以「藝光機器」作為新招牌，又以充足的活力，奮勇地再奔一程了。

對於這三年的歧出經營，我是感受頗深的。我對父兄之養雀，可以接受，但我自己不愛養雀，這麼多年以來，我沒有屬於自己的雀鳥，也沒有甚麼鳥籠，連可收藏作古董的精美鳥杯也沒有。

自童年時，聽到籠裡小鳥的叫聲，已不覺得牠們是在「唱歌」。所謂「鳥語」，必須聽之於山木，遇之於水湄，需要有一個「聽」的自然環境，那鳥鳴方有「語意」。若把鳥因在籠中，讓牠自言自語，把可憐的獨白，訴予自己的肺腑，這是一種慘不可聞的寂寞，苦不自解的控訴，那是「自鳴不平」，雖「語」而猶嘆。

大自然本來有其天地之籟。像一口極精美的瓷瓶，讓風吹過那瓶口，妙籟自生。養鳥於籠而使其自鳴，那就有點像不斷將自然的瓷瓶一個又一個的打破，而聽其破碎之聲自以為樂，所謂「鳥語」、「雀唱」，全都是人類自己的心理作用，幾曾深曉大自然真正的樂歌。

賣鳥，其實是賣一種「叫聲」，賣一種「呼喊」，賣一種本來無價的聲音。父親曾製造了一個極精美的不鏽鋼鳥籠，這個鳥籠大可裝進善於啁啾的繡眼兒。若能因禁了自己，而釋放所有被因的聲音，我極願意做這隻繡眼兒，我願將自己毒啞，你只要給我一枝生命的站杆，一簞食，一瓢飲就可以了。

「藝光」的機器創製時期

　　奮鬥也要講兩大條件，一是自己的能力，一是自己的理想。

　　能力，是很實際的，「有」就是「有」，「沒有」就是「沒有」，能力未到，即是「沒有」，能力充分掌握了，充足地具備了，這就是「有」。不然，就是「沒有」。

　　理想，也是很實際的，因為它的基本條件就是能力，沒有能力，不足言理想；離開「實際」和「能力」，理想就是虛想，妄想。

　　父親這輩子最後的奮鬥目標，就是要做一個機器創製者，要很成功地造出一種既獨特，又能傲立同儕的機器。這個心願在他 28 歲那年就開始醞釀，香港的鑽石山在父親眼中，是一個新的世界，這新的世界也給父親開了新的眼界。在經營汽燈、火水爐的時光裡，父親也修理鐘表，修理單車，在鐘表、單車這些器械結構中，他領悟到機器的運作原理，也知道如果接上電力，這些機器的功能會有怎樣的驚人改變。理想的齒輪當怎樣運作，機器配件該怎樣懸掛，一部機器怎樣從圖則落實成可操作的實體器械，這些理念、工序、配件、原料、用具等，在有閒餘時他就不斷思考着，我甚至可以說，父親是沒有甚麼餘閒的，很多時候以為他在消閒，其實他在思考。父親自踏上 40 歲開始，頭髮就迅速變白，那時正就是1964、65 年，「藝光號」的青黃不接時期正催逼着父親動腦筋，費心力。到了 1967 年，那「理想」已在自己「能力」之內，他可以發力了，他又開始向人生中最具挑戰性的生活進軍了。

再起步的艱難

當雀鳥撤退，汽燈偃息，「藝光」的字號，快要改為「藝光機器」時，我們已購置了一台本港製造的「車床」(lathe)。「車床」，是製造機器最基本、也是最重要的「工具機」。它是摩打驅動，以皮帶及齒輪等組件帶動主軸上的夾頭，再利用刀架上的車刀，將夾頭內的原料，車削成所需的器形。車床上的車刀多種多樣，功能不同，可把夾頭內的工件加以車孔、鉸孔、車外圓、車圓錐、車成形面、滾花、壓花，又可以車外螺紋、車內螺牙等，功能甚多，它是機器工場必備及首要的機械。

我們又買了一部鑽床 (drilling machine)，一般器物鑽孔，都可在鑽床上處理。

我們的姻親（襯家老爺，姑姐的家翁）余繼輝先生對父親說：「『藝光』的商業牌照寫的是經營汽燈、火水爐，現在一下子改變為機器舖，看來是違反了商業登記的規定。那車床不宜放在舖前，應藏在舖的後截，以免遭人檢舉。」父親聽了，覺得有道理，那商業牌照上寫的是甚麼，我們都不甚注意，也無心細意查驗，既是襯家所說，當然不會有錯吧。

因此，「藝光」的招牌也不敢馬上換作「藝光機器」，那車床就放有舖尾，我們只能靜候着生意的來臨，有點守株待兔的苦候和無奈。

當時，整個鑽石山，就只有「藝光」有車床，我們做的仍是獨市的生意。可是我們沒有廣告宣傳，有車床又不能大肆張揚，有誰知道藝光可以製造機器呢？因此，「藝光機器」的第一年，幾乎是靠汽燈、火水爐的餘溫，給予我們一家九口的溫飽。

其實，余繼輝老爺的忠告，變相成為了直接的壓制，他的一知

藝光機器內，父親仍勉力工作。

半解，也影響了我們應有的經營實力。那時在鑽石山開業經營，只需要有商業牌照，中途有甚麼轉變，只要老闆不變，改行改業是沒有人理會的，而且商業牌照的內容可以更改，我們只須到商業登記處換一張機器舖的牌照便行，沒有必要將我們最重要的生計工具——車床，收躲起來。余老爺的進言，反害了我們白白浪費了一整年的光陰。

早期經營的困難

1968 年的農曆年初四，我們很早、很早就開舖，在 67 年以前，我們可以燒一排鞭炮，以示開市大吉。但在 67 年後，過新年就只有電台裡播放的爆竹聲，那點硝煙響火的熱鬧已沒有了。我們開了舖，便開動車床的摩打，也開動鑽床的摩打，好讓機器自行轉動一陣子，表示「開工大吉」，好的勢頭順如輪轉。十多分鐘後，我們關了機器，就到茶樓買點心作早餐。早餐畢，我們就自行找點工作，動動工具，新一年的工作就這樣展開了。

我們不再把車床掩藏起來，反而我們又加添了一部火石機（打磨機），這部機器不是買的，是父親自己造的，我們將部分雀鳥鐵籠架給拆了，那火石機就放在舖前的木架下，與「鑽床」相望，如哼、哈二將。

我們有生意了，有客來找我們造一部魚蛋機。這機器需要有一個大漏斗，內裝攪拌棒，魚肉及麵粉要在大漏斗中攪拌，加入適量的調味品，在攪拌成又黏又韌的魚蛋膠後，就從漏斗口「唧」出來，滾成「生魚蛋」，那「唧」出來的生魚蛋會滾到輸送帶上，由輸送帶送赴油鍋炸熟。「炸魚蛋」是另一回工序，不屬於我們所造機器的範疇。父親接了這生意，以不鏽鋼片為大漏斗，圓鐵棒為攪拌棒，

配上摩打驅動攪拌棒及帶動輸送帶，把這些器械、工件組結成一個「攪」、「唧」、「送」的系統，裝在角鐵架的上層，角鐵架下層裝摩打和皮帶，以驅動攪拌器和運輸帶，這樣組合的機器不算複雜，父親很快就按客人的要求把魚蛋機造好了。造角鐵架，我們兄弟都可以幫忙，這是簡單的工作，將角鐵依長短尺寸量好、分段。又在角鐵末端鋸成 45 度角，以備焊合；要加螺絲的，我們先在角鐵上劃位鑽孔。

多年來，焊接角鐵架都算是一項苦差，那時我們沒有燒焊機，因為燒焊機耗電較大，而早期鑽石山所供應的電力，不是工廠的電力。焊接角鐵架這工序，我們要到最近的燒焊店舖處理。鑽石山沒有燒焊的店舖，黃大仙、彩虹村也沒有這類工場，最近而可靠的燒焊舖，是在九龍城沙埔道的「周慎興」。

小型機器的角鐵架，我們還可包以報紙，勉強乘巴士來回，回來後再嵌成支架。但大型的角鐵架，我們就要用手推車，由聯誼路推到沙埔道，焊接完畢，我們又把它推回來，遇上這類燒焊的事，通常就會花上五、六個小時，如果「周慎興」生意旺，或有甚麼意外的阻滯，那就可能花掉一整天的時間。如果那要燒焊的是屬極大的機器，那麼我們就只得叫貨車來運送，成本也就增加了。

除了攜件燒焊這苦差外，我們兄弟還會出外買零件、買材料。上海街的義和祥，是我們常到的。我們又會到砵蘭街的「九龍啤令行」買啤令，到大角咀的五金行、鋼材行買光塞（圓鋼條）等。我的日記清楚地記錄着：「1969 年 2 月 28 日，午，到大角咀搬鐵。」又「1970 年 6 月 21 日，早上與大哥到大磡村車角鐵回舖來。」

魚蛋機之後，我們又接了一位同鄉的兩單生意。一是「鏡眼架的製胚機」，另一是「眼鏡框的打磨機」。這位同鄉叫郭訓亮，他不但是同鄉，而且還是同祖宗的，按輩份他的年紀雖然與父親相若，

但卻低於父親一輩，所以我們稱他為「兄」；而他那快將三十歲的長子，卻要叫我們做「叔叔」，他這麼一叫，我們聽起來就很突兀、很尷尬。

這位宗兄在鑽石山農場路尾，開設了一間專造眼鏡框架的工廠。那框架製胚機，就是一個車做眼鏡框架的「製形鋼模」，將膠架原料放入模內，以旋轉車刀車去多餘的膠料，眼鏡框架便基本成形了。眼鏡框的打磨機，是兩個摩打帶動的大滾桶，桶內有圓滑的硬木粒，那車出來的膠製眼鏡框，就放進去滾桶中靠木粒不斷碰觸而打磨。第一步是先以較大木粒作打磨，然後再放進木粒較細小的滾桶中作拋光式打磨。製胚機是小機器，打磨機是大機器，父親都能應付裕如，宗兄都滿意我們所製造的「生財工具」，宗兄空閒時也來「藝光」享用祖父泡的鐵觀音，大家的關係很密切。

在我的 1969 年 7 月 19 日的日記，我寫着：「夜，我將一部碌（輾）粉機送到聖堂路去，弄至汗流浹背。」這部輾粉機到底是怎麼樣的一台機器，我已完全沒有印象，但送往聖堂路就不容易，因為途中有斜路和石階。從這些粗略的記錄，可見我們最初造的機器，需求者都在鑽石山下元嶺。

綜合這些早期的經營影跡，可見當時的經營是困難、艱巨的。首先，因為我們的聲名不彰，沒有口碑可傳，生意的空間狹窄；其次，因為我們的設備還不算充足，靠外助之力仍多，如燒焊；再則，我們沒有甚麼獨到的產品，不能建立自家的「招牌貨」。當時我們的製作，只能應鑽石山某些廠舖的要求而造，換言之，我們最初的生意仍跳不出元嶺這座五指山。再說，鑽石山廠舖所用，也是一般的機器，不是一些甚麼特別的製作，因此，「藝光機器」的聲名，也就難以彰顯了。

1969 年 12 月 23 日的日記，我寫着：「早上和爸爸一起用茶，

作者的大哥在藝光機器內工作

區祖諾先生在藝光機器內

其間，爸爸說出了我們的處境，是經濟不大穩健；而且爸爸又想開一所『藝光』分店，作後備之用。」經濟不大穩健，就是經營困難的寫照；而開分店只是期望，我們的分店始終沒有開成，因為我們欠的，仍是豐足的資金。

在這幾年間，我被訓練成為了鋸鐵的能手。在藝光，我以鋸鐵快速稱著，尺寸的拿捏也很準確。有一次，我替「大觀片場」的李九先生鋸一批鐵件，我鋸了好一段時間，表現殊佳，李先生說，我是「鋸鐵高手」，我聽着，就很滿足。

實力的積儲

起步艱難，但我們仍勉力地站了起來，1969年冬天父親所說：「開一所『藝光』分店，作後備之用。」但我們在鑽石山本區所賺取的，未足以開「藝光」的第二所分店。我們的經濟不大穩健，因經營的環境有很多條件限制。所以，我們縱使賺到了錢，也只能用在「實力的積儲」上。我們須得凝聚更大的實力，才可以謀劃更大的發展。

我雖是鋸鐵的能手，但始終用的是人力，消耗了的體力不能馬上補充，於是我們購置了一部日本製造的「鋸床」。鋸床的動力來自摩打，不是手臂人力；鋸片是厚身的鋒鋼，只會逐漸消耗，幾乎不會折斷；而且鋸床有管道自動流出梘水，冷卻鋸片，使鋸片更耐用。人力用鋸，體力易損耗，鋸片亦易斷。有了鋸床，這些弊端一下子給消除了。

燒焊是製造機器的基本工序，沒有燒焊機，我們很麻煩。於是在鑽石山的供電完全飽足後，我們又購置了焊機。我們父子三人，早前多次到「周慎興」燒焊，常向燒焊師父請教，因此對燒焊的技

巧早已有了基本認識。何況區祖諾也是個燒焊高手，我們有一個優良的師傅站在背後，因此，燒焊的技術，我們很快便掌握了。我們父子三人，以大哥的焊燒技術最高，燒焊也燒得最美；其他連「銅焊」，最後連「不鏽鋼焊」，我們也學會了。我則勉勉強強可燒鐵焊，但燒出來的接口每每巉巉嶙嶙，「焊屎」又多，總之就是不好看。

1969年的12月11日，我們父子三人，將舖中那部舊車床抬了回家。因為我們訂購了一部台灣製造的新車床。這台新車床的性能和動力都勝於那部舊的香港車床。父親又以新車床，自己製造了一部小車床。大哥和我，每每用這小車床來學習和車作工件。父親連車床都能自製，可見他的機械技術，已經十分高超了。

1970年3月18日，我們訂購了一台「刨床」（milling machine）。3月23日，新刨床送到「藝光機器」的舖中來，刨床不像車床以滾動車件，車床只能車製「圓」的工件，刨床是以刨刀在軌道上走動，以其走動時將工件刨平，或刨出坑槽，它是以直線為操作，我們叫「行線條」，這與車床的「滾動走圓」不同。這刨床是日本製造的，性能殊佳。70年的6月16日，那刨床正式安裝妥當，並開始啟動它在「藝光」的刨削工程，一味「直線」的向前跑。

大型的自用機械，我們最後要購置的，是螺床（screw lathe 或 threading lathe），螺床是「螺紋車床」或「螺紋加工機床」的簡稱，它是車削螺紋工件的機器。這台螺床也是日本製造的，性能亦佳。

至此，小小的「藝光」，已成了小小的機器廠。生產機器的設備，我們可說是齊備了。舖內空間，已完全擠滿了製機的器械，只餘下僅供一個人走動的小通道。我們製作機器，有時會在舖內車作，然後在舖外組嵌。如果機器太大，我們甚至要在舖內車製，然後在家中組嵌，嵌好了又搬到舖外來，叫車送走。

我們還有些小型機械，如火石機、風車鋸等，應有的，我們都

有了。器械、工具的設備齊全，也代表着操作機械的智慧也增添了，成熟了。

自 1970 年 9 月，我考上中大，在「藝光」工作的時間少了，但一有空，「藝光機器」這小舖中，也會見到我在打拼。不過，身邊總常帶着一、二冊書。

自鑽石山打出去的通衢

踏上七十年代，鑽石山的山寨式工廠多了。例如華園路一號，本來住着一對和藹可親的老人家，這時都已遷出，住宅變成了生產不鏽鋼表帶的小工廠，廠主姓霍名鑑，而生產表帶的「鋼模啤」是機械組件，這些「啤機」出問題時，霍鑑老哥第一時間就會到「藝光」求救，因此，我們與霍兄交情甚好。華園路尾，又開了一間紗廠叫「德豐」，紗廠的機器出了問題，他們的工人也會到「藝光」來求助。修理鑽石山內的機器，又成了「藝光機器」另一大類的工作。

我們修理鑽石山街坊的機器，也修外來的機器。對於區外的機器，我們還會上門修理，甚至運回鑽石山，細加研究、修理。

我們曾為港島西區的藥材行修理一部巨大的切「木通」的機器，而且是要把它運回華園路家來，經細研後才能修理，運這龐然巨物回鑽石山，我和大哥吃了大苦頭，且捏一把汗。

我在 1970 年 6 月 4 日的日記中，詳細地記錄着：早餐吃過，便和大哥叫了一輛貨車往港島西環皇后大道西某中藥行，運一部舊的機器回來修理。過了海，幾經問路，才找到目的地。上了二樓，確認了要運走的機器後，便開始搬運。這台生鐵製的傢伙重得要命，我們連司機三人，用貨車的長跳板，用粗繩捆綁機器的四個角，使勁地拉。那東西慢慢移動，終於移上了跳板，我們三人死命拉着，

讓它慢慢地滑下樓來。此時若有甚麼差錯，後果便不堪設想，因為這部東西實在太重了。在滑行了一半之時，我發覺結繫着左下端的繩子斷了，機器開始傾斜，幸而重心未失，但萬一其他繩子再有閃失，那台東西便會直衝下街去。我們使勁穩住重心，不讓它滑出跳板，然後再慢慢地逐寸逐寸的將機器放滑下去，蒙老天爺保佑，這部東西終於安全滑到樓下，沒有意外發生。我拭去額頭的汗，猛然舒一口大氣。我們再盡鼓體內的餘力，將機器推上貨車，（當時一般貨車還沒有自動升降板），然後載返鑽石山來，幾經辛苦才將它安放在家中的石栗樹下，等候父親來細檢了。

踏上七十年代，我們仍以製造不同的機器為主要工作。

當時，父親與客人談價錢、定細節，基本上都是口頭說了算，所謂「牙齒當金使」，主客大家都講信用，只要客人落了訂金，我們便能依時「起貨」。那訂金是多少？一般來說，訂金就是材料費，有了訂金，我們已不會虧本，甚或有點微利。我們開一張收了訂金的單據，上面寫着機器的名稱，那就是合約，來客屆時憑單來取貨便是。甚麼細節、甚麼條件，都是口頭議定，大家都會遵守。

父親認為「藝光機器」的製作，嚴謹精細，材料上乘，經久耐用，毛病甚少，於是開價每每偏高，來客嫌貴，他總是覺得自己所造的一定比別家的好，貴一點是應該的、合理的，對於高定價這個規矩，他絕少改變立場。在父親看來，造機器就有「鐵般」的價，天經地義。還有，「藝光」製作機器，不連摩打，客須自備摩打，或由我們代購，客人付款。這樣，客人又會覺得「藝光機器」的製作更貴了。

此外，父親既認為自己的製作，超越同儕，所以機器交貨後絕沒有「保用」這回事。他認為「藝光」出機器，不是樂聲牌出的電飯煲，甚麼保用半年的條件我們用不上。大公司能大量生產貨品，

成本不斷降低，我們造一部算一部，一部就是獨立的一部，沒有重複，不會量產，「保用」屬大生產商的玩意，我們「藝光機器」沒興趣玩這一套。

　　以上種種，難免做成「藝光機器」在接談生意上的阻礙，父親的經營方式也太呆板，大大影響了來客的訂造意願。大哥的生意腦筋較靈活，懂得在某些地方可以讓步予客人，認為「保用」是時勢所趨，也是予客人信心的保證。但父親常說：「我的機器就是耐用，保用是多餘的。有了保用，客人亂用我的機器，方法錯用，那是他們的問題，憑甚麼要保他們的錯用。」對於這些生意條件和經營立場，父親很是執着。後來，李伯、壽伯等也常作輕微的遊說，而且在這個時期，「藝光機器」來了一個很富彈性的人，他是「倫伯」，他是間接影響着父親的經營立場，到最後，父親終於肯以「保用半年」為條件，答應機件修理，半年內不收分毫，而零件更換，則按件收費。

倫伯的間接助動

　　倫伯是誰？他姓倫，名賢。年紀大於父親一歲，所以我們叫他「倫伯」。他家住茶果嶺，他的家庭共四口子，有一子一女。他的兒子，常來藝光，成了我們的好朋友。

　　倫伯身高 5 呎 7 吋左右，約高於父親一兩吋，但瘦多了。他的臉形是一個典型的長三角形。額寬廣而下巴尖削。深近視，不論工作或談話時，常要推按眼鏡。眼小，口、鼻都大，臉頰有很深的皺紋，如果關德興的臉形也變成長三角形而鼻子稍大，那麼關師父就很像倫伯了。

　　倫伯沒有自己的舖子，他是到處跑，找機會，接到生意後便會

找適當的店舖合作，完成了工作，便有錢維持家計。大角嘴、深水埗，上海街、鴨寮街，東至鯉魚門，西及荔枝角，都有他的足跡，因此，他的臉色是棕而帶黑，來到「藝光機器」時，總是汗流浹背。

他到我們的舖來，是很偶然的。他或許來借點空間，借些工具，這樣就跟父親談起機器的行情，大家成了很要好的朋友。父親知道倫伯生活很吃力，家中曾多次無隔宿之糧，兒女們曾多次沒有早、午餐便上學。倫伯來借用地方，借用工具，父親都不拒絕，而且還帶點鼓勵的語氣，讓他常常來「藝光」。於是「藝光」常有「五老」聚首吃茶的美事。五老者誰？按齒排序，則祖父、李伯、壽伯、倫伯、父親是也。若以「貴賓」而論之，則「李伯」、「壽伯」、「倫伯」，當屬「藝光三星」矣。

倫伯終日在外奔波，見多識廣，他知道整個九龍區最需要甚麼機器，我們可生產甚麼機器以順應之。他知道怎樣在製作時活用材料，減低成本而不使機器性能下降。他知道父親的「鐵價」，是因為太過謹慎，過份堅持，以至提高了生產成本而不自知。一部機器，倫伯接了，造了，賣一千元他就很滿足；同樣一部機器，父親接了，造了，就要賣一千二、三百元，才能取得合理的利潤，二者之間，出價高下有二、三成的差別，那就值得父親細思和斟酌了。

父親每每嫌倫伯出價太平，卻大花氣力，很不值得；倫伯則以為出價多少，除了看機器本身的成本，還須看人（來客）。看人，是一大學問，不跑跑江湖，多見多交，這是很難有進益的。這一點，倫伯明顯就較父親強了。

倫伯因生活，因家計，有時不得不吃點虧，但這是無可奈何的，但因為自己吃了虧，那個客人也就成了自己的常客，這又是另一種收獲。到最後，父親取用倫伯的經營手段，再加以自己本身的原則，將二者揉合調和，終於改變了自己硬繃繃的經營方式，活化

了的經營手法，「藝光機器」的製作，便更為多人認識，口碑也愈來愈好了。

在七十年代至九十年代，我們生產過多種多樣的機器，較早期的，我們有切餅機、牛耳機、月餅機等；稍後又替零食專門店「廣良興」製造牛肉乾機和打豆沙機。至於老主顧詠藜園，我們既承接爐具服務，更兼替楊老闆製造了打麵機、花生切粒機等。

稍後，我們也製作了織網機，壓榨機（將人蔘壓入鐵盒中）、風車鋸、雪糕筒機、粉筆機等。大哥更憑自力創製了自動入藥水的精巧機器，又製作了膠水自動注入及包裝的生產線等。那些早期不能承接的專精、細膩的機械製作，這時「藝光」都有能力生產了。

「藝光機器」的製作專業：積梳機

甚麼是積梳機？積梳是英文「jigsaw」的音譯，意義為直豎線鋸，簡稱就是線鋸機，它的功能就是專鋸塑膠字或金屬片字，當然它還可以�… 圖案，雕花紋。

七十年代，香港各種商店都愛掛上「塑膠字」招牌。這類招牌多作白底紅字，配以燈箱，這較光管「屈字」的招牌廉宜、實惠。若要增加美觀程度，可用厚水晶膠，將字號凸出於招牌上，而且水晶膠映光度強，接以光管，銀光燦爛，實在美觀。因此，膠片招牌流行一時，至今仍有不少膠片招牌，掛着三、四十年前的舊風采，招展迎客。

將膠片鋸出招牌大字，所用的機器，就是「積梳」。

當時，積梳以台灣所出最好，香港亦有按其原理而仿製的，但運作功能卻比不上台灣所造。

積梳這種機器，就是由倫伯引帶入「藝光機器」的。倫伯有替

人修理積梳，但工夫尚有點問題，所以常與父親交流、商議。其後，倫伯見父親製機的工夫了得，於是鼓勵「藝光」生產積梳。

就在七十年初，我們生產了第一部積梳。那是以鐵通為基本結構，其餘配件均依照積梳功能或購備、或自製，這部積梳功能不弱，但仍須依靠外來配件，顯得頗被動；而鐵通不夠穩重，積梳的穩定性不足，這都是毛病。

半年後，父親覺得以鐵通為支架，單薄太甚，應以鑄生鐵為積梳的結聚力點，我們稱這條鑄生鐵做「積梳弓」。又積梳內運作的配件雖然複雜，但也是父親器械技術所能勝任之事，所以整部積梳的配件，都由「藝光機器」自製，而且要造得比其他積梳都精巧、耐用。

於是，父親以實木嵌成了「積梳弓」的鑄模，弓上有「藝光製造」和「Made By Ngai Kwong」的中、英文字樣。我們將這木模送到華清路的生鐵鑄煉廠，按模鑄成「生鐵弓」。這弓鑄成了，效果很理想，很重，但很有實力感。我們仔細地磨去生鐵弓的粗糙處，並作適度的拋光，使字號凸出。最後，就是上漆。髹上了鮮藍色的弓，點上丹彩的字號，這弓的外觀馬上亮麗奪目。其他配件，我們都以鋼料為主，並加燒煉，煆以偈油，使配件堅硬生輝；而其運作功能，都緊貼積梳的要求，製作精確。

我們的積梳，可以整部出售，也出售配件，生意不俗。造塑膠招牌的商舖，漸漸知道鑽石山有一間「藝光機器」的小店，生產這種優質的積梳，前來訂購的也漸多。然而，過了一段時間，有塑膠招牌商人以車運來積梳要我們修理，並作投訴式的批評，說這裡不行，那裡不對。我們將這積梳卸下來一看，光是那積梳弓，已不是那種應有的重量，小油箱內的配件，也非經精煉，顯得粗糙。啊！原來外間已有廠房在假冒我們的牌子，生產「假藝光積梳」。我們

一方面向來客解釋、說明，雖然心內很氣，但回過頭來一想，「藝光」的製作，居然有人假冒了，可見我們的產品是有份量的，質量上乘的。想到這裡，我們還以笑容面對這些冒假的積梳。

父親早在二十八歲時，就立志要做一個機器創製者，要很成功地造出一種既獨特，又能傲立同儕的機器。「藝光積梳」，可說是既獨特又能傲立同儕的機器。它獨特，是指它的配件精煉無匹；它能傲立同儕，這從其鋸字功能及用家口碑可見，父親的心願可算是達成了。雖然「藝光積梳」因生產者僅為兩人，(即父親與大哥，其餘弟弟們，都屬閒手)，數量不多，但聲譽是良好的，用家是讚賞的，縱然與台灣製作的相比，我們還可算是稍勝的。

在 1998 年 8 月 25 日，政府公佈全面清拆鑽石山寮屋區。同日，房屋署在鑽石山作最後的「清拆前登記」，登記所得，要遷拆的分別有 2,605 個家庭及 174 個商戶。「藝光機器」，就在這 174 個商戶中。

到了 2000 年，鑽石山寮屋完全清拆，在元嶺的「藝光機器」光榮結束，父親正式退休。而大哥秉承家業，在九龍灣的「信和工商中心」繼續「藝光機器」的經營，努力不懈。

「藝光」是我的生活技能訓練所，舖內的所有工具，如各種的鉗(由尖嘴鉗到大喉鉗)、各類大小螺絲批、銼(大的、小的，粗的，幼的)、大小士巴拿，各類六角匙、錐、鑿、鐵鋸、線鋸、木鋸。角尺、鋼尺，卡拿巴，分釐卡，木鎚至八磅鐵鎚，我都使用得宜。我會修理汽燈、火水爐，會焊銅、焊錫。我是鋸鐵的能手，我會製螺絲牙(我們叫 Dub 牙)。至於機器運作，我能上車床，但只限基本的工夫；刨床、螺床等，已非我所能的器械。這些都是生活磨練出來的技能，在 1976 年後，我已是一名正職的中文教師，這些技能的應用愈來愈少。但「藝光」的奮鬥經歷，卻成為我畢生難忘的烙痕，當我拿起鯉魚鉗修理家具時，那手勢、那動作，恰如當年，一點兒也沒變。

附錄一：
「藝光機器」積梳解構

底座：

我們以厚身槽鐵為整座積梳的基礎。將槽鐵翻轉，坑槽向下成「冂」形，其直而長的平面就可以安裝積梳弓和其他機件。

角鐵支架：

槽鐵下就是角鐵支架，支撐整部積梳。支架內安裝摩打，有了摩打座鎮在支架間，支架的重量增加了，積梳運作時，穩定性也增加了。摩打的主軸上裝了皮帶轆。

積梳弓：

在槽鐵的左端，裝上生鐵鑄造的弓。就像一個倒下了的「L」形，那截短的，就鎖死在槽鐵面，那段長的，就一直伸向槽鐵尾。

油箱：

槽鐵尾端裝上一個立體正方形的小油箱。我們叫「櫃桶仔」，油箱外裝有皮帶轆，與摩打的皮帶轆相應，兩轆之間，以皮帶相連繫。當摩打轉動時，就會帶動油箱外的皮帶轆。油箱內裝偈油，可使箱內的機件快速運作時，得以順滑及長時間降溫。油箱的另一邊以厚身的透明水晶膠封實，因其透明，就可看見油箱內機件的運作情況。

積梳運作原理：

油箱內主要有一個圓形「乜餅」（乜，音䄃，歪也，廣東話「借過、讓開」，叫「借乜」。乜，又音「物」，如「乜嘢」，指甚麼東西。）這個「乜餅」由皮帶轆帶動，就可以使那直豎線鋸一上一下的不停運作，產生「鋸」的作用。

油箱頂裝有一個大的「鐵平面」，這個「平面」是一個由刨床

刨出來的「平水」的光滑面，塑膠片就可在平面上推移，按樣剷出字來。

「平面」中央有間縫，那直豎的線鋸片就在縫間中上下運作，「平面」和「油箱」之間有小鋼軸，這軸的上端裝了一個「鋸嗑」，它可咬實那線鋸片。

小鋼軸穿入油箱，與「乜餅」相連互動。乜餅轉動時，鋼軸便上下而動，鋼軸動，那鋸嗑上的鋸片也動。

那積梳弓的末端有活圓孔，孔內裝一空心鋼管，然後以鋼鉢螺絲收緊。鋼管內也有一條方形的小鋼軸，這小鋼軸的末端，也有一個鋸嗑，這鋸嗑與油箱外的鋸嗑相對應，彼此咬實同一條線鋸的鋸片，當乜餅轉動時，那直豎的線鋸片就會上下運作，產生鋸、剷的功能。

整部積梳的結構和運作方法，大體就是這樣了。

附錄二：
送租燈記

當「大觀片場」開始拍片時，鑽石山就有電力供應了。不過，在上世紀四、五十年代，鑽石山的家庭能有電力供應的真是少之又少，而以「汽燈」照明，就幾乎成了晚上的必須品。1958年，在聯誼路接連第一巷附近，樹起了電線柱；不久，連華園路的巷口也有電線柱了。六十年初，不少家庭有了電，但供電不穩定，一個月裡，總有一、兩次停電。停電的時間，短則一、兩小時，長則一、兩天。倘若停電是在晚上，「藝光號」的租燈生意可就旺了。

停電了，要租一盞汽燈，才可以「消耗」一個晚上，突然停電是雷劈一般的「人禍」。「卜」的一聲，整個鑽石山就黑了，就在這個時候，我們都會聽到「呀」的一聲，整個鑽石山的人都齊聲咒嘆。此刻，所有發亮的東西都會生起作用：有人劃一枝火柴，有人擦亮了打火機，星星之火，剎那剎那的延續，方生方滅，方滅又生，像火的芝麻，撒在元嶺山下。

租一盞燈，讀一晚的書，明天要考的，都躺在汽燈的柔光下，靜候着那五更的曉雞。

租一盞燈，才可繼續唱那一段又一段的《長城謠》，由索子摸到筒子，又中又發又白上的手指模，撫着黑夜裡挑燈的戰局，汽燈的柔光裡，照出四張發油的臉孔和八隻貪婪的手爪，拼命的在推、在疊。

租一盞燈，安慰着怕黑的小孩，沒有人知道入夜後竟然滿天都是烏鴉，不透明翅膀一下子掩蓋了所有人的眼睛。提一盞燈來，照向烏鴉的眼睛，牠們就會飛走，還今夜一個清亮，母親的催眠曲才可以安撫小孩們恬然而睡。

「藝光號」出租汽燈，是一朵朵天使般的啟迪，珍貴的光芒撥開一些未來的時間，讓晚上剩餘的時光再能走下去。汽燈燒掉黑暗，像撕掉眼睛裡的白內障，不，是黑罩衣，讓黑夜按時而逝，黎明依時而來。

　　有人租燈，我們兄弟就是派送汽燈的人。我們都是「男丁的格格」，提燈走在迷宮一樣的小街窄巷裡，走着百步、千步的夜路，送上溫柔的燈光，在沒有電的晚上。

　　我們很滿足，不在於租燈每盞收費一元，而是我們送出了光明，解決了很多燃眉之急，使黑夜還有存在的意義。那一元，只是燈租，我們的腳力、眼力全是免費的。朋友，請控住你的惡犬，燈，送來了。

　　送燈時，我們都會帶備電筒，送燈去時，步步有光。送燈後回家，那就是烏燈黑火，迷宮般的路變成諸葛亮的八陣圖，難走啊！

　　愛迪生真厲害，一個鎢絲燈泡就把汽燈趕上絕路，連黑夜也不敢放肆，愛迪生來後，汽燈就在「藝光」舖裡的木梁上撤退了。

　　送燈的時光完結時，我們的童年，那男丁格格提燈夜走的時光，也完結了。

◆ 餘 韻

亂 彈 ◆

編按：此部份為作者昔年作品結集。

第一輯

我的父親母親

爸，你在想甚麼

你在想甚麼？爸爸。

沉默。沒回答。

那一重英氣似在眸子裡淌動着，恰似當年。

眼裡淌着的是：靈活、能幹，一潭難以估計的智慧。爸爸就憑這股英氣贏盡了五個孩子的心。五個孩子都佩服爸爸，五體投地及不留餘地的佩服。

一疊紗紙，一綑竹篾，日子到了時就是一隻凸眼金魚燈映着中秋一夜的月色。半個鑽石山的居民都讚賞過這樣的彩燈。五個孩子提着魚燈在鑽石山的巷弄裡，走了又走，燈下都是歡笑和自豪。魚燈是爸爸手製的。

攤開宣紙，一缽墨汁，一碗水，禿筆一枝。寫意的毛蟹、梅菊、一幅又一幅，黑白的畫面映入眼簾都化作五彩的寫生。五個孩子唸過的小學、中學、甚至大學的壁報上貼過這些水墨。有人來討字討畫，你就快快樂樂寫給人家，沒聽過你會拒絕，也沒聽過你會收一分錢。五個孩子都為此而驕傲。

幼時，孩子們有病，你就帶着發燙的兒子看醫生去。到了孩子長大時，你竟會開方給人治病。一傳十，十傳百，每天都有街坊登門求診。你不收分文，街坊把你的聲名噪上了雲端。不久，就連「香港電台」的播音人都來治嗓子。

我家有一門獨到的技術，全世界原先只有兩個人會。祖父不曾口授手教，可是你在旁觀看，就學會了。有一年祖父病倒，這門技術全世界就只有你一個人會了。在上環南北行的一個大廳堂，數十雙好奇的眼睛，看着你將長白山野鹿的茸角開成兩邊，每邊的重量

1952 年 4 月 29 日父親手書自港寄
回家鄉的信封

父親在開鹿茸後以釐戥稱一
邊的鹿茸。兩邊鹿茸的重量，
相差不多於五錢。

只差二分。開鹿茸這門技術，今天已沒人會了。爸爸，全世界就只有你一個人會！多厲害的眼力和腕力，爸爸，你是最現代的庖丁。

方、圓、扁、角，工、槽、通、丁，種種的鉛銅鋼鐵。在腦袋醞釀，放上銑床、刨床、螺床，一列工夫完了，配上摩打就是會運作的機器，與訂購人口述的要求完全一樣的機器就由無至有的給創造了，爸爸，你是最現代的魯班。

我們的店舖在鑽石山聯誼路，早上，九時前你就開舖營生，由修理汽燈、火水爐，至生產六、七百斤的大機器，一直到晚上十時才關舖休息，數十年如是。其後經濟好轉，那就提早在晚上九時半關舖。一年到晚都這樣，一年只有三天假期，那就是農曆新年的三天，除此之外，不曾有甚麼假期。

五個孩子，上有雙親，還有一個不曾出嫁的妹妹。一家十口就靠你一人維持。五十年代、六十年代、七十年代，三十年來你不曾怨過一聲。你的生活都是風霜，不到四十你就風霜滿面，白禍臨頭。蒼老的眼角縛不住堅強的意志，一笑，紋理縱橫通通綻放如一幅智慧的尋寶圖，很多生活的苦楚都給這麼一笑，走了。

五十年代、六十年代、七十年代、八十年代，甚至九十年代，五十多年，你帶着孩子風裡過、雨裡過。溫黛襲港那年，整個家都在風裡搖。家中那棵石栗風後幾乎沒有了餘枝餘葉。維奧娜來時，家的屋頂給掀走了。家，真個在風雨飄搖中，孩子們整晚不敢睡，坐在床上聽風在耳邊吼，颶風發狂，「嗚」的一聲颶過來，耳朵馬上給塞住似的，然而風掀鐵皮屋的聲音仍然刺耳，殺呀殺呀的響，殺得人家寒毛直豎。大雨裡，家如泛宅，大嫂看見一隻鞋從床下浮出來時，她哭了。風雨裡，整個家都在顫抖，不抖的只有你。大雨大風的時節，家是一所破而復修，修而復破，破了又修的寮屋，六十年代、七十年代、八十年代，甚至九十年代，每過一季的風雨，

家就例必修建一次。家愈修愈穩，爸爸卻愈修愈老。

那一雙手，粗糙得不敢主動伸出來與人互握，但握過五個孩子，牢牢父愛握住每個孩子的心，握得那麼舒服、那麼熨貼。粗糙的手那麼溫柔一如最柔軟的心事包裹着五個孩子的生命向前。孩子頑皮，你使勁的打，每一下揪打都是道理，沒有一個孩子不服。

孩子成長，五個孩子，有三個進了大學，長子守着那舊舖，以千轉萬轉的機智如父親一樣的智慧，守住家業。二子不懂機器，卻會寫寫字，畫畫畫，唸書也唸出一個模樣，大學時考過第一，畢業時拿了個甚麼甲等榮譽，讀碩士時提早半年完成論文，教書幫補家計去；三子也大學畢業，性格像是父親的翻版，字寫得不錯，父親善意的固執，他學得最似。四子最純良，中學畢業，侍奉雙親至孝，三十年前茹素，至今戒絕腥葷，堅毅一如嚴父；幼子大學畢業，唸的是社工系，工作卻是公務員，他的宿舍有二千多尺，性格像母親多於父親，他最愛父親和母親。可是，五個孩子合起來的智慧還抵不上爸爸。父親的長處、優點五個孩子就沒法完全承繼下來。父親的醫術竟就承襲乏人，沒有一個孩子懂得望聞問切處方臨床的防治之道。

到了今天，七十九歲的父親老了，真的老了。銀霜滿首，滄桑也滿首，未達八十的臉容已是八十五、八十六的嚴霜酷雪，算是給人報說父親今年九十歲，光看臉容誰都信他已是九十歲。老了，父親垂垂老了。拖着他的手過馬路時，發覺他的手已變得柔滑。柔滑得沒有半點力量。柔滑得沒有了智慧，柔滑得很陌生，像一雙沒有生活過的手。那粗糙、粗獷、粗壯的巨掌變得那麼纖弱，鋼鐵琢過，硝酸淬過的手，現在竟像一團麵粉，軟弱得沒有了骨頭般。那些生活磨出來的粗繭，連握手也自歉的生活結晶，似都溶解在掌紋裡，一條一條的活河，如今都乾了，都看不見那驕人的航行紀錄了，一

如腦袋裡失了色的熒幕，連黑白片的影像也失卻了。

原來寬闊的肩膀，擔承過一家溫飽的支架，摸上去像散了架的船，撐不出一點堅硬，乾了、散了的支架是生命最後的幾根線條，萎縮了的胸襟放走了所有的志氣，飽滿的歲月一下子都給歲月拽走，如沒有龍骨的船，沒有軨軸的車，走動的生命僅餘一個輪廓。在無垠的人海裡這隻船還能熬多久？在迢迢的逆旅上這輛車還能跑多少回呢？想着，人就很難過。

今天，父親說話已不複雜，一句說話沒有字字珠璣的光芒，仍然響亮的嗓門裡，是簡單的詞彙，鬆脫的邏輯，說一句話會重複數十遍。本來發號施令的權威，今天只餘一聲怯懦的央求，卑弱得連蚊子聽了也不會動容。左耳已經全聾了，右耳也不靈光，聽不到人家說些甚麼時就只有以一臉的微笑回報，委屈得連自我的尊嚴也沒有了。有時，我會看着父親，不說話，怕他聽得辛苦，我就是光看着他，看着那瘦損了的形軀，皺褶了的臉頰，唉！我的父親，我的父親。如今，我只能多看他一眼又一眼，縱然父親已不再好看，但我珍惜每次看他的機會，我珍惜這份父子緣，看着他尷尬地回望着我時，大家頓然有一種奇異的交流。我已不能向父親訴說我內心的複雜感情，說了，他也不明白。他有時也看着我，然後無知地笑了。我一見他笑，心裡就很難過，但我慶幸父親還會笑。

今天，父親已沒能力留住新的記憶。父親的腦袋裡就只有一段又一段的往事：辛酸的童年，恐懼的十五、二十時，每天工作十四小時的粗活。散散亂亂又錯頁紛飛的話本，在秋風裡一揚，這些往事要一一拾取，也無能為力呀！日後，恐怕連這些點滴記憶會慢慢褪色、慢慢隱去，如艷陽下的一滴水，到水乾盡時，恐怕父親就再認不得我了。

唸小學時，曾有一次背不了書，老師罰我不得回家吃午飯，要

捧着書唸過了才准回家。那課書很長，唸了不知多久還背不出，心裡又煩躁又亂。我偶然從課室的窗往外望，赫然見到父親就在窗外看着我，似乎已看了很久很久。我沒有驚慌，也不怕老師向父親說我的不是，我只覺得父親正在保護着我，我的感覺是溫暖，然而，意念隨即一轉，我覺得父親很可憐，他守在窗外癡癡地看着不成器的兒子在唸書，他會多難受、多難堪！想到這裡，我馬上別過臉來忍着淚大聲地唸着那課書，說也奇怪，我很快就將書唸過了，回到家來，我願意接受父親任何處罰，然而，父親沒罵我，沒打我，好像忘記了這回事。從此之後，我就不再有留堂背書的愧歉。父親，這回舊事你記得嗎？

六歲，我鋪開第一張九宮紙，父親教我寫第一個毛筆字——「家」；八歲的秋夜，在汽燈下父親教我第一篇古文。想到這些，廣闊的記憶網絡就會有毛筆在睫前指點筆畫，周敦頤也在鬢邊開始說他的〈愛蓮〉，宋濂會在腦際錄映他的〈秦士〉。四十多年前的燈光倒流，汽燈裡的韶華不斷掩映，四十多年前父親的頭髮仍烏黑如蟠抹張旭的書法，墨光如練如電，在秋燈下映着年少時的俊美。到了今年秋天，冬天還沒到來，頭髮稀稀映出來的都是霜、是雪。抖顫的手寫一個「家」字，撇捺都會抖顫，字的形神離散無依，寫畫更是水墨無憑，亂作塗鴉。唐宋古文早就一篇一篇的提早退休，連報章上某些常見的字都讀成壓力。父親如今的工作是吃血壓丸，然後坐在陽光裡重複寫着當日的日記。一頁一頁的寫，寫的和三年前的日記幾乎沒有分別，連標點也照版影印。父親的生活給「老人癡呆」封成了笨拙的罐頭，向前邁進一步也很困難。

今日，在陽光下，我扶着父親，童孩一樣挨着老人家不停訴說着三十年前、四十年前的舊事，像數十年前的連環圖裡唱着不斷回帶的卡式機，播演着一個歷史的長篇，用同一種腔調，用愛，只是

不敢用淚。

　　爸爸，這故事你聽過嗎？這是你的故事。

　　故事裡的英雄就是你，爸爸！

　　聽罷！聽罷！爸爸，你在想甚麼？

　　　　　　　　　　　　　　2003 年 11 月 7 日下午 1 時 32 分
　　　　　　　　　　　　　　　　　　在學校的副校長室

絕活

這工夫現已失傳了。

雖說，世上還有一位八十歲的老師傅懂這門工夫，但他早已不幹這門工作。南北行的老闆也不再找他了。說他老了，現在的機械技術雖勝不過手藝，但以機器做出來的效果，客人沒有不滿意，那就讓這門絕活永遠喪失罷！

老師傅有五個兒子，可是老師傅沒給兒子傳授這門工夫。幸而每個孩子都知道這門絕活的來龍去脈，都可以仔細地說出一番天地。

吉林，長白山，皚皚的天地養着麋、養着鹿。從這山頭到那山頭，鹿跑得很快，很快，最狠的箭追得也很費勁。於是雪地上有人用槍。用槍的人頭上盤了辮子，那是晚清最後的十年，這帶山頭才有槍。

獵鹿者說，鹿，不一定要打死牠，只要打傷就可以了。鹿很惜血，傷了會驚慌亂跑，過了一會，牠會用舌舔舐血跡，到時候，牠跑得已累，血又流了不少，咱們只要守住血跡，再用繩罟佈阱，就不怕鹿跑掉了。

槍聲過後，一隻鹿傷了後腿，向天嘷了一聲就逃跑。

血，在雪地上跑出一線紅色的高速，樹林裡有另一群鹿受了驚，也跑了。

獵人吹吹槍口的硝煙，在血最殷紅的地方，佈了繩索，靜待那受傷的鹿回來。果然，獵者的耐性還沒用完時，鹿就回來了。繩套一緊，傷鹿又嘷了一聲，倒在雪地上喘息。

獵人再一槍，鹿就死了。只見另兩個獵人馬上將鹿倒轉過來，整條鹿身的血似乎都流入頭部去。鹿的眼睛都紅紅的。過了一段時間，獵人就將鹿的頭斬下來。

槍手獵鹿不是絕活。

鹿頭一個一個的運到廣東，再轉運到香港。最主要的市場是泰國和香港。鹿頭不值甚麼錢，可是，鹿頭上那雙東西就不得了。鹿頭上那雙東西叫鹿茸。是大補藥，值錢哪！

鹿茸和鹿角有啥分別？

鹿，大概一年左右換一次角。每換一次，就多長一椏。看鹿角有多少椏就知道那鹿的年齡。鹿角老了就會變成骨質，硬得變成頭上的武器。變硬了的，是鹿角，滋補作用就大減，甚至完全失效。鹿茸是軟的，不曾骨質化的。鹿茸，本是指角上還有短的茸毛，在陽光下還會泛出金光的茸毛，當鹿角還有血肉的活意時，才叫鹿茸。鹿茸，才是價值不菲的補藥。

鹿茸既是名貴藥材，那麼怎樣品評一枝鹿茸的質素呢？光看外表只能看到兩三成，倘若內裡腐爛，那就糟了。因為運程遠，鹿茸可能變壞，於是，藥材店就要將鹿茸由頂至尾切開成均等的兩邊，細看鹿茸內裡的色澤、香臭，判斷那鹿茸品質的優劣，才去定一個合理的價錢。將鹿茸由上而下分成兩半，而且是十分十分準確的兩半，難度很高，聽說兩邊重量差距不得超越五錢，這才能取信於買家或賣家，因為不均等分邊，如邊大邊小，就可避開鹿茸的腐壞部位，對買賣雙方都不公平。

誰能有這目力、手力，能一眼斷定鹿茸要從這邊切下去就會分成均等的兩半？手隨目行，運刀嫻熟，官、神並發，眼力如天平，刀法似庖丁，那不就是神乎其技的絕活嗎？

這種絕活，在三十年前只有兩父子懂得。那民國的老師傅在1978 年辭世，到了今天，就只有八十歲的師傅懂得。這位師傅就是我的父親。

從前，北方有一位開鹿茸師傅帶了這身絕技到泰國去（那時還

稱暹邏），師傅一離開中國，開鹿茸技術在中國馬上真空。那師傅在泰國為商家、官宦、皇室們開鹿茸。廣東澄海縣外埔村有一位叫郭連護的，特意跑到泰國跟那師傅學藝去。連護學會了就回廣東來，在汕頭以開鹿茸為生。

我的祖父當時生活艱難，便從老鄉外埔村到汕頭去求連護師傅教他。祖父跟他同輩，諱連川。連護師傅不好拒絕，於是把祖父安頓在舖內，然後要祖父不斷幹粗活，甚麼打掃、做飯、洗衣服、清馬桶都幹了。可是，從沒有教祖父半點開鹿茸的技術。祖父獃得久了覺得不是辦法，於是只能靠閒時就偷看這位師傅怎樣開鹿茸，「偷師」這行為的後果在當時可大可小：小的，馬上被師傅驅逐，且不能自稱是某某師傅的傳人；大的，整個行當都不作錄用，偷師所得的點點滴滴也永遠不能施展，往後謀生的日子就很困難了。祖父偷師是逼於無奈的選擇，因為師傅把自己當作傻瓜，一味剝削，不願指點。祖父緊咬牙關，殷勤侍奉連護師傅唯恐不周，又趁師傅高興時，虛心問一些不甚重要的開鹿茸手法，師傅一時也說漏了嘴，祖父開鹿茸的技術就這樣一點一滴的積累下來，日子久了，祖父居然懂得運刀，學曉分邊；憑這些基本工夫，祖父再仔細琢磨了一段時日，整個開鹿茸的技巧就掌握得很穩當了。祖父為師傅再多熬半年，算是最後的報答，其後也就離開師傅，自立門戶。

祖父曾對我說：做徒弟時那種自卑和遭人踐踏的味道，絕非一個「哭」字或一個「苦」字可以說得清。那做師傅的那種頤使氣指、刻薄尖酸的態度，教人覺得人的等級竟會有這麼大的差異。因此，老傳統裡很多師徒關係都很薄弱。當徒弟離開師傅的一刻起，大家的關係就算是完結了。

連護師傅愛抽鴉片，四十多歲後就壞了身子，兩個兒子中一位叫昆榮的承繼了這門絕技，連護不肯教祖父開鹿茸，原因是要將絕

技傳予兒子，有了這點私心，祖父就在連護門下枉花了多年光陰。可惜昆榮也抽鴉片。在祖父自立門戶後，本來光顧連護師傅的藥店老闆，都轉而找祖父開鹿茸了，連護的生意就大不如前，而心中那股嫉妒和怨氣，也愈積愈深。

到連護師傅忍壓不住那股怨妒時，他就立下歹心，收買四五個痞子，好陷害祖父。當這班痞棍在某茶館商量怎樣用幼竹管套住祖父的手指，然後一隻一隻的拗斷時，恰好給祖父一個遠房親戚聽到了。祖父知道此事後，怒氣沖沖與那遠房親戚跟連護交涉，結果師徒關係從此粉碎。

事後，祖父還是讓了步，因說到底連護都是自己的師傅，為了不要給人說與師傅爭飯吃，便決意到香港來另起爐灶。自此每年中秋過後，祖父就隻身由汕頭趁船到香港來。如是者，祖父在中秋後就離鄉到香港南北行來，冬節前就回鄉來過年。一年只工作三數個月就已賺足一年的家用，生活過得很不錯。

日本侵華時，整個家都在風雨中，交通不便，國運難料，祖父就沒到香港來，安定的生活很快便出了問題，父親幾乎跨不過這難關而餓死。幸而得家鄉的魚露廠聘用了他，才得活命，這是父親一生中最重要的轉捩點，何況魚露廠老闆的女兒，就是我的媽媽。

抗戰勝利後，父親結了婚，解放前生了大哥，兩年後又生了我。父親在我出生後就立意到香港來謀生，五十年代的香港，找一口飯吃很不容易。父親隻身到香港來，在鑽石山開了店舖，又曾在上環「信裕泰」這藥材行開鹿茸賺點錢養家。五十年代初，父親在香港站住了腳，隨即申請家人來港。及至祖父到港，開鹿茸的技術在內地就絕了跡。

解放前，昆榮在鄉中謀生困難，於是跑到泰國去，五十年代昆榮在泰國咯血而終。父親說，昆榮既好鴉片，開鹿茸又要大量體

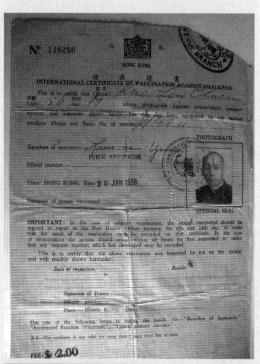

1950 年祖父來港開鹿茸
時入境時的種痘證明

1950 年祖父由澄海到香港時入
境的針紙，即霍亂防疫注射紙。

元嶺傳奇：鑽石山寮屋區起居注

能，加上泰國天氣濕熱，養氣固本實在困難，昆榮只有虛耗而無補滋，怎能熬得住。結果，遠在天涯這一點絕技的薪火也就熄滅了。

六十年代，父親正式取代祖父，在上環南北行開鹿茸，按傳統，在中秋過後啟刃分茸，冬節前收拾刀箱回家，鹿茸來貨多，父親來回走動可兩個月，間或留宿於南北行；來茸若少，則父親的工作短者十天，長者不過一個月，間中會留宿一兩天便足應付。父親一手好刀法，自六十年代始，賺得了生計也贏取了聲譽。然而，父親的正式事業是機器，開鹿茸的工作因太短且不穩定，只能是副業。

1978 年 3 月，祖父辭世，父親就成為世上獨一無二的開鹿茸師傅。

八十年代中葉，曾有中學生到我家來作開鹿茸專訪，做了紀錄又拍了錄像，這可算是父親最後的一次開鹿茸了。那次訪問紀錄，還得到了一個甚麼獎，同學們來借了父親的刀箱展覽去，展覽期間，中文大學曹宏威博士也來參觀，他對我說，這點技術現在要做不難，電腦有足夠能力將鹿茸很準確的分成兩半，開鹿茸的技術可由百分百人力轉換成百分百電子機械技術。我聽了不禁啞然，心想幸好電腦出現較遲，否則我們一家早就餓死在澄海老鄉了。

今年，父親已是八十歲的老人了。至今，我還看不到有人利用電腦技術來開鹿茸的。

父親在四十年前就對我們五兄弟說：開鹿茸賺的是辛苦錢，你們不學也罷，只盼你們能好好唸書，開不開鹿茸沒甚麼影響。何況這種技術太冷門，將來靠它謀生實在太沒保障了。

自 2002 年起，父親的腦袋嚴重退化，開鹿茸變成記憶的碎片，再無法重組起來。

到了今天，人手開鹿茸的技術可說是無人能懂了。

2004 年 11 月 16 日　脫稿

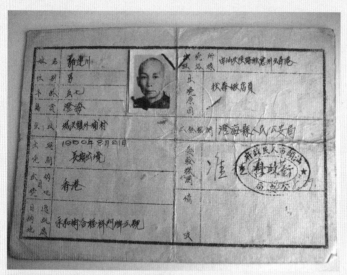

祖父申請來港開鹿茸的出境證

這是 1957 年祖父來港寫信給鄉中胞弟的家書

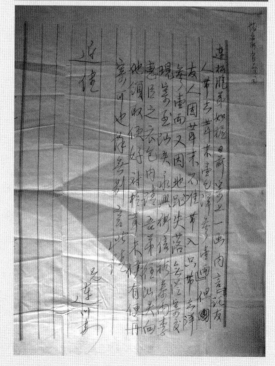

在淚水裡泡大的母親

母親，很勇敢、很堅毅，自我懂事以來，我見過不少人，遇過不少事，我覺得母親勇敢更勝於不少生命的鬥士。我從來不敢拿甚麼東西跟母親的堅毅相比擬。她那麼溫柔，那麼愛哭，可是，至柔即為至堅，這個相矛盾而統一的本質實在難於解透。天命是難關的佈置者，一個又一個的難關，由疏至密，由易到難，怎麼難攀的，母親都攀了過去，難關一旦攀過，生命的顏色也陡然褪減，但母親仍顫巍巍的站起來，到最近，母親需要柺杖了。扶了柺杖，她仍站得很剛健，很有鬥志。笑臉中有兩潭安慰的淚安撫着每一個兒女，每一個孫兒。老了，甚麼都完了，是嗎？這可是說給母親聽的話嗎？她會說自己老了，但絕不說完了，她只會說，就算是今天完了，我也無憾！誰能捫心無憾而逝，難啊！

1929 年農曆正月廿八母親在廣東省澄海市外埔村的蔡家祠堂後的老厝出生，肖蛇，母親從不按陽曆計生辰。正月廿八就是正月廿八，沒說別的日子，我們也沒有去翻翻甚麼新舊曆對照的書，看看那年的正月廿八是新曆甚麼日子，算是查了也用不上。我們給母親慶祝生日都在舊曆，絕不取新曆，親朋戚友都知道。這是一點很奇怪的堅持。

蔡家在村裡算是有點錢的家戶，但鄉村就是鄉村，有點錢也算不得是個啥。蔡家有些田地，這也不過是四畝園地，種蔗，六畝耕地，種稻，算不得甚麼。七十年前，韓江之湄有母親的身影映在水裡。由於母親是女的，自幼就要幹粗活，六歲就要放牛，懂得和牛說話，八、九歲就會下田工作，十歲起就會挑水灌田，那兩桶水挑是大人挑的，這麼大的壓力放在母親幼弱的肩膀上，母親從沒半句

怨言。但是，她有一個熱切的期望，就是讀書。讀書嘛，可難啊，據澄海傳統風俗，女性難有讀書的。母親多次向外公哭討要讀書，但都是一張黑臉說一聲「不」，外婆是柔腸子的人，愛兒女又狠又深，幾乎求啥有啥，無奈說到給女孩子讀書，也會深深地嘆一口氣說：「姿娘仔讀書來作甚麼。」說罷，便默默的把臉一轉，背着自己的女兒偷偷地哭了。母親見了，就懂事的向門外跑，田裡的稻苗已長出半米高，牛的吽叫很親切，滿首的陽光是母親唯一的安慰和獎勵。母親八、九歲時就與讀書絕了緣。

其實，算是給母親唸書也唸不過多少時日。唉！讓我嘆一口大氣才說，因為不久，日本的憲兵就打進了澄海，還唸甚麼書。

抗戰前，外公在村裡開了一間不大不小的魚露廠。澄海外埔的魚露曾有過點聲名。甚麼是魚露？這個「露」字實在可圈可點。只要知道魚露的製造過程，就會明白這個「露」字用得多麼傳神。

魚露是潮汕人士調味和佐膳必備佳品。上世紀二十年代，外公在外埔村關腳開了一個魚露廠，名叫「成記」。不久，「成記」二字在村內村外都薄有美名。要製魚露，就要用魚。甚麼魚？一般是用江魚和鱙魚，都是小魚，像小指一半的大小，泡製出來的魚露，用江魚則香，用鱙魚則甜。漁船來了，泊在家鄉的韓江邊，外公就僱人來挑，由韓江邊挑至魚露廠，好一段路，擔內都是醃了鹽的魚。江魚、鱙魚入了魚露廠就傾入一個極大的木桶裡，木桶高可三米，桶內有一個人等在那裡，魚來了，就往大桶裡倒，倒在那人身旁，他就用手或腳把魚掃平，又在魚上面灑鹽，那麼一層一層的又魚又鹽，又鹽又魚的，一直堆疊至桶緣，那人就攀出桶來，往第二個空桶裡鑽。那一大桶近滿的魚，在這上面會鋪一張大圓竹篾，又在上面壓了些大石頭。就這樣，讓魚發酵，過了十至十四天，魚都會在鹽水裡溶解，魚和鹽就混在一起，工人們就取去石頭、圓篾，

用木棒、木槳將魚攪拌，攪過了，就放在陽光下曬，又是十至十四天，其間又在需要時攪拌，日子夠了，那桶東西就會發出一種魚的香味！於是，大伙兒就會連魚帶汁倒入一個大紗袋中，隨即用力壓出魚汁，那一滴一滴的魚露，就是名副其實的魚露。這第一次壓搾出來的魚露，鮮美無比。你看，這個「露」字用得如何？第一次壓過了，會將賸餘的渣滓加入鹽水再煮一頓，待涼了，又拿去壓取魚露，這次再壓出來的魚露已難以跟第一次相比。然後又會照樣煮第二次，再壓，這第三次的魚露，簡直就是有魚腥味的鹽水了。至於那些殘渣，我們叫「魚土」，可以賣給農民養豬或作肥田料。1941年，日本已攻佔了潮汕[1]，這時魚露廠裡僱了一個年輕的男工，那就是父親，父親的命是「成記魚露廠」給撿回來的。日佔時期，父親缺糧，餓得眼前金星直冒時，外婆一念慈心就僱用了父親。父親寫得一手好小楷，會計算，於是給僱在魚露廠裡，抄寫、計數、挑魚、攪桶，可做的、會做的都做了。

在日本將打入澄海城不久，外公突然患了霍亂，只三十六歲，就死了，死前數小時辛苦得不得了。兩隻手握着拳頭，十指都漲作紫色，血氣上騰，臉也紫色。這幾團紫色在死後也沒有散去。十二歲時，母親就沒有了父親，魚露廠還繼續經營，大舅父十五歲左右就當上了老闆，還有一些老伙計，親戚都幫上了一把。這時，母親要讀書的念頭，也隨着家中的變故，給完全打消了。

在「日本天」期間，家鄉可慘。父親同輩的八個堂兄弟，死了五個，全都是餓死的。其中最年輕、最俊美的男丁，給日本武士刀砍殺，頸項只餘一層皮與肢體相連；有兩個兄弟因熬不住飢餓，到魚露廠去偷吃鹹江魚，吃後口渴，就去喝井水，結果，肚子脹了起來，隨着腳也腫脹，不幾天就死了。還有些抵不住飢餓的鄉人，拚死到魚露廠偷吃江魚，結果死時都是一樣肚脹腳腫。於是鄉人們都

相互告誡着，肚餓切不可吃鹹江魚，除非自己找死去。

外婆家的幾畝田，原來種蔗，到了「日本天」時期就種了甘薯，同鄉們餓得厲害，就會來偷挖。母親看見饑民來偷挖甘薯，都不張聲，讓他們偷，甚至告訴偷薯的要小心，不要給別人看見，如果給母親的叔叔見了，那可不得了。當時，是沒有法律的世局，偷東西吃的，要是給抓住，每每就押到韓江，載上小艇，艇划到江心就將人推下江去。要是那人會水淹不死，那就算了。然而，很多時候，人們會把偷者綁一個反手才推入江去，那麼，這人就必死無疑。繩子濕了水要解就困難，何況是反手給綁住。

韓江，是一條屍江，日本在城內、城北殺了人，屍骸就往江裡拋，那時的韓江是一江的血淚仇。父親曾給日本憲兵抓去當苦力，不知何故縱然有一次憲兵的長槍已指向父親的右腹，但始終沒有下毒手，只是笑了笑，揚手把父親打發走了。

日本投降後，雙親在 1947 年就結了婚。一年後就生下了大哥，解放後，就生了我。當時的日子不易熬啊！1952 年父親來了香港，暫時撇下母親和兩個兒子。我一歲。父親來港後的一年多時間，雙親靠書信互通訊息，母親曾給我看過一封毛邊紙毛筆小楷的家書，是母親寫給父親的，那些字寫得太好了，母親沒上過學，每一個字都是靠生背死記的爭回來，太寶貝了，太難得了！信中文理通暢，文白兼得，這是何等的天分哪，老天爺怎不把母親生於好書之家，要是母親有機會讀書，那可不得了。很多家族禮數，長輩稱呼，數算曆書，五行刑剋，潮汕音彙，她全懂，這些事理學問全靠一種硬工夫得來，就是聽人家說了便牢牢記住。

1953 年，母親帶着兩個兒子，由家鄉到香港來，真有點萬里尋夫的痛苦經歷。

這是母親第一次出門。乘車，由汕頭到深圳。柴油車，顛簸顛

簸，每小時走十多公里的車速，那麼，由汕頭到深圳會是一條多長多久的路？

母親有一位名叫春炎的表叔，抗戰時因缺盤川，交通險，決意由香港步行回鄉，一邊走、一邊乞，足足走了兩個多個月，終於在某個深夜才步行至家，時二更已殘三更將敲，歸家人滿臉污塵一手恇恇，叩門兩下，老父延了好一會才把門開了，月影微燭下，老人家起初竟認不得眼前叫化就是自己的兒郎，諦視良久，才從瘦損了的形骸裡摸索出這就是自己的親生，於是聲音哽咽地喚了聲我的兒，這時兒子才敢跪下來抱着老父的膝頭，叫一聲爹，兩父子就在自家的門前相擁大哭，久久不能止聲，哭得很幸福。

母親聽過了這個故事，心裡就有個數，鄉人曾乘車走過這條路的都說要三天，母親自己卻盤算着由澄海到香港這條路，要走五至六天；然而，路的難走，卻在預算之外，也不是五、六天的車程那麼簡單。澄海沒車直到深圳，母親就得先到汕頭，在汕頭先歇了一夜，好在翌晨趁早車到深圳去。

翌晨，一上了車，天就黑將下來，到了一個叫「池尾」²的地方，雨就狂瀉，傾沙倒石的，又密又重，打得渾車都着了雨彈。司機說，車熬不住，結果車子一個轉頭就駛回汕頭來，改道，車再轉北走，繞道揭陽西行，然而大雨不曾歇過，車路難走，結果在揭陽獃了五天才能啟程，母親帶着我和大哥住了客棧。客棧，跟落後的民居差不多，躺木板床與虱蚤臭蟲共睡，濕熱的晚上一柄葵扇撥一個通宵。這五天實在不容易熬啊，首先是車程遠了，要多收費用，其次是住棧、吃飯也要錢，母親預備了的盤川，統統在這五天用光了。其後的旅程，母親向一個姓劉的老鄉借了四十元人民幣，答應在到港後寄返歸還，這才能勉強的繼續行程。車子過揭西北走，停「老隆」³，在老隆又停了兩天，再西行。再上路時，車子已走了接近八天了。

作者來港前與母親合照

我已完全記不起當年這一段顛簸。母親眉心皺摺，追述當時艱澀，說：車程又雨又熱，坐的是木椅，硬得很。大哥坐在身旁扯着媽的衣袖，我呢，母親用一條布巾，把我緊緊繫在懷裡。我問母親，一路上我兄弟倆乖嗎？母親昂起頭來，輕輕地說，孩子很乖。我聽了幾乎就流下淚來。乖，我們應該乖，餓時我們能不討哭，累時能不討睡，可不吃就不吃，可不睡就不睡，這就是我們的乖；十一天的車顛路覆、蚊轟汗醃的煎熬，三條生命捆在一起，天晴不笑，雨狂不哭，車窗外又塵又雨的，人疲累但心不能累，一家團聚—心中的急盼，把人催逼得很積極。眼前的目標，彷彿就懸在車程的最終處，等着，我們，也等着。

　　其後，車子走在沙塵滾滾的征途上，走斜坡時，車子要用三角木楔住後輪，才能一下一下的爬上坡去。這是大哥說的，他當年剛五歲。他還記得這麼的一點顛簸。1982 年的初冬，我和妻子得心第一次回鄉，由深圳坐「麵包車」回汕頭，這一程車，畢生難忘。早上，車子由深圳火車站旁的華僑旅社車站出發，下午一時在海豐吃午飯，到汕頭中國旅行社住宿處時，已是銀輝滿地，下車，方覺自己兩腿還可以走路，開心得幾乎要哭。當晚痛快沐浴，浴後的水是黃色的，名副其實的洗了一次塵。八十年代的深汕公路就是一程泥塵鋪滿的整個白晝，那麼，五十年代的那程深汕在風雨毒日的鞭棰下是怎樣的一段坎坷？我只能乾脆就給它四個字，那就是「斷筋碎肋」。走難一般的旅程，車子上山下山，我們像騎了駱駝騎顛馬，最後還要蹲在一匹患咳嗽的驢背上，小舟惡浪般的熬十一天的反胃翻眼的路程，三歲的我、五歲的哥哥、二十五歲的母親都要埋身於肢離體解的艱苦中。可是到了今天，母親追憶往事，說話只一派的輕描淡寫，五十年前的艱苦，口舌牙關之間的追述就像回憶齒頰間的半點辛酸，都淡得有點回甘了。

當年我們三口子到了羅湖關口，不能馬上過關。母親說，那時深圳很荒涼，關卡只是一個亭。抵深圳後，我們住了一夜木厝，翌日才辦手續過香港來。到了香港，母親趁上了柴油火車，轟隆隆的，新界的每點山水都看得清楚，沒雨了。母親在油麻地站（現稱旺角）下車，再轉乘十四號公共汽車到鑽石山找父親去。我不敢想像，1953 年的香港，由羅湖到鑽石山又是一條怎樣的路。當年的 14 號巴士由旺角駛到牛池灣，到終站前停一下鑽石山，容易錯過。母親不知怎的，又能走到鑽石山與父親團聚。我想，當年就算到了牛池灣母親才下車又怎麼樣，由汕頭到深圳這一程母親尚且顏色不變，由牛池灣到鑽石山又能怎樣？徒步走來還不到半個小時，尋夫鑽石山又有何難？不過，父親在港守候，由等候的第一天到過了該到的日子十天，他的肚腸會給搓牽成一條怎麼樣的里程，由深圳一路拖曳至澄海，是多長多曲折的苦候。當時，鑽石山連電也沒有，音訊完全無能為力，一條生命牽掛着三條至親的生命，整整十天的牽掛又是一程何等傷痛的窮山惡水、精神凌遲！

　　父母親團聚了。第一頓晚飯是吃粥。沒甚麼菜，只是兩尾紅魚，這頓粥是頂美頂甜的。我年紀少，連吃甚麼都忘記了，然而我卻深深感受到這一頓粥比甚麼豐美的盛筵都美味，因為親情無缺。

　　六十年代，熬過去了；七十年代，光景漸佳。大哥在 1971 年結婚，很快就讓母親抱孫子。我則在 1978 年結婚；八十年代是舉家的輝煌時期，三、四、五弟都在這十年間結了婚。五兄弟都有了家室，有了自己的兒女。現在我們一家人就有整整的廿二人。九十年代平穩的步過了去。這三十年是我們一家人最最幸福的三十年。三十年不是一個短的歲月，有三十年的幸福生活，這是老天爺的垂憐，這是老祖宗的蔭庇呀！到了千禧年，變化開始，鑽石山整區遷拆，父親一手開創的「藝光機器店」要結束，父親正式退休，大哥在

作者的父親、母親在家中用膳

九龍灣開了新舖，仍叫「藝光機器」。雙親遷入了彩虹村，父親開始有癡呆症的徵兆，母親身體更是一波折又一波折的不斷摧殘，教做兒女的痛入心脾。

　　寫到這裡，我不想再寫了，母親的健康雖時有起伏，我仍抱着一個希望，母親定會完全康復。我相信母親有極頑強的生命力，我相信她能克服一切。命運雖然難以觸摸，然而斜西的太陽仍很耀眼，我默默祝福着母親。

2004 年 11 月 16 日　完稿

注：
1　　1939 年 6 月日本發兵一萬進攻潮汕地區，6 月 29 日，攻佔澄海縣。
2　　池尾在普寧市流沙鎮的西面約十多公里。
3　　老隆在河源市東的龍川縣。

我的月亮是方的 ── 思念父親

　　誰說月亮是圓的？

　　初一到十五，月亮變了十五次。

　　十五到三十，月亮又變了另一輪的十五次。

　　月亮從初一到三十，圓的，不到五天。

　　誰說月亮是圓的？

　　抬頭，中秋皎皎，東方的一輪，分明是一輪圓滿的月。純銀打製出來的圓盤，掛在天上就會發光，秋風吹過會響，它很薄，嫦娥的一根髮絲可把它叩響，月光很脆，風一吹就碎，撒下來，就是滿地銀色的歡笑，孩子們銀鈴般的歡笑。千里嬋娟，不在蘇軾舉頭望處，卻就在自己的頭頂。一掩上耳朵，就聽到吳剛伐木一下一下，一下一下是心跳的丁丁。嫦娥的探戈，丁丁，看，神舟五號的天線如探天的干戈，楊利偉神話於是唱遍了這期月刊。避開后羿的箭，兔女郎在月刊裡帶我漫遊，月亮上那團陰影不像桂椏，像仙槎，太空船般引誘着漢武帝、唐明皇。我隨手一揮，手中的月刊，放在茶几上如天上放着的月亮，四四方方，月亮就是一本雜誌，擱在天邊如方角電視。鄧碧雲的嫦娥演過了商天娥演，由鄭少秋的初月到沈殿霞的滿月，圓圓的臉龐如明皇的貴妃在笑，一掛，就掛在今夕的秋空。歡樂今宵再會，各位觀眾晚安。小時候，看隔鄰的小孩將目光留在電視裡才肯睡去；我，點一枝蠟燭，就把目光留在紙燈籠裡，漫漫長夜，兩個燈籠一個上一個下，照着我的中秋，久久不忍去睡。二十歲前，總覺中秋太短，一盞燈籠的蠟燭就點走了一個中秋，一直到了跟愛侶攜手時，秋夜復長，中秋，我和得心經過了二十六個中秋，一個都沒有浪費。銀禧即月禧，今年中秋之夕，我

們看母親拜月亮。兩枝紅燭很亮很亮。我倆的臉也很亮很亮。

嫦娥的浪漫曲聽得很熟很熟時，貝多芬的月亮照着鋼琴的黑鍵白鍵一下子就爬過來，有一個時期很迷西方的古典音樂，中秋月色裡彈西來的莫札特，鋼琴一彈就一直鋪演至李察史特勞斯的一頁交響詩。然而這種中秋總是有點唐突，嫦娥與李察的組合太奇怪，中秋節的月亮很畸形，方的，誰敢想像：嫦娥倚在貝多芬的鋼琴旁唱西方詠嘆調，低胸裝。

香案擺好，我們的婦女就來拜月，人和月亮的距離很近，一個大沙田柚，淡青色的月；兩個紅柿子，成熟了的月；月餅是雙黃的，剖開就有兩個月。昂首，一個月，銀色，透明的，像一種暗示，中秋節一過，西風就緊，有帆的船都回來，廣州的碼頭、上環的碼頭站着等焦了的婦人。中秋節拜的是月神，是女性的專利。

一張大圓桌放了下來，大家放碗筷，很慢、很小心，與往年一樣，放一瓶啤酒放得很象徵，啤酒放在桌中央，沒有開，也沒人喝。有一個至親的家人趕不及回來，男的，酒是為他擺着的，不喝就是擺在桌上也好看極了。

蘇軾在對面的圓桌飲酒醉了。千里的嬋娟他放走了。四川今夜的月色可也喝醉了，李白的床前滿瀉的月色都是滿瀉了的酒，月色如霜的中秋殺一隻羊在西藏的高原，點一朵簧火如點一盞燈，羊雜碎熬一整夜馬奶酒喝一整夜酒後的牧歌在山邊唱起我的牧歌唱在今夜如酒的行歌唱起來時舞影蹁躚的黃鶴由長江飛來如一堆中秋的夢迷幻在水邊迷幻如水的倒影月的倒影引得半醉的詩仙來投下身影成唐代最後的一個傳說，「霓裳羽衣」，舞楊貴妃的中秋，月亮都在她的臀上映着明皇的目光，琵琶早斷的絃如折翼的相思鳥，君不見圓圓的明月只是一朵月的曇花，一現就凋謝在翌夜的肩上如咬住的銀蛇打一個蛇蟠圓圓纏在肩上，在你的肩上在我的肩上咬住然後用一

身的又騷又韌的脾性纏着。中秋，風有點涼，晚上十一時的中秋很高潮、很熱烈，酒倒給了李白，倒給了東坡，倒給了一個不酒的人如我，我不會寂寞就如李白不會學聖賢，自古寂寞的酒李白不飲，留名於唐於宋於毛主席的晚霞的色彩中而不留痕跡如中秋的月色映在平湖連一個浪也不帶走。

今夜，我有點醉，花看在眼裡，不會香；鳥聽在耳裡，不知言。心中有一個結，一個十字架的苦難如釘如繩如絞刑架上一個絕望的姿態，綁得很緊，中秋，兒童們的燈籠都用了電燈泡，一小時兩小時，甚至是整夜，在月亮的眼前搶光耀彩。電視台不唱月光曲，唱流行曲，他媽的陳小春你唱甚麼歌，在中秋夜，我要一面琵琶，我沒醉，給我關掉電視，我要彈一段唐宋的古調。

一首詩的晚上，輕輕一唱就完了。子夜剛過中秋就不是中秋，偏了，是偏秋。風吹來也扁扁的，像一把生鏽剃刀，吹得人脖子癢。今夜我失常，中秋節的晚上我喝了酒，我不會酒，喝了就是喝了中秋毒，圓圓的月色變了形，方的，今夜中秋月是方的，有人削了月亮的身材，就是以酒為刀，一揮，月的頭、肩、手手腳腳沒了，正方形的銀牌，如一張鈔票，很鈍。天上有雲，正方形的月如掃塵的手帕，揚呀揚，多難看的正方形，九十度角的鋒利要人的命，兒童唱：中秋節，月亮跌，跌一交，起個包，跌四交，四個包，包尖尖，變了形，甚麼形？四方形。一首詩的晚上，我醉了，我的父親在一百公里外不曾回家，他的視力不太好，他說：中秋節的月亮是方的。

2004 年 9 月 29 日　脫稿

第 二 輯

在鑽石山的
生活點滴

晚飯

五十年前，家裡還沒有電。

家在鑽石山。四、五歲時，家窮。上世紀五十年代的夜，彷彿來得很早，飯桌一角放一盞水火燈，夜就來了。

火水燈，小小的黃螢，那點昏光漏火映着晚飯一頓又一頓，這段時光很淒涼。筷子伸出，影子很長很長，筷端的豆芽、菜葉也很長很長，像映着秦腔皮影，很憂怨。晚飯吃得很靜，沒電台、沒電視的晚飯很天倫。桌上很少有兩碟菜，吃肉的機會不多，四雙筷子一起伸出來時，總有兩雙怯怯地退下來，那就是父母親的兩雙。兼味難求，桌上必有一小碟魚露，那是另類珍品。有時沒飯吃，吃粥，那碟魚露就大派用場，澆四五滴就送掉一大碗。

約一年後，晚飯不在家裡吃，在舖裡吃。

那舖約五米寬，深七米。長方形的小舖，由舖面至舖尾，放一個小櫥賣汽燈、火水爐零件，放一張工作檯，放一張桌子、幾把摺椅，幾乎滿了。

小櫥，展陳貨物，是門市部。工作檯，專工修理汽燈火水爐，是技術支援部。那張桌子是辦公室，會客處。在舖裡吃飯，怎煮？怎吃？

將小櫥往外推出一點，佔了兩呎行人路，將桌面鋸掉一角，在舖尾擠出不足半米的空間，釘一個小木架，放一個火水爐，爐上放一個小鍋，那就是廚房，媽媽就在那丁方之地做飯。不久，小舖的生意旺起來時，那半米廚房還要是給徵用了，午、晚兩頓飯，還是撤退到家裡煮，然後用「搪瓷菜格」提來舖裡吃。

晚飯開始愈吃愈晚，舖裡的生意趕着晚飯往後跑。

修理汽燈火水爐的工夫很忙，吃晚飯不打緊，服務客人要緊。

沒有電力供應的鑽石山，入夜，家家戶戶都點汽燈。傍晚，汽燈點起才發現燈點不亮，於是紛紛提燈急催修理，有時候舖內舖外都是提燈人，臉拉得長長的只管直催，想是家裡吃晚飯時壞了汽燈，提來趕着修理，爸爸、大哥和我就忙得要命，原七時左右的晚飯一推，就八時、九時才得吃。很多時候，我們看着本來熱氣升騰的飯菜，到大家揩了手坐下來吃時，一縷煙也冒不起。菜涼了，我們吃得極快。飯碗抓起我們就吞着，不消一會，筷子一放，這頓飯就吃完，一頓飯，五分鐘。時鐘敲起，九時。這時，我們的舖還要熬至十時半甚至十一時才關門。

我不到十歲，就懂得簡單的修理技術。爸爸在一面修理時一面施教，教時還說着，香港謀生不易，男的一定要學一門技術，否則會餓死家人。甚麼修理汽燈、修理火水爐、焊銅焊錫等等，都要認真的學，將來就不怕餓死。不到十二歲，我已掌握修理汽燈、火水爐全部技術，這時有人會叫我做「師傅仔」，有些人還會說笑似的稱我是「太子」，教我啼笑皆非。

舖頭的生意愈做愈旺，我們舖中的汽燈也愈照愈輝煌。還記得最初在吃晚飯時，舖裡首先掛一盞汽燈。其後，舖前、舖裡，掛了兩盞燈。很輝煌，亮起汽燈時，一起也燃起我們的尊嚴。

小五、或許小六那年，家裡申請了電，汽燈漸漸式微，舖的生意由汽燈、火水爐改成機器。六十年代的晚飯，開始吃有兼味，筷子的影子如粵語長片的刀劍交加，家裡已添了三弟、四弟，吃飯開始有對手了。那時我總愛獨個兒端一個海碗，添滿了飯，加一點菜，蹲在大門前吃，看到薄暮的燕子、剛出的蝙蝠，把黃昏亂成一堆動畫。

有電視的晚飯，要在我唸中五之後，麗的映聲的黑白電視很貴。

2001 年　夏

我看樹

天地間，有一棵樹。我的家，有這麼的一棵樹。

我知道樹有生命，知道樹有感情，會悲、會喜。

從前，我家裡有一棵石栗。

在鑽石山彩虹道巴士站下車，望山而走不到一分鐘，就見到那墨綠色的樹冠，亭亭然在所有的屋頂上探首翠護。樹下，就是我的家，對初次來訪的朋友都這樣說。認樹，認樹就找到我的家了。

我看着樹長大，樹也看着我長大。我們同年。

當我唸小學六年級時，它已是一棵很漂亮的樹。

我會讀樹。

中學會考時，我不睡眠。眼見東面的初陽從鯉魚門映過來時，石栗就醒，晨風中的石栗搖曳得很神祕，樹葉都在背書。一樹濃青如未解的夜氣，葉子如千手的菩薩拚命地開解着，當解開第一度曙色時，隔籬的公雞就啼了。

幼時，家中沒有鬧鐘，我曾憑沙沙葉響就起床，上課從不遲到。靜默如蛋的家居不要鬧鐘，各種響鬧裝置都是因環境喧囂而設的。

晨風動葉，一回霎霎，一回習習，這就是一種報時，那時家裡很靜，一隻蚊飛來，一隻蠅飛走，都有聲音訊號傳給耳朵，沒有電台，沒有電視的家是聲音的陷阱，像一個古甕，把耳朵覆在甕口會聽到太陽走動的聲音。有時，我曾拿着一隻舊杯覆着耳朵，幻想那就是洪荒的風雲，森林的噫嘯。

石栗有一種綠色的聲符，別號青籟，有大青籟、有小青籟。青色很清，臨風即籟，沙沙葉音因風起，這是大青籟，莊子說過，

我不說了。有小雨時，那是小青籟，迷人。雨來時，不管是秋夜夏夕，我聽着雨樹，就呆了。葉掌雨意輕輕，聲如煎小魚、撒綠豆，我的聽覺都是葉的琵琶、雨的琴，或魚或豆都是詩；家很靜，樹和雨一合起來就是一段一段家書到讀入家來，夏天的，讀得暢快，秋天的，讀得淒清，萬一是冬天有雨，一配上風聲，那就是陣陣哭訴，瀟瀟淒淒，年紀稍大就不忍細聽了。一曲雨來一聲葉，清清如青磬搞自不遠的「志蓮淨苑」那早課晚課，我伏在樹幹上都聽得清清楚楚。

幼時，睏了要睡，媽媽忙着，沒空撫拍催眠，我仰着頭對媽媽說，我要聽樹的歌睡去。家裡有一棵樹，就有一種寧靜，不要綿羊，也無須母親撫拍，我可安然入睡。

初夏時，石栗最綠，濃濃的青綠如黛，太陽一映過來，葉葉都是生機，石栗就在陽光中跳舞，我看見。樹頂最濃最密處還有三兩枝新條，挺出如舞手翻起，楊小姐孔雀舞的高潮，一翻手，整個夏天都要鼓掌[1]。拿一把葵扇，我們來坐一個夏季，只要沒雨。

七十年代，石栗二十多歲。枝葉至濃至密，陽光下，左左右右的葉葉纖纖，頁頁綠掌像一萬條鯉魚躍起，赫然如太湖上的活魚，都在跳。我是說每張葉都如是，如千人操，萬人舞，沒有一片葉子不動。壯碩的我，當年兩隻手可挽四桶水。我如樹。

夏天，是香港的颱風季。呼呼烈風，如流寇、如倭賊，溫黛走了維奧娜來，露比肆虐法妮黛猖狂。風球由一號颮到十號時，石栗就發瘋似的。風來前夕，樹就在暗暗淌汗，所有細胞都在自我組織，細密動員。翌晨，敏感的天文台就來掛風球，電台的電波很緊張，家和樹都很彷徨。颱風一來，石栗就給凌遲，神經錯亂的風姐舉刀就砍，家中亂葉比長安西風裡的還要多。酷刑一夜，再翌晨，石栗一如出家人，四大皆空，新枝老幹，碩果叢花全都剃去，哀哀

　　　　　　　　　　　　元嶺傳奇：鑽石山寮屋區起居注

然如空得一身無有，淨苑「志蓮」等着禿樹來掛搭。如斯慘情，平均每年一次，五十年代樹還幼小，風過了也不覺摧殘，到了六十年代起，那就是一年一嘆，每夏必災。

七十年代，家中人口愈來愈多，大哥娶了親，不兩年就生了兒女。祖父建議將石栗除掉。話說得很權威，大家沒甚麼話說。樹聽了就開始憔悴，夜裡，我隱隱聽見樹在哭。

祖父說：不需將樹砍下來，只要繞住樹身削去一尺寬的樹皮，那樹就會慢慢枯死。

過了幾天，祖父和父親就合力繞着樹看把樹皮削走了一截。

不兩天，樹真的落葉。一片片，像砍下來的手掌。黃色的葉掌心仍守着一點死青，葉脈仍有蔥蔥綠意就落下來，似乎不讓它全黃就故意卸走。每天都有葉子飄下來，像一個個離隊的戰士，年紀輕輕的就勇於犧牲。飛揚飛揚，像一頂又一頂的軍帽，很傷感；又像一頂又一頂的降落傘，很勇敢。

石栗在奮鬥啊！掉了葉子就是減輕消耗。石栗是戰士，削髮的壯士，石栗是壯士，斷臂的壯士。幾個月過去了，石栗沒有枯死，那削走的樹皮竟重新生長過來，而且又厚又實，比削去那一重還堅韌。有一個晚上，我聽見樹在笑，也在哭。有雨的初秋，石栗在哭，一樹都在款擺，彷佛在笑。我慶幸石栗不死，但樹有靈氣，它已預知自己的命運。六個月後……

某天我上了學，回來時樹冠沒有了。大哥正在拖走殘枝敗葉。給鋸下來的樹幹一截一截，都是石栗的手臂，鋸口都是紅色的，血肉之軀哇。我想哭。

不幾天，整棵樹貼住根柢給鋸了。白色的樹心血紅色的樹皮，像人的遺骸，留下的一截橫切面，我摸着，大喝了一聲，說：吙！那樹身不能丟掉。

樹倒下去不久，祖父就去世了。

我讀着那截石栗，一直到我結婚遷往新居。

到鑽石山拆遷，石栗才正式與我訣別。

我愛樹。它有生命。

2004 年 11 月 29 日　初稿

注：
1　　　楊小姐，是跳孔雀舞的楊麗萍。其孔雀舞跳得甚美，如不食人間煙火的鳥魂。

我愛鑽石山

　　我三歲來香港，家鄉在韓江入海流的澄海縣，三歲前的家鄉生活已無法憶記，腦袋中第一個生活印記，已是在九龍鑽石山東三巷的一間小木屋裡，屋內只有兩個房間，我家住了左面一間，右面住了一雙剛結婚的夫婦，我們入伙，他倆合卺，真個是雙喜臨門。還記得新郎扁瘦，媳婦圓肥。新娘的頭上插着大紅花，張着大口不停的笑，笑得不好看，有點像陶三姑 [1]。他們的結婚典禮就在屋外燒了幾響鞭炮，不見主婚，亦缺冰人，黃昏時有兩三個人到賀，晚飯時只有新人相對，燭影模糊。四歲左右我在菜市看見新郎在賣魚，我給他起了個諢名，叫「紅衫魚」（這是我記憶中最早使用的粵語詞彙），一直把他由青年叫到中年，後來我遷出鑽石山才叫不到他。到今個年頭他最少有七十五歲了。他算是我到香港後第一個認識的廣府人，在精神上他是我的朋友。因他愛對着我笑，嘴裡那顆金牙很耀目，至今我還記得他。幼時，每次與母親上街市買菜，一定跟他打招呼，大聲叫他「紅衫魚」，不叫甚麼 uncle、叔叔，他笑，笑得很覥腆，俯首作剖魚狀。

　　我們住的房子很小，裡面只有一張木床，上面鋪了草席，進得房來就要睡覺，我們沒啥家當，一個小衣櫃擱淺在床上，沒椅子。一躺下，房頂那一行一行的瀝青木板看得清清楚楚。要活動，就得在房外，那是一個小客廳，兩伙人共用的。我和大哥總愛在屋外的空地玩耍，小廳裡放了兩張木椅，就沒有了大半空間，玩個啥？

　　那時正值暑熱天氣，日間房子熱得炙人，入夜也難得涼快，睡覺成了問題，一盞小小的火水燈竟也散播着熱氣絲絲，玻璃罩能灼傷人手。多少個晚上媽媽昏昏然搖着葵扇抹着汗，把我送入夢鄉。

我還清楚記得，有一晚特別的熱，我不能睡，媽媽也沒法睡，媽就問我，她老了時，我會養她嗎？這個問題媽問了兩、三次，我說「會」，中宵再問，我也說「會」。當晚兩母子睡得不安穩，整夜夏蟲的晚禱，也難以安撫，至今這夜的苦澀仍很深刻。一位初抵香港的年輕村婦向自己的幼兒這麼一問，是問向自己的前途，問着老來的歸宿，那股憂慮與辛酸，實在又黏又重，善良的我覺得供養年老母親是必須的事，哪有別的選擇，當時一開口就安慰了母親，我相信人是有天良的，幾歲的我還不曾入學，我的回答純然是心中至真的說話，說了出來就是終身不悔的承諾，這是我一生中第一句最美麗的誓言！

在小房子住了多久我已記不得了，只知道住在那裡有夏天，也有冬天。

來港不久便要學粵語，否則無以溝通，難以討活。要懂說話，就得上學。只記得當年求學常常轉校，學習的道路很曲折。那時，鑽石山很落後，只有一所津貼小學，母親不懂找這類學校，只知要讀書就得入私塾，以為有老師、有學生的地方，就是求學之處。

母親帶着我走呀走，到處找學校。起初我唸的全是私塾，一位老師教所有科目，所有科目只得一個科目 —— 認字。第一所私塾完全不像學校，媽媽帶着我走入一所陌生的民居，還攀上木梯，梯頂穿了一個大洞，洞外就是「學校」：兩三張木桌前坐了三個小童，一位老師坐在木桌旁授課，聲音小得像蠅鳴。媽媽跟老師說了幾句，就帶着我先回家去。翌日，我只讀了一天的書，就終止上學。媽媽再沒給我上那私塾，也沒有說原因。第二所私塾在鑽石山的西八巷，我唸過一陣子書，唸甚麼已全忘了，我似乎沒有書包，上課也沒有甚麼書，只記得私塾在一個住宅裡，宅前有人淘米洗菜、晾衣服。私塾是老師的住所，掀開深藍色的布簾，狹小的廳裡有四、五

個兒童在看書，老師一聲不響地監視着，臉孔冷酷，兇惡得很。

那老師很嚴厲，手中有一把戒方，尺把長，不時敲在桌上啪啪發響，如龍圖大人拍打驚堂木，很怕人。我唸了一段短時間書，不知道老師說甚麼，很是吃力。給老師責罵自然是免不了的，但罵甚麼我不知道，老師說的話我聽不懂，他算是白罵了，及後稍長，聽街坊說這位老師有點聲名，姓吳，說的是「四邑話」，可能是位秀才，是出了名的嚴師。腦海中還記得不曾給老師打過，真幸運。

六、七歲左右，我才正式入學。那學校叫「文林學舍」，這學校比起私塾來算是很大了。然而所謂大，其實也很侷促：學校只是一間村屋，既是校舍也是課室，室內僅有八行座位：一、二年級學生較多，佔了四行；三年級到六年級學生較少，每級一行，共四行。每行人數四至八人，全校的學生人數不足五十。我記得當時的男班長叫黃志光，年紀約二十歲，女班長就是我的姑姐，班長都唸六年級。我唸一年級，因樣子還可愛，全校的師兄師姐都疼我，大家都愛我背着我到處走、到處玩，我的一年級不像上學。

校長兼教師同屬一人，名叫「麥保羅」，我們叫他麥先生²。上課時，先生穿西式襯衣、吊帶長褲，金絲眼鏡，花旗髮式，很時髦。平時也穿西式衣裳，整齊清潔。曾聽過與父親交談，每次都自稱「小弟保羅」，很有禮貌。他會教國語（即中文）、社會、數學、體育、唱遊等科目，而且是認認真真地施教，四鄰都稱讚他。所謂體育，就是到校舍附設的小菜畦替麥先生種瓜種菜，貢獻我們神聖的勞動力；唱遊就全校一起唱同一首歌，沒琴沒書，先生唱一句，我們就跟着唱一句，只有「唱」，沒有「遊」。上課的程序是按級輪流施教：麥先生教了一會六年級中文，就叫他們自修，拿了另一本書教五年級去。如是者一直教，教到一年級才停一下子，然後又從六年級再教起，教的是別的科目，那時一至五年級又自修。上課沒有時

間表，我們帶了三本書就是帶了全年的課本，要上甚麼課都沒有問題。麥先生全日授課，每週上課六天，很賣力。學校沒有校規，學生沒有遲到這回事，甚麼時候回校都可以；似乎也沒有小息，又像有很多小息。午飯時間很自由，可長可短，下午二時許就放學，有三兩個學生留校清潔，自願的。

有一天，上課期間校長突然要我們逃跑，嚇得我們以為學校失火，趕緊逃命，我因此跌了一交。以後每隔一段時間，我們就要逃跑一回，相隔的時間有長有短。原來我們的「文林學舍」不曾向政府註冊，屬非法經營，教育司署（現稱教育署）派人來巡查，麥先生為免檢控，就教我們逃跑，我們很樂意協助麥先生，而且以跑得最快為榮[3]。那時，只要班長喊一聲「走鬼咯」，我們就在校舍的後門「逃亡」。麥先生把前後門上鎖就悄然失蹤。同學們三五成群在附近的零食店流連，有的進了連環圖店子看《七俠五義》，大家自由活動，很快樂。半小時後，莘莘學子們又自動回到學校，等着校長重啟校門。

五十年代中期，家裡有了點錢，我們在鑽石山華園路買了一間金字木頂沙磚牆的房子，不再租屋為客。新屋內有兩個房間、有廚房、有天井，還有兩株小樹苗，一株是鳳凰木，一株是石栗。那株鳳凰木種在大門的右側，可惜活不多久。小時無知，為了給要樹苗施肥，便在那樹腳小便。每天清早我和大哥例必在樹旁溺之，結果那樹就給醃死了；而那株石栗，卻一直陪伴了我們二十多載，在我二十四、五歲那年，才因加建房子而砍掉。我很愛那棵石栗，它的成長，就是我的成長，二十五歲的它，腰圍與我的相若，高逾十米的樹冠，在彩虹道的鑽石山巴士站也可看到，直是我家所在的綠色座標。

自小體質不好，好幾年一到夏季，毛病就起，一頭一臉都發毒

瘡，紅紅腫腫，含膿聚血，身心俱苦。有一年，瘡發得特別厲害，到鄰近的大磡村街坊福利會診所看醫生去，在烈日下排隊時，有一位嬸嬸見我滿頭滿臉都是瘡，腫得連五官也變了樣，便說：瘡生得那麼嚴重，每顆瘡都要打針才會好的。這番話聽下來，把我嚇個半死，頭上臉上的瘡至少有幾十顆，每顆每扎一針，豈不是要熬二、三十針，熬兩三針還可咬緊牙關強忍，幾十針，怎忍？當下就想逃避，無奈當時年紀小，怯於父親的監督，而輪候的時間又已很久，不敢隨便離隊，於是硬着頭皮往見醫生任由處置。誰知天恩浩蕩，那位醫生很和善，輕輕按按頭上幾顆大瘡，以紗布抹去一些膿血，說兒童易有這些瘡疥，塗藥粉、按時服藥便行，無須打針，我一聽之下幾乎高興得哭起來，覺得這位醫生真偉大，偉大得無可比擬，不須打針也可治癒瘡毒，神！

　　我愛生病，媽說是水土不服，入秋，病就來，舉家都不開心。我愛咳嗽，每次可咳嗽個把月，間中發熱，年年如是。與我們比鄰的是一座別墅式的樓房，裡面住了一位姑娘叫馮安琪，我們稱她「馮姑娘」，是一名護士。有時她會叫我到她的家玩去，她和一位叫卿姐的女傭共住，家裡乾淨得很，有很大的廳，很美的家具。我一到她的家，就很守規矩，馮姑娘也很疼我，教我吃鈣片，有時會給我一點維他命，身體開始轉強，後來長得比大哥還高大。小學三年級的時候，我在右下腹與大腿間生了一顆「核」，到窩打老道的浸信會專科診所求醫，醫生寫了推薦信要我入醫院動手術割掉它，媽媽憂心得哭了，後來求救於馮姑娘，我們去到她的診所，經馮姑娘的醫生診斷，覺得沒甚麼大不了，只給我一些半透明的結晶粒，教媽媽用溫水把結晶粒溶解，再用棉花浸透，趁微溫時敷在核上，就這樣每天敷一次，兩星期後，那核就慢慢縮少，甚至平復，整家人又回復笑容。馮姑娘可算是我的恩人，三年後她搬走時，她送了我不

少郵票、玩具，她走後，我曾經不開心一段很長的時間。有一天，我們兄弟到九龍城探訪她，她送我們兩大包粟米片，我當時很失落，連話也不會說，我們乘九巴 11B 回家，下車時心神恍惚，結果摔了一大交，粟米片灑了一地，我哭了。我哭，不是為自己擦破了的膝頭手肘哭，也不是為遍地的粟米片而哭，而是這麼一摔，我可以藉此痛快地哭走心內那股鬱愁；我哭，更因恐怕以後再難見到馮姑娘，內心苦澀難抵而哭。聽媽媽說，她有過一段不如意的婚姻，但實情如何，就不可得知。據 1969 年的日記，我曾在該年 10 月 14 日與母親往官塘拜訪馮姑娘。日記這樣寫着：下午三時返家，即和母親往官塘訪一恩人，馮姑娘，她在我仍是小孩時醫好我的一次大病。與她見面時，我不甚認得她，她更認不出我，大家相望一陣子，就忍不住笑了。我已長大成人，身體肥碩，而她已經較前肥胖，而且歲月催人，顯得有點蒼老了。但是她那和藹的態度，說話的懇切，仍沒有改變。自從那次之後，到今天我還不曾再見過她，不知道這位善良的馮姑娘現在甚麼地方。

我在「文林學舍」唸書一段時間，就轉讀「信義會小學」，學校在鑽石山大觀路的盡頭，很接近「大觀片場」。學校傍山而建，環境幽美，四處都是台灣相思樹。課室很大，同班上課的，最少也有二十人。學習較有趣味，授課不再是一個老師教多個科目。我來港後第一個朋友就是在這學校結識的，他叫胡國洪，是個野孩子，他教曉我很多玩意，印象最深的，就是到他的家玩耍去。他家屋外就是墓地，處處荒墳，有骷髏骨躺在屋旁，他拾起兩根枯骨朝着骷髏頭就敲，一面敲一面唱歌，我目定口呆，只覺刺激萬分，又覺得這位朋友了不起。他家附近有一間小型玻璃廠，他拾到很多不成形的玻璃器具，扭曲的花瓶、大嘴巴水杯、緣口不均的果盤，甚至有燒壞了的小鳥、小馬，奇形怪狀，十分吸引，當時我很羨慕他有這

些「稀世奇珍」，他偶然會讓我把玩一下他的收藏品，不過很快就收回，怕我打破他的心頭好。

我唸小學五、六年級時很頑皮，由我家跑上墳場只消二十分鐘，墳場附近有山有水，在水裡我捉七星魚、捉老虎魚（一種會自殺的小魚，給人捉了，養不到兩天就死去）。在榛莽間，捉金絲貓（這不是貓，而是黑得發亮的小蜘蛛，會打架，我就是捉來看牠們打架，以此取樂），捉蚱蜢、捏螳螂、捕鳳蝶。夏、秋天時，用一枝樹椏，掃打空中的蜻蜓；單起一只眼用彈叉打麻雀，兇殘成性。清明、重陽前後的日子，在墳場替人清理山墳，漆字塗碑討兩三角錢買麥芽糖吃，瘋得很，瘋得很。就這樣，在溪水裡我捉去我的光陰；在山林內，我驅趕我的餘閒；一見麻雀，舉起彈叉我射出我的敵意；掃墓時節，在墳頭我塗掉我的天真。父親因此曾打罵我好玩成性，不知進取，又說我沒出息，幾十年的光陰過去了，我沒後悔我曾是野孩子，我依然很留戀那些山間水裡的歲月，我深深覺得沒有山沒有水的孩子很可憐！我曾躺在墳頭看天上的雲，不是要看雲變成甚麼，只看雲怎樣動，要把自己看得倦了，好倚碑而睡。我聽鳥，懂得分辨甚麼是相思、高髻冠、白頭翁，山伯勞、姑嫂鳥的叫聲。畫眉、吱喳、百靈這些「美聲歌唱家」更是一聽就知曉，我還會扮一些雀鳥的叫聲，逗牠們回話。扮雞啼、貓叫，扮狗吠、狼嗥也行，裝啥肖啥。

其後，有人向雙親說，那「信義會小學」程度不行，於是我又轉讀一所名叫「恩召小學」的私立學校，校長叫酈次傑，他的學歷是個謎，只知他是退伍軍人，上過戰場，打過抗日戰爭，左肩中過槍，常抽起衣袖給人看那槍疤，爸爸跟他相熟，經常是槍疤的看客。我雖然是他的學生，但因着爸爸的關係，曾經親手摸過那槍疤，不過，是他鼓勵我才敢去摸的。那疤痕像五仙銅幣那樣細小，

1954年夏作者孩童時期與兄弟攝於東三巷後的空地旁。左為大哥漢明，中為三弟漢其，右為作者，作搔首弄姿狀。

圓圓的陷入肩頭，已經變得很硬，跟正常的軟肌肉不同。對於這個槍疤，他很驕傲，常常向人說了又說，重複說着中槍時他了無知覺，瘋了般只知向日本陣地開槍。待同袍告訴他「載了花」時，才知自己中了彈，側首一看，左臂汗血塵污又髒又黑的一大遍，那時才有點痛的感覺，他馬上背起長槍，彎着身往後跑，找救援。說時兩隻眼睛睜得很大，兩條眼眉彈得很高，像害怕了那雙隱現兇光的大眼球。

在學校裡，鄺先生很惡，說話如響巨雷，又愛罵人，學生全都害怕他。其實，鄺先生很俊偉，滿臉英氣，體格樣貌都有點像喬宏[4]。可是鄺太太卻很醜，粗眉眼睛小，大鼻寬嘴，高顴陷腮，短下巴，身形肥壯如男漢。鄺先生何以娶妻若是，沒有人知道。我們這班學生只覺得他的太太不好看。鄺先生很惡，但好看，好看的男人應有好看的太太，他娶了醜太太，大家都替他不值，這可能是受羅劍郎、鄧碧雲[5]式的粵語片影響所至。

「恩召小學」不設體育課，學校沒有活動空間，小息時就離開課室到校外的街巷走動，回家吃點東西，替家長買茶買油都可以，奇怪的是從來沒有家長來找兒女。學校和學生的居所大都很接近，回家、回校都是三數分鐘的腳程，方便得很。先生跟學生的日常生活，彼此都很清楚。鄺先生在家只愛穿睡衣，愛畫一兩筆花鳥，愛吃茶樓的排骨飯，全非「私隱」之事。「校長室」，即鄺先生的家，就在學校最末尾的一所房子，窗戶敞明，大門常開，家中動靜既公開、又透明。我們購買書冊、校簿，就往「校長室」找鄺太太去，全年無休，毋視週日，只要宅門未關，不論何時，皆可以「持財購物」，學校的服務，堪比現今的銀行櫃員機。

學校沒有體育課，但有音樂和故事課，音樂課由姓趙的老師擔任，他似乎不想教音樂，但也得教，四十多歲的人，沒有琴而清唱

《康定情歌》、《青春舞曲》，也唱得中規中矩。印象中他唱歌時樣貌很難看，嘴巴歪歪的，配上樣子極醜。但他唱歌沒有走音，而且拍子準得很。沒有琴的音樂課，能帶領全校的學生唱一首又一首像樣的歌，不易。負責故事課的老師也姓趙，瘦個子，與音樂趙老師的胖體形不同，一臉嶙峋的顴頰，有點像抽鴉片的前清遺物。他的故事課真精彩，這位趙老師很愛講故事，一旦講起故事來，眉飛色舞，人人都看着他口沫橫飛，細心傾聽他的故事，他的《說岳全傳》最精彩，他會用不同嗓音扮演不同角色，連馬嘶牛吭，兵鏘箭嗖他都會扮，說到岳飛槍挑小梁王，我們全被吸引着，到今天我閉上眼睛還可看見趙先生當年矗眉瞪眼、彎身揚手，扮着岳飛上陣殺敵的那股生動的豪氣。「恩召小學」有音樂、有故事，我很滿足，當時還有一個很漂亮的女同學叫許月華，我愛望着她笑，也愛模仿她的動作，如果這也算是愛情，那麼，這就是我的第一次喜歡一個小姑娘。那年我八歲。後來這個女同學因住得很遠，缺課了一段時，我曾經與另外兩位同學（一位叫徐勵祥，一位叫張偉良）往找她，還記得她住在牛池灣坪頂村八號，我們冒着夏暑，跑了半小時的路，找到了坪頂村，但失望得很，我們沒找到她，其後她也沒來上課，從此我再也見不到她了。「恩召小學」的英文程度頗高，對我後來唸書幫助不少。

在「恩召小學」唸了一年的書，我就轉唸「佛教志蓮義學」，因大哥早就考上了這所小學，每月學費只需二元四角，而我唸的「恩召小學」是私立的，每月學費十元正，太貴，於是我就轉到「志蓮義學」當插班生，唸下學期的三年級，還記得那時要考甚麼入學試，考生只我一人。考的是中文和英文，老師看卷後，總結地說：英文不錯。結果不到十歲的我就進入了「志蓮義學」。我在那小學唸了四年書。佛教學校每逢佛誕，就要唱佛偈，起初由淨苑的一位師傅

來教，一年後由佛經老師教唱，老師叫石尚儀，數年前還跟她見過面。我最愛《觀音菩薩偈》，讓我唱一段，好嗎：

觀音菩薩妙難酬 清靜莊嚴累劫修 浩浩紅蓮安足下 彎彎秋月鎖眉頭
瓶中甘露常遍灑 手內楊枝不計秋[6] 千處祈求千處應 苦海常作渡人舟
喃嘸大慈大悲觀世音菩薩

我覺得這是佛偈中最動人的一段唱詞，我一聽就愛。我不懂得說它好在甚麼地方，總之一聽就愛。其餘的甚麼佛偈都已忘記得八八九九了。《三寶歌》我只懂得唱「佛寶」一段，「法寶」、「僧寶」唱得少也就忘了。

人天長夜，宇宙淡暗，誰啟以光明；三界火宅，眾苦煎逼，誰濟以安寧。
大悲大慈大雄力，喃嘸佛陀爺，昭朗萬有，衽席群生，功德莫能名，今乃知，唯此是，真正皈依處，盡形壽、獻生命，信受勤奉行。

這樣的《佛寶歌》我唱了四年，天天唱，當時不明所以，也不知道這是不是校歌，只覺得應該唱，唱了才好去上課。唱罷，還要唸佛，初懂梵音，唸來唸去不是味道，有一次親聞一位尼姑唸佛，嘩，那種起伏清柔，腔調祥和，韻律優美，才知道梵音唱佛實在美得很。今天偶然也聽到一些光碟播出的唸佛梵音，覺得那是不堪入耳的肆唱，唸唱佛曲是需要修養的、境界的，不能隨意便唸，有機造作。

其實，這種聲情的熏陶，對我有莫大的滋育，當時不曉得，現在很領受。有很多瑣事現在記起來也覺得可愛、可珍，唸佛、皈依、吃齋、都使我回味不已；在義學上音樂課，很怪，課室不足，「志

蓮淨苑」內的小學沒有正規音樂室，上音樂課要到「報本堂」去，所謂「報本堂」就是供奉先人靈位的廳堂，入內一片陰森，在廳內我不曾見過陽光，一列列神主牌看着我們上課，小學生當然不自在，連老師也有點害怕，簡直有點不人道。「報本堂」內沒有座椅，同學們都坐在地板上，那是光滑潔淨的石板，涼得要命，坐得久了，屁股凍得發麻，向右一望，那一列列的神主牌彷彿都在動，我們就只有發動嗓喉，大聲地唱歌，有時上音樂堂比體育堂還要累。三十多分鐘的坐地板，把我們坐累了，使勁地又嚷又唱，把頸脖、嗓子也喊累了。不過我們還是愛上音樂課的，因為離開課室走走，活動活動，總比枯坐聽課有趣。

還記得當年小六逢星期五的課堂，那七堂是這樣安排的：英、算、國、英、佛、作、作。沒有音樂、勞作（手工）、社會、體育等課，悶。我愛作文，其餘五堂就得乾熬。上課時老師一般都很嚴肅，在我的印象中，課堂上，我們很少笑聲。同學們都很守秩序，不敢談話，也不會睡覺，老師們都很厲害，在堂上談話、睡覺的後果就是嚴重的責罰，那時，老師可隨便責打學生，而且一邊打一邊罵，又兇又狠，我們遭打罵是平常事。同學們的父母都不會因兒女受打罵而投訴，相反他們覺得兒女是要打才乖的。同學中說實話有一些是身經百戰頑童，不怕責打的，於是老師也愈打愈有技巧，要把同學打個真的痛楚才能顯出老師的威風，我不好說體罰是一種教育，它是一種刑罰多於教育的手段，但確實也有同學被痛打後才改變的。有一位姓趙的男老師，用一大塊體育課的木球拍打學生，他扯着同學的手，以防同學逃跑，舉起右手的大木拍就一下一下的抽打過去，將同學的屁股當乒乓球一樣狂抽，有時錯手會打中手腳，打中腰腎，那同學就會慘叫，但很少人會哭，因為哭了，就不是男子漢。

老師很少打女同學，我不曾看過老師打女同學，其實那時我們的女同學都很聽話，很守規矩，她們都很可愛，我有一位女同學，她的年紀比我大最少兩歲，可能三四歲，她叫徐月明，長得黑黑的，一看就知道來自農人家庭，她為人溫純得不得了，學習、家務同樣出色，寫字一絲不苟，唸書勤力，家課用功，品格純良，說話溫柔，完美得像一朵菩薩靠倚的蓮花。我一走近她，就覺得她是我的姐姐，又深深覺得如果我真的有這樣一位姐姐那會多好。

　　女同學中，有些是來自「志蓮慈幼院」的，所謂慈幼院就是孤兒院，我起初完全不知道她們是孤兒，也看不出她們與我們有甚麼差異，後來知道她們是孤兒又覺得她們更與我們沒有甚麼分別，相反總覺得她們很清潔、很守規矩、很用功，沒聽說過她們會欠功課，成績差，還記得有一位叫何麗琴的同學，樣子很端莊，膚色幼白，很瘦，唸書很用功，常常考第一，我很佩服她，但很少跟她說話，因她考第一時我考第六，有點距離，自卑。她唸書用功，中文成績甚佳，書法也十分好，她寫趙孟頫的字，寫得很老練。在小學六年級這一年，我與劉萬然、劉慧萍兄妹感情甚篤，至今仍思念他們。

　　說起寫字，我愛寫毛筆字。早在一、二年級時，家課中已有「習字」一項，天天都要寫一兩頁「上大人孔乙己」的紅字簿。三年級，就有印「字格」的習字家課，每天兩頁。字格的規範字是多是佘雪曼先生的王體書法。字格的內容頗有趣，如「家有二千，每日二錢，全無生計，用得幾年」；又如「何處遊散，最好梅窩」、「太極功深」、「飲和食德」等，全是文言，既可學書，又習中文，真有意思。四、五年級時，我才知道甚麼叫書法，當時我最佩服兩個人的字，一個是爸爸，另一個是當時白手寫招牌的曹華安，現在偶然還可以在新蒲崗或黃大仙的舊店舖看到這位曹先生的字，他寫北魏，字寫很雄

闊，字形結構尤佳，字字都見工夫，有幾次見他站在梯頂寫九方呎
的大招牌字，真個是白手寫，不見他打甚麼草稿，只先見他用一枝
幼羊毫起一個字稿，然後慢慢加粗筆畫，不多時一個大招牌就寫好
了，我那時見到這樣的工夫簡直佩服很五體投地。在自己的書法功
課上，偶然也學學曹先生的字形寫入習作，老師見了也覺得奇怪，
怎麼這個小孩子會寫魏碑字，分數也打得較高，其後父親見了我這
寫這種字，認為不是小孩子的字，又說我的字寫得很俗氣，他自己
就寫了幾張九宮格的正楷教我臨摹，後來我才知道我寫的是柳公權
的字，長大後，學書很雜，因愛寫竹，便寫瘦金；見錢南園寫顏體
〈正氣歌〉很有味道，我又寫顏字；見東漢《曹全碑》有漢隸嬌秀之
美，又寫了一段時候《曹全》；其後見到《禮器》、《乙瑛》，喜其壯
偉典麗，又臨了一個時間。有一天在圖書館見到張即之的寫經字，
覺得很近我的字性，又用功寫了好一段日子。到今天我寫顏寫張較
有成績，隸書已非《曹全》，也非《禮器》、《乙瑛》，而是有了自己
的風格。今天我仍愛書法，到書局訪書時，「書法藝術」的角落是必
探之地。

「志蓮義學」最初的校長是釋寬慧法師，她是淨苑的主持，我們
一般稱她作當家師或寬慧師，我唸三、四年級時她是校長，她很少
說話，訓話時聲音很小，學校沒有禮堂，她站在操場的水泥講台上
說話，很多時候我們連一句話也聽不到，然而我們沒有談話，校長
說完了話，也就回淨苑去，不會在學校視事。一年當中，寬慧師說
話約只四、五次。很多時由一位姓羅的六年級班主任代她說話。後
來寬慧師退休了，姓羅的便當上了校長，一當便是數十年。說到這
位羅校長，話就多了。

羅校長，名琦瑛。很胖，我們背後都叫她作「肥羅」。她在
三十六、七歲當上了校長。很惡，很惡，這位校長惡得離奇。每天

早上在操場集隊時，她例必訓話，說話很大聲，在場五百多名學生都聽得清清楚楚，沒有一個人敢不聽她的訓話。她也授課，專授中文（即古文）、數學，也會教點簿記和珠算，常說我們學會簿記、珠算，將來就可當掌櫃。（後來才曉得她教的不是簿記，只是日記帳，對當掌櫃沒啥幫助）。在她眼中，我們這些頑劣的東西能當個掌櫃已很不錯，她從來沒鼓勵過我們要上大學，她覺得我們沒可能考上大學，要能在升中試考得學位已屬大幸，怎會奢望有學生能考上大學呢！

上她的課，我們可就慘了，她愛說「三十」，上課不留心，抄書三十遍；算錯了的數，每一題謄正三十遍；默書不合格，整課書罰抄三十次，而且是即日罰，翌日交，絕不能遲，要是遲了，罰抄雙倍，也是翌日交，不交行嗎？行，當然行，那麼就得捱打，打過了還是要交，就像高利貸一樣，欠交的利息會愈積愈多，責打也會愈積愈多，而且她的記憶力極佳，不要妄想她會忘記罰了誰，誰人要交甚麼，真厲害。再說，「上課不留心抄書三十遍」這類懲罰「冤案」最多，「不留心」與否，哪有標準，羅先生說誰不留心就是不留心，不能辯駁，不准「緩刑」。遇上這類的「冤假錯案」，我們都沒有上訴，回家以毛筆行草抄書三十次敷衍了事，一肚子氣在交上罰抄後也消失了。如以「狂草」塞責，老師看不出寫的是啥，「再抄三十」，理所當然；如老師心情欠佳，或對某生印象差劣，那麼「再抄六十」，勢所難免，如要求情，請派家長。唉！有誰敢驚動父母說自己遭老師罰抄，並央求到校申請「減刑」的呢！

羅校長罵人有時會不留餘地，罵得人連豬狗都不如，學生又懶又蠢，她便「豬之」「狗之」，罵得人自尊盡失。話雖如此，我不曾聽過她罵人「去死」。她很自負，說自己心算又快又準確，上市場買菜計算斤兩價錢總比小販們快，小販們都很佩服她。上古文課，她

不帶書本，很多古文她都會背，我們拿着沒有標點的《銅版古文評註》用紅筆聽着她背誦課文，不斷作句讀，一篇課文斷句下來，大家都如釋重負，猛然抒一口氣。古文不論長短，每一篇我們都要背下來，背不出的，又抄三十遍，從不寬貸；抄罷，我們都會背了。所以我們唸畢小六後，每個人肚子裡都儲藏了數十篇古文，這些古文篇章不少在中學階段會重讀，我們唸中學時中文成績一般都很好，這都拜羅校長所賜。她上課很嚴厲，大伙兒不敢怠慢，用心使勁的聽着，壓力很大，有時不明所以也不敢問她，她太惡。當有同學發問，她第一時間的反應就反問同學剛才有沒有留心上課，先罵了再教，這是她上課的原則，她永不會錯，我從不聽她說：對不起，我錯了。權威得不留餘地。

六年級時，羅校長教古文，「國語」由另一位叫余愛全的老師執教。余老師十分和藹，她也會責罵學生，學生犯錯，輕則勸導，重則責罵，很有分寸。她責罵學生絕不疾言厲色，只是嚴肅地說學生錯在那裡，用語準確，而且句句道理，聽得人心裡叫服。余先生早年畢業於崇基學院中文系，那時中文大學還不曾成立，崇基學院只屬於專上學院。在當時的鑽石山來說，有大專程度的老師來施教，已是萬二分光榮和幸運的事。她上課很穩重，板書漂亮，解說清楚，一字一詞從不苟且，絕無拉雜胡吹之言。最可喜的，是上她的課沒有壓力，大家都學得開心，她也叫人背書，背不出的，就留在課後補背，罰抄三十次的「酷刑」她是沒有的，這對我們來說，簡直是「網開三面」呀！我們就是喜歡她的課。課堂上，她給我們講巴金、冰心、老舍、朱自清的作品，在六年級時，我就讀了一些有名作家的作品。例如《背影》、《紙船》、《寄小讀者·通訊選錄》、《趵突泉欣賞》等，都是這時讀的、背的。

那位以打學生著名的趙立平老師是我唸五年級時才進「志蓮」

的，他是第三屆畢業生，說起來是校友了，他的乒乓球打得很好，字寫趙孟頫，也寫得出色，只是脾氣極大。他主要是教數學和體育，印象最深的一次體育課是居然容許我們在一張薄墊上打柔術，只要能把對方摔倒在墊上就是勝利。啊！那簡直就是「合法打架」，是我們平時最喜愛的玩意，於是我們男孩子就在墊上認真的打起來，我身體魁梧，不少同學都不是對手，結果最後只賸下我和大哥二人，趙老師突然雅興大發要加入戰圈，要跟我兄弟倆較量較量，打頭陣的當然是我這個弟弟，一出陣，我就攻他的弱點，專抽他的腿，我彎了腰，他只能摸到我的背脊，我騰出兩手一個快攻，一衝，就抽着他兩條腿，我使勁一抽，想就此把他抽倒在墊上，他冷不提防我會攻他兩腿，而且動作那麼快，當下就要就跌倒，誰料，老師就是老師，只見他把身子一側，右手一按墊子，隨即用左腳向我的腳跟一掃，我登時失去重心，一屁股掉在墊上，我就這樣輸了。老師既然勝了，對手就只有大哥了。大哥出場時，同學們都為大哥打氣，因為不管甚麼比賽，學生很少能打敗老師的，此仗如能戰勝老師，在同學心中會是多震撼的一回事。趙老師這次絕不怠慢，一開始就主動出擊，一下子就揪着大哥兩個肩膀要一下子就把大哥推跌在墊上，大哥的個子比我還要小，相對老師來說就更矮小了，這麼一推，大哥就借力，縮身後退，退時伸出右腳探到老師左腳腳踵後，待老師一推之力老了，大哥就借勢抽身右走，拉着老師左手，使勁一甩，老師左腳腳踵給堵住，又給這麼一甩，即時失掉重心，整個人就朝左跌一個翻天大元寶。同學們的歡笑聲、掌聲登時轟然而作，趙老師很有風度，說：打得好！從此，不再聽說體育課有在墊上打柔術的了。

　　還有一位老師一定要說說的，就是唸五年級時的班主任。她叫梁潔貞老師，那時（1962年）她大概有二十七、八罷，個子細小，

近視眼，很和善，有學識。她是唯一會駕車回校的老師，座駕是英國的摩利士小車（Morris Minor）。車子走得很慢，我們都笑她膽子小，開車比公共汽車還慢。六十年代的鑽石山，有一輛私家車真不容易，我們看着那灰黑色的摩利士，羨慕極了。梁先生右手掌的拇指旁多生一隻小駢指，我們覺得怪，上課時偶然會盯着這隻怪指發呆。有一次我大膽的問她為甚麼會多了怎麼一隻小指頭，她說，一出生就如此，有了這指頭不礙事，就由它存在。然後她又說，這隻手指不會動，廢的。問她為甚麼不動手術把它割掉，她說，這是天賜的，有了它，她才是梁潔貞，沒了它，梁潔貞就缺了那麼一點點，由得它罷，反正不礙事。我說這不是有點怪嗎？她說：怪就怪，由得人家怎樣看都好，我就愛這麼十一個指頭，你有嗎？我聽她這樣說，就服了她。她有學問，有獨到的見解，教書從不依書直說，總要說很多社會的事、歷史的事。魯迅是從她的嘴裡說出來的，巴金的《家》、《春》、《秋》也是她最先給我們推薦的。她給我們開拓了視野，在鑽石山這麼一個小地方，連書也難找的地方，有人在課堂上說魯迅，講巴金這也是十分十分稀有的事。她還會私下帶我們旅行去，所謂旅行，是她帶着我們遠足。她領我們走上飛鵝山的扎山道，在山頭看香港的景色，給我們指出哪裡是旺角，哪兒是中環。又教我們看地形，看山勢，我第一次在山頭笑着迎霧而奔，就是梁老師帶給我的。當日的情景，梁老師那不拘束的大笑，我一輩子不會忘記。還記得她在山頭與我搶着吃柑，搶到了就躺在草地上笑，我覺得她不但是我的老師，也是我的一個好朋友，但也因此，她更像一位可敬又可愛的老師，她的形象、作風對我的影響很大，現在我是一名教師，我沒架子，愛與學生打成一遍，都是梁老師給我陶鑄的。聽說，趙老師曾追求她，後來不知怎樣鬧翻了，梁老師就離開「志蓮」。那時我已畢業，難知底蘊。到了 1971 年 5 月，我唸大

學一年級回母校當代課老師時，梁老師早已不在母校任教了。我很想念她，卻無法打聽她的下落。那時，學校居然沒人願意提起她，既然連舊老師不說她，新老師就更不用說了。奇怪呀，這麼好的老師，為甚麼人一走了就給忘掉。羅校長當時仍在任，但就一直沒提過梁老師。

我愛「志蓮義學」，曾為成立校友會而奔波了好些日子，我草擬了會章，搞了幾次校友大會，通過了會章，成立日期也定了，但到了最後關頭，就在校友會成立前不足一個月，淨苑當局不知為何竟拒絕借出地方給我們召開成立大會。結果，校友會也就散了。如果寬慧當家師還在，此事何以會如此收場呢，可惜，可惜呀！後來，我也忙得難以抽空再搞校友會，當年曾出過力的校友都已意興闌珊，再加上鑽石山寮屋都給拆了，人亦星散，要把校友組織起來也就難乎其難了。

我家西窗朝外一望就是「志蓮淨苑」，但那已是仿唐木建的「新志蓮淨苑」，華麗無倫的大伽藍啊！然而，當年那種親切感卻消減了。我有好幾次回去，踏入「志蓮淨苑」，忖度着哪兒是學校門，哪兒是操場，哪兒是「多寶塔」，哪兒是「報本堂」，哪兒是「安老慈幼院」，但都只能憑空追想，指地尋根，在嘆息聲裡，連一片舊磚破瓦都看不到呀。在新的「志蓮淨苑」裡，自己一下子變了個陌生的遊客，不再是「志蓮」的一份子了。新的淨苑離我家只一箭之地，但在心內的距離卻很大、很遠！

1978 年，我結了婚並遷出鑽石山，每天中午我仍回老家吃飯，一直到有了孩子，才沒有回家吃午飯。雖然如此，我每星期總得回去一兩次，還帶着妻兒一起回去。一路上，街坊故友仍然打着親切的招呼，叫着大家兒時的名字。及至 2000 年的秋天起，鑽石山整區逐步清拆，兩年後給全拆了。現實的鑽石山給拆了一段，我心裡的

鑽石山馬上就築起那拆了的一段，如今鑽石山的舊貌早已不保，可是我心頭上的鑽石山仍然很完整、很完整。

　　很多時，在夢境裡我會重返故地，在溪水中捉老虎魚，也捉住我的童年，不放。

2003 年 2 月 5 日晚上 9 時 12 分　完稿

注：
1　陶三姑（1895－1983），原為粵劇花旦，後體形轉胖，乃於 1935 年轉拍電影，為舊粵語片時代的著名「甘草配角」，專演「包租婆」，身矮，惡而貌醜，屬典型的性格演員。其臉孔偏圓烏黑，大鼻子，法令深長，覆舟嘴，聲如吠鑼。她的男孫是我的同學，也是圓臉孔，不過好看得多。
2　那時的老師，一概稱為「先生」，且不分男女、職級，校長也叫「先生」。
3　上世紀五十年代初的香港，教育待興，註冊教師不多，教育絕不普及。非法私校頗多，老師質素亦參差。教育司署不時巡查，遇非法太甚者或檢舉，或封校，如不太過分者，也網開一面，因為這種教育還是需要存在的。至於師資，聽說只要讀過中五課程的，就有教中五的資格。依法開辦的學校，都會在校門附近張貼告示：聲明為「教育司署立案」的學校。
4　喬宏（1927－1999），香港著名演員，體格矯健，樣貌英俊，中年後滿有男性豪邁的魅力。能演多種角色，《女人四十》是他最優秀的電影，他憑此片獲香港電影金像獎和香港電影金紫荊獎雙料影帝。1999 年因心臟病發去世。
5　羅劍郎（1921－2003）五、六十年代粵語片名小生，1957 年創國貞影業公司，拍戲多於 100 部。多與方艷芬、鄧碧雲、羅艷卿等名花旦合作。六十年代移民美國，因哮喘病逝，壽八十一。
　　鄧碧雲（1924－1991）與羅劍郎同期的名花旦，愛演戲且甚投入，於 1959 年與新馬師曾及梁醒波被選為「粵劇三王」。其性格爽朗誠懇，人緣甚佳，後進身為電視演員，演出「媽打」一角，膾炙人口。1991 年因肺衰竭病逝，得年六十六。
6　手內楊枝不計秋，「不計秋」指不論時也，「秋」或作「抽」，澆灑義。

童玩

　　沒有玩具的童年是悲哀的。

　　眼看別家的小孩有美麗的玩具，自己卻一無所有，那就更悲哀了。

　　家貧，花錢買玩具屬無謂的揮霍，童年因缺乏玩具而灰色，於是一掌奇異的樹葉，一拳頑怪特的石頭，都收作玩具，藉以塗抹悲哀的灰色。

　　五十年代，是我的童年，也是香港工業的童年，不少人家都在生活線上輾轉浮沉。父親在鑽石山租了一間小舖為街坊修理汽燈、火水爐，整天辛勞的報酬，還不過是三、四元左右。一家四口，都在饑寒的邊緣掙扎。童年時，我曾耽視鄰家孩子的小車、小馬，渴慕能跟他們交個朋友，以求接近這些美麗的玩具。然而，美麗的渴慕多被粉碎，當下自己就覺得受了莫大的委屈，自尊心也受了剔剜般的損害。玩具，是一大串欲望，高掛成葡萄，且是甜的，逗我垂涎。

　　幸而，我終於有自己的玩具了。

　　在一種藤蔓植物（俗稱「五爪金龍」）上，常聚生着一種美麗的小甲蟲。它們都有青色的外殼，我叫它們「金龜兒」。雌的，全身作金青色；雄的，除了金青色外，還有兩條黑紋，點綴於兩翅上。金青色，閃動着陽光，閃起了童年第一道色彩。我向父親討了一個裝香煙的小鐵盒，作為金龜兒的居所，我開始捕捉它們。金龜兒行動遲緩，飛得不快亦不遠，童年的手是一陣難測的速度，捕捉它們是挺容易的。於是，一個小鐵盒便聚居了十多顆青金色的生命，我用樹葉養着牠們，一天總要看兩三回才安心。

捕捉金龜兒，有時或會受驚。在那「五爪金龍」上，常有一種生相極恐怖的大青蟲，約尾指那麼粗大，隱身於綠葉間。它不走動時，就難以察覺。它全身青綠色，有五至七個環節，渾身像一股怪水不停作一起一伏的滾動，最後的一節豎了一枝新月形的角，黃色的角末稍彎作黑色，樣子很怕人，我們稱它為「獨角蟲」，甚至以為那角是有毒的。在捕捉金龜時，屢屢不留意手邊就是那恐怖的青蟲，當金龜快要到手時，才突然驚覺眼前就是它，嚇得馬上縮回了手，平白讓金龜兒飛走了。以後，就有好幾天不敢走近那裡了。

　　鄰居的孩子好意的提醒我：「鐵煙盒蓋得太密了，生物是要呼吸的，內裡的金龜兒快給悶死了。」我覺得他的話太有道理了，便拿了鐵釘，用鎚子在盒面上鑿了十多個小孔，想着一個小孔讓一個金龜兒呼吸，足夠了罷。誰知，翌日我一打開盒子，發覺一盒子都是螞蟻，金龜兒全給咬死了。我一怒之下，將整盒子螞蟻都拋入水去，淹死這群兇手。

　　說到螞蟻，它們也曾是我童年的玩物。我愛黑蟻，恨黃蟻。

　　在家中的土牆上，天井裡，每有一兩隻螞蟻走動。在它們走過的地方，我放一些餅屑，或放一隻死蒼蠅，然後端坐在小凳上看螞蟻組隊。我看到螞蟻舉起觸角交談，傳遞着喜訊，一隻傳一隻的，一段時間後，一行螞蟻雄師就出現了。動了，那一大塊餅屑給兩隻螞蟻挪動了，那是一個浩大的工程，動員着數十螞蟻，花着很大的力氣，死蒼蠅也給搬動了。搬餅屑，搬蒼蠅，搬蟑螂，搬草蜢，我定眼的看着螞蟻搬走我一段童年的光陰。

　　地上偶而有一行黑蟻、一行黃蟻分頭走着，我用食物誘牠們碰頭，於是一場惡戰開始了。

　　黑蟻體形較大，行動也快，可惜不善作戰；黃蟻卻短小精悍，驍勇善戰。我曾捉着一隻大黃蟻，拿了父親的放大鏡看牠的牙齒。

兩隻鐮刀般的大牙，不停的開開合合，像鋒利的刑具，口裡吐出一些黃色的唾液，簡直是一隻毒螫子。黑蟻跟黃蟻格鬥，每多敗陣。「愛黑蟻，恨黃蟻」是我的法律，看見黑蟻戰敗，心裡就很不高興。為了鋤強扶弱，我用母親熨衣服的噴水壺向黃蟻的行列噴一口水，黃蟻馬上陣腳大亂，有些就此淹死了。我裂着嘴滿意地笑着。可是，黑蟻並不因此而取勝，它們太良善了，不少黑蟻給黃蟻拖着走。我把心一橫，索性伸出食指，殺手橫施，抵着那列黃蟻用力一抹，數以十計的黃蟻便死得血肉模糊。此時勝負已明，我才真正滿意地笑了。

我恨黃蟻，不因它們曾摧毀我一盒子的玩伴，原因是它們象徵着日本兵，黑蟻象徵着中國兵。不是嗎？黑蟻辛勤、純良、愛和平，正好代表着中國人民的特點。我記不起是那一位長輩說過，黑蟻是中國種的蟻，黃蟻則是來自日本，於是我向黃蟻露出一副嗜血的兇相，我要毀滅來自日本的侵略者，縱然只是蟻。

小時無知，竟有如斯暴戾的意識，現在想起來，還有一額羞愧的汗。

年紀稍長，捕金龜、鬥螞蟻都不足吸引我，離家不遠是山，是墳場，我慢慢變成一個野孩子，躑躅於山水裡、墓群間。

我聯結一隊年紀相若的孩子，在山上跑，渾山的跑。我們採野果，摘野花，在山溪裡捕魚，在深潭中游泳，在墳墓間捉迷藏。在清明及重陽給掃墓人清理墳墓，除野草，補朱字，好討三、四角錢買零食。墳場，是我玩樂的天地，大的墳如一張大灰碟，平臥在山坡上，我大可彷徨乎無為於其側，逍遙乎寢臥於其內，聽蟲賞雲，有點與天地並俱的樂趣；小的墳，直豎如一張有扶手的安樂椅，手依墳臂，背靠碑石，倚坐其間，望風暇想，倒也自在。墳場，雖死氣陰森，卻走遍了我童年的足跡。童年，有着漫長的生命，我們漠

視死亡，漠視已仙遊的人，我們在墳頭談笑，捕蟋蟀，下棋，甚至打架。

山，奔跑着我童年的活力，到山上來，為的是要找另一種玩意。

有一種金黑色的小蟲，是蜘蛛的遠親，住在陰濕的林葉間，獨居而好鬥，俗名叫「金虎」，又叫「金絲貓」。可是它們既不像虎，也不像貓，卻是渾身筋肉，勇猛如虎的八足蜘蛛。這種小蟲，頭胸相連，頭黑而硬，共有四隻小眼，前臂特長，是進攻的武器，胸底伸出小腳三對，善跳，腹成三角形，每遇同類，即側起腹部，或左擺，或右傾，彎起前臂，向敵進攻。

這種小蟲，因其形體，因其特質，各有其名，這些名字都是我們給它們起的。雄性的，當長成後，形體較大，兩前臂多長堅硬，有如米鉤，我們稱之為「老督」；雌性的，經過幾次蛻殼，身體便呈金紅色，六足透明，這叫「紅孩兒」；有的因築巢於籬樹間，我們稱之為「籬樹金花」；有些全身烏黑，名曰「黑撲」，這四種金虎都是類中異品，善戰且狠。

上到山來，就是要捕捉這種小蟲，只要是兩葉相疊的，內裡就可能有一隻金虎，捉了之後，又會採些籬樹的葉條，給牠們做窩子，然後一隻一隻讓牠們去拼一拼，分出高下強弱，便按次分住「一王」、「二王」、「三王」等窩子，以便跟其他孩子的「一王」、「二王」交鋒。樂趣自然就在小蟲格鬥時那一下子的快感，及至自己的金虎打勝了，便向對手誇耀一番。

童年的脾性太野，遂迷上這類競狠的玩意，無奈在蒼白的童年，就是這帶着戾氣的玩意，給我施捨一點微溫。如今偶而到山上走走，遇有兩葉交疊，也會動了童心，翻葉檢視，看看有沒有這種小蟲，看看我童年是否仍存在於兩葉翠綠之間。

風，是童年呼出來的一陣歡樂，風箏，是童年最後的一面旗

幟，懸於天際，如一隻候鳥，掠着秋風。我放一紙風箏，在童年的黃昏，向秋風留下一紙回憶，動的回憶。

縛一張紙，只一張紙，沒有篾骨的紙，好一隻沒骨的風箏，撕下一頁家課簿的紙，將兩邊摺起來，在底部貼一條報紙撕出來的尾巴，就是一隻風箏，憑着秋風，我將它放到天際，將歡樂也放到天際。

線，原是母親的縫衣線，在縫衣的線轆上插一枝筷子，就成風箏的線轆。線，縛着風箏，依風放起一紙風箏，將一顆雄心也放了出去。此時，自己也放成了風箏，徜徉於天地間，如鵬、如鵠，冷然、飄然。

鑽石山的秋天，是風箏的秋天。天上多風箏，爭鬥是少不了的，當兩風箏的線相交時，有經驗的孩子便會拼命的鬆線，看誰的線鬆得最多最快，就可鋸斷對方的線，成為風中的勝者。風箏的線是要鬥韌鬥利的，於是花兩角錢買牛皮膠，把它熬成狀糊，放入一個牛奶罐中，鎚碎一些玻璃，研成細末，又放入另一個牛奶罐中，這兩個罐在近底處都先鑽了兩個小孔，好讓縫衣的線先穿過牛皮膠的罐，再穿過玻璃粉的罐，這樣一來，縫衣線就會變成玻璃線，殺傷力也大增。曾有小朋友玩得瘋了，被玻璃線在脖子上劃了一下，幾乎連氣管也給割破，急急送往醫院搶救，血流了一地，很可怕。

仲秋的天空是戰場，一隻一隻的風箏是軍旗一面一面，看哪，風箏斷線了，一隻復一隻的覆沒，到最後，天空只餘孤零零的一隻，那就是「一紙風行」的空中霸王。

我曾花整整一天的時間糊了一隻竹篾風箏，在紙上畫了兩隻大眼睛，把它放到天上去，蠻寫意的。紙太厚，放得不高，沒有戰鬥感，獨在天的一隅徘徊。不一會，附近也起了另一隻竹篾風箏，我不想跟它作戰，恐怕失去自己一番心血糊出來的風箏，誰知對方竟

作無理挑釁，不宣而戰，我趕緊將風箏收回來，可是來不及了，手上的線突然下墮，風箏便如一紙秋葉，向山坳那邊蕩走，追逐山後的夕陽，我執着斷線，望天悵然，不愉者良久。此後，我也憎惡有戰鬥性的玩意了。

　　童年如風，一吹而去。長大後每憶童年的玩意，殘忍而蒼白，不覺慚愧。如今，我憎惡戰鬥，並得向螞蟻、金虎等致悼，大家本是大自然的生命，不殊貴賤，我不能恣意摧殘任何生命，雖然是最弱小的。

　　「請關掉電視的拳賽，我不愛戰鬥的節目。」我呼向弟弟，並緊蹙着眉頭。

1982 年 3 月 10 日

九星連珠的晚上

　　　　　　　　　　　　　　元嶺傳奇：鑽石山寮屋區起居注

1958 年作者與兄弟攝於華園路家內。左
為大可漢明，中為作者，右為三弟漢其。

吃茶

今年春節，舉家到潮汕一行，在汕頭「沁園春潮汕茶文化交流中心」吃了一次工夫茶。我本潮汕人，回鄉吃茶，別有感受。

進入品茶的廳堂，四壁字畫。三位年輕姑娘身穿紅地繡花小鳳仙裝，其中一人專司沖泡，兩人負責奉茶敬客。

廳內坐了三十多人，真個是高朋滿座。一壺芬芳，是要供與數十人共享一味，還是讓眾舌分探三十種茶情？姑娘沏茶，工夫熟練，茶客太多，因捨小壺紅陶而用中號紫砂，只見她兩壺並沖，杯杯同色，一番細解，句句連珠，動作那麼流暢，語調那麼高爽：沖甚麼茶，有啥特點，怎樣沖泡，就像放映一輯泡茶示範錄映帶，喋喋無遺。

我們依次嘗過白毛猴、苦丁茶、黃枝香、茉莉繡球和蘭桂人。五茶湯色異彩，茶味別甘，香氣殊芳，且品茶次序編排得當，令其色香味沛然迷死舌蕊顆顆，難怪座中諸客吃後紛紛解囊購茶，議價洶洶，一片喧嚷，好不熱鬧。還記得兩年前我在西安，也遇過類似的茶道推介，吃茶的次序，講解的內容幾乎如出一轍，鑄模式的品茶課程，今日又再重溫。潮汕工夫茶可就是這個模樣？其實茶沖五味，壺饗眾客，這種集體吃茶只屬商業推介，作用是賣茶，不是賞茗，泡茶技法只求皮相已足誘客，無須認認真真。潮汕工夫茶既講究技法，也重情韻，三十人一起吃茶，情韻蕩然，還耍甚麼工夫？吃工夫茶一般只三、四眾，頂多五、六人，一旦過十，就不是品茶，而是「施茶」，茶而曰施那還談甚麼優雅，說甚麼悠閒？

潮州工夫茶絕不會連吃五種，讓三寸不爛分成五種試紙，實驗式的品茶縱能取悅口舌，卻使脾胃招尤，使不得。我吃了數十年的

潮州工夫茶，那有毛猴、苦丁共試，茉莉、蘭桂並嘗？沏工夫茶不是用福建的鐵觀音，就是潮州本土的鳳凰單欉，不嗜別種。縱然有人說工夫茶只取鐵觀音過於狹隘，多選其他茶種無妨，不過潮汕工夫茶就是潮汕工夫茶，要顯工夫就要鐵觀音，若以潮汕茶具來泡碧螺春、龍井等綠茶便錯打工夫，因為茶具、杯量都不是吃綠茶的格局，不是吃得不痛快，就會以茶味過苦而失卻綠茶清香幽遠的特色，總之就不是味道。更不曾聽過用潮州茶具沖烹普洱茶的。小紅壺、白果杯一定要配鐵觀音，別的茶種，休來。

較講究的，算是閩茶，也會多嗜溪茶而捨岩茶。所謂岩茶，就是福建武夷山產的茶，而溪茶就是閩南安溪出的鐵觀音。鐵觀音這個名稱就是來自安溪的。乾隆年間，安溪堯陽南岩山出了一位識茶人王士琅，他發現一株異品新茶，製成的茶葉條索緊密，綠底金邊，香氣沁人。王士琅以此茶上貢大內，乾隆嘗而愛之，因問其名，從者說此乃新茶，未嘗有名，遂請乾隆賜名。乾隆以其葉重，賞一個「鐵」字，以其多內在美（即好心腸），故以「觀音」予之。溪茶新貴，成了皇帝齒縫中沁出來的茶菩薩。倘若疲累了，就可以喝一口鐵觀音，茶菩薩就會來打救，腦細胞很快就會復活，解愁抒鬱，觀音入口，點滴都是慈悲。有人給吃茶取名「破煩」，真好名字！

有些潮籍人士，卻偏愛鳳凰單欉，我曾在潮州西湖旁嚐過這茶，湯色金黃，入口香雋，不澀舌，飲後餘甘滿頰，且甚耐沖，沖水過十仍色澤如新，香味如故，茶味尚存，難得的好茶。潮安人士很多都堅持沖茶只選鳳凰茶，這絕不是鄉土情懷的主觀作用！

談到吃茶，不能不提祖父。祖父吃了八十多年的茶。

祖父的茶很濃，小紅壺沖出來的鐵觀音像快要凝結的液玻璃，紅而透明，注聚入杯，十西西的茶香就是十西西的悠閒。杯面浮煙如一首首拉出來的弦詩，很韌很幼，不待盤旋而直騰，縷縷的茶霧

泛上半空，分散，香味便隱然四溢。

　　還不到五歲，祖父就給我喝第一杯茶。四歲的初冬很寂寞，我的玩意不是看祖父沖茶，就是看螞蟻背着最後一次的口糧，在牆腳列陣而行。祖父獨坐在家舖的後端，擺開格局，要沖茶了，我就不再看螞蟻，走到祖父跟前，定睛看他怎樣納茶、沖水、刮末、澆壺、燙杯、沖茶。祖父沖茶手法俐落，不消片刻，三杯湯色完全一樣的茶就在我眼前騰煙誘飲。

　　「二孫，來食茶！」

　　祖父笑着叫了我，我再走近茶盤，很小心端起小杯子，第一個感覺就是燙。

　　「且未，勿太猛，慢慢來。」（太猛，即太快。）

　　正要喝時，祖父笑着指導。他教我用口吹涼一下茶湯才喝。

　　「毋食，苦的！」這是我第一吃茶的感覺。舌面給苦得像收縮了，只吃了一小口就想放棄。（毋食，不好吃也。）

　　「勿怕，吃下去。」

　　祖父微笑的鼓勵。結果一小杯茶我吃了五、六小口才吃完。

　　剛放下茶杯，漸漸不覺得苦了，一咽口涎就有一股甘甜發自舌間，香氣慢慢在齒間徘徊，這種餘甘足可維持兩三小時。我馬上愛上了這種茶後餘甘的感覺。我開始用手摸那微燙的小紅壺，揭開壺蓋看壺中泡過的茶是啥模樣。注視祖父沖茶每一個動作，直至每一個動作的次序都了然於心。到那個時候，我就想自己去沖一次茶了。

　　祖父每天都會沏三次茶，高興時會多沏一兩次，如遇有特別的客人造訪或適逢節日，祖父就會開懷多吃一次茶。茶葉的消耗頗大，但祖父從不出門買茶葉，每隔四、五天左右就會有一位年紀與祖父相若的茶販送茶葉來，通常都是一包四兩的鐵觀音，有時祖父會多買一包，奇怪的是我好像沒見過祖父付款的。茶販送來茶葉後

會馬上試泡新茶，與祖父共嘗。泡茶之際，起初會品評一下茶質的優劣，不久，話題會扯得極遠，甚麼事都會談。由光緒到解放，由韓戰到越戰，最蕩氣迴腸的是抗日，一杯鐵觀音啜出八年的血淚，吞吞吐吐，吞茶吐苦，家鄉的悲慘就一幕幕說予我這個蹲在一隅的童蒙，聽得我毛骨竦然。如今我還記得祖父曾用腳去踢韓江邊每一具屍體，遇到還有氣的就馬上搶救；家裡缺糧，要吃穀殼，但磨米的石臼給炸毀了，穀殼磨不成糠，結果把穀殼用水煮了就吃，吃得連喉嚨也損了。茶故事，一個一個，活生生，沏在茶裡把我泡大。

祖父天天都沏茶，頗引來好茶的鄉客，每天叔叔伯伯圍桌共茶者，少則三兩人，多則五六人，他們一邊請茶、吃茶，一邊閒談，大家都笑容滿面，說話輕鬆。吃茶人大都是潮汕人士，有潮安人、有揭陽人、有潮陽人、有普寧人，不時還有些操粵語的廣東人加入，十分熱鬧，但只要是潮籍人士，一般都只說家鄉話，十分親切。有一次大雨傾盆，祖父一人鵠立門前，呆看簷滴淌水，眉頭緊蹙，良久才回過頭來，背手走入舖內，擺開茶局，又沏茶了，喝至第三巡，祖父才稍稍展顏，解開眉心的結，似乎在笑，不久又陷入沉思，連水鍋冒氣叫開，他都沒有理會。獨飲，是難熬的寂寞，沒有陪客的茶更苦，一個小紅壺，三個白果杯，由老遠的家鄉，飄泊而來，壺杯本身就有無窮的寂寞。紅色的鐵觀音觀不破潮汕人太重的鄉愁，苦茶一口想是楚歌魯酒的無奈浩嘆。當時我沒有追問祖父為甚麼作深沉之思，我只知他在等一個人，一個從家鄉來的人，就是這麼一場雨誤了日期，教祖父愁了半天。工夫茶可就是特泡的忘憂藥，吃了茶就會忘記自己身羈他地，茶盤四周結聚的就是家鄉人，口味未變，口音未變，家鄉就在茶裡，偌大的潮汕一杯工夫茶就可悠然喝入肚腹，安安穩穩，比電台新聞、報紙特稿還真切，更實在。

二十三年前，祖父謝世，烹茶人變了是父親，父親忙，每天烹不到兩次茶。我偶然也會學祖父烹茶，用的還是祖父生前的茶具，到現在我仍保留着祖父當年用的「孟臣」小紅陶壺。這個小茶壺足有五十年歷史，壺內茶漬斑斕，那全是祖父的光陰。閒時把茶壺取出來把玩，只見壺面一層油光，滑得像一團臘肉。可惜有一次不小心，讓一個五毫錢硬幣打着了壺嘴，那裡就崩缺了一點，當時我「呀」的叫了一聲，瘋了似的把受傷的茶壺捧在手心，呵護了半天。

　　祖父說：最嚴謹的工夫茶絕不易沖。烹茶配件就有十二種，即小陶壺、白瓷杯、老錫罐、小砂鍋、茶洗、茶碟、泥爐、羽扇、龍缸、水缽、茶櫥及風爐櫃。泥爐燒水，最好用橄欖核，因橄欖火最耐燒，火勢不急猛不卑弱；砂鍋要薄。水以山泉為上。品茶最好三人，潮汕就有一句土談：茶三酒四踢跎（遊玩）二。茶壺最好「孟臣壺」，取其三齊：即壺柄、壺口、壺嘴倒放時能在同一水平線。茶杯要小、要白、要薄、要淺，要敞口不要斂口。納茶用紙把茶葉倒在上面，粗葉置壺頂及壺底，中央置茶末，使味易出，不阻水。泉烹蟹眼就可沖茶。沖水不向壺心，要向壺緣。沖水要滿，好讓茶末浮出並用壺蓋刮去。壺蓋蓋好後，還要淋罐，即在壺面澆水，使內外受熱均勻。隨着是燙杯、洗杯。最後才把茶沖出，其初，出量多，沖時宜快宜勻，稱：「關公巡城」，及後只有餘滴，則宜低宜盡，叫：「韓信點兵」，務必茶色杯杯相同，這才是真工夫茶。

　　工夫茶實在講究，但現在香港生活緊迫，要沖一壺百分百的工夫茶，想要到退休，人閒心也閒時才能如願了。

2001 年 4 月 28 日　完稿

鳴謝：

凌慧琼女士

伍應標先生

蔡景維先生

責任編輯	洪永起
書籍設計	霍明志
排　版	高向明
印　務	馮政光

書　名	元嶺傳奇：鑽石山寮屋區起居注
作　者	郭漢揚
出　版	香港中和出版有限公司 Hong Kong Open Page Publishing Co., Ltd. 香港北角英皇道 499 號北角工業大廈 18 樓 http://www.hkopenpage.com http://www.facebook.com/hkopenpage http://weibo.com/hkopenpage Email: info@hkopenpage.com
香港發行	香港聯合書刊物流有限公司 香港新界荃灣德士古道 220-248 號荃灣工業中心 16 樓
印　刷	美雅印刷製本有限公司 香港九龍官塘榮業街 6 號海濱工業大廈 4 字樓
版　次	2021 年 7 月香港第 1 版第 1 次印刷
規　格	16 開（152mm×230mm）384 面
國際書號	ISBN 978-988-8763-33-7